U0367575

姚泽敏

著

风雨创业路

一个合伙创业者 20 年的奋斗历程

上海交通大学出版社
SHANGHAI JIAO TONG UNIVERSITY PRESS

图书在版编目(CIP)数据

风雨创业路/姚泽敏著. —上海:上海交通大学
出版社,2024.5

ISBN 978 - 7 - 313 - 30553 - 4

Ⅰ.①风… Ⅱ.①姚… Ⅲ.①创业—通俗读物 Ⅳ.
①F241.4 - 49

中国国家版本馆 CIP 数据核字(2024)第 068952 号

风雨创业路

FENGYU CHUANGYELU

著　　者:姚泽敏

出版发行:上海交通大学出版社　　　　　　　地　　址:上海市番禺路 951 号

邮政编码:200030　　　　　　　　　　　　　电　　话:021 - 64071208

印　　制:苏州市越洋印刷有限公司　　　　　经　　销:全国新华书店

开　　本:880mm×1230mm　1/32　　　　　印　　张:10

字　　数:238 千字

版　　次:2024 年 5 月第 1 版　　　　　　　印　　次:2024 年 5 月第 1 次印刷

书　　号:ISBN 978 - 7 - 313 - 30553 - 4

定　　价:68.00 元

版权所有　侵权必究

告读者:如发现本书有印装质量问题请与印刷厂质量科联系

联系电话:0512 - 68180638

《风雨创业路》这本书的作者是我的合伙人，她与我原是在国有企业工作的同事，我们认识有30多年，一起创业也走过了20个春夏秋冬。

她对我影响最大的一点就是做人做事真诚，乐于帮助他人，为了公司的发展不断地献计献策，为选择和决定奠定一个有远景的基础。她从来不因为自己的正确而骄傲自大。她能明确自己的职责，尽最大的努力去完成交给她的任务。

其实，选择合作对象是非常重要的，很多人作为朋友一起创业，却因为工作相互产生矛盾和内斗。但非常幸运，我们合作了几十年，靠着彼此间的信任，相互成就，取得事业的成功，还顺利把事业传承了下去，共同享受着成功的喜悦。

特殊年代造就了一批不一样的团队，与大多数创业者不同，我们开始创业的时候已过了青年时期，但我们未雨绸缪、一路闯关，成功地完成了我们这一代人的使命。

本书以创业者的一些痛点展开，分享我们前10年创业的成事心法，在这期间，作者主要描述了我们与美国公司合作的经历，包括合资企业的管理和与外方相互信任的关系，这也使我们成功地完成了第一次创业。

在对第一次创业进行反思的基础上,她又呈现了后 10 年寻找第二曲线与提升的经历,即主要聚焦在合资的模式上,继续打造与外企合作的管理,以及未尽事业与传承。她把每个阶段的问题点都连接起来,这也是一个企业成长的路径。

本书从不同角度反映了一个企业的成功要有好的团队,要有好的领路人,定位一定要清晰,目标一定要明确。如果你也在创业的路上遭遇迷茫或失败,那么她在第八章的那几节里分享的经历或许能给你带来安慰和启迪。

选择创业就意味着走上终身学习的道路。时刻提醒自己,保持勇敢,坚定信念,不要陷入虚无。每一个企业的成功都有自己的亮点,而且都是来之不易的,对于多学习、多看书的人,他的成长和掌握的经验是不同的。

创业能取得成功,要有一批核心团队的支撑,大家相互成就、相互信任、坚守初心、勇于承担责任。这也是合作成功的最好基础。

20 多年的创业经历值得好好总结,完成了事业传承,刚从职位上退下来后,她就想到写回忆录,我非常感谢她的努力。把团队创业的精神记录下来,更重要的是把创业的思想传递出来,这是难能可贵的。

在书中,她记录了我们创业时期一波三折的经历,也呈现了我们创业从 0 到 1 的艰难过程,特别是聚焦在合资合作的商业模式上。这本书写到了与跨国企业合作的成功与失误,同时也分析了成功的原因,我相信她的一些思考和企业的创业心法,会对创业者有所启发。

执行力对个人而言就是办事能力,对团队而言就是战斗力。在贯彻公司预定的战略意图上,我们团队是不折不扣、按质按量地完成。这本书也对此进行论述。如果没有人理解领导的意图和很好地执行,企业是到达不成目的的。

相较于其他类型的企业,合资企业在经营过程中一定会遇到不一样的坎坷,相互之间积极解决问题是合作共赢的基础。作为合伙人要长期保持谦德之心是不容易的。如果你想要创业成功,还需要结合你的创业思路去读这本书,祝各位读者都能书写出自己创业的成功路。

《风雨创业路》这本书是以我合伙人的视角来回顾我们一起创业的经历,这正好也反映出了她做人做事的成功之处。本书也输出了我们集团公司成功的模式和一些值得借鉴的失败案例,如价格报错、合作协议没有严格按照流程签字等,这些真实的故事,都可以给创业者很好的启示。

特别是一个新启动的创业公司,总会遇到不同的问题,希望这本书能够帮助创业者了解公司从定位、营运、危机处理到传承等每一步的处理方法,以及带有诚意的做事的态度,这些都是事业成功的基石。

上海泰康仪表集团公司董事长　刘道庆

一次偶然的机会,姚总(我叫她姚姐)找我做线下的战略咨询,她来咨询我写作的方向。在跟她交流后,了解到她想写一本书,记录这20年来,跟董事长合伙创业的历程。我在听她的合伙创业故事时,感受到她讲述时的激情,她热爱这份事业,也在其中真正奋斗过,我深受感染。我答应担任她的写书教练,协助她完成这本创业手记的创作和出版。

虽然我没有直接参与她的合伙创业,但是两年来,通过我和我的团队成员慧子、花平指导她写作、修改、出书等过程,我感受到她作为一个创业者的执行力,以及对于目标的坚定和坚持。

这本书的创作不是一蹴而就的,而是姚姐经历无数个日夜一字一字创作和打磨出来的。刚开始写这本书的时候,她因为缺乏写作经验,输出比较困难,我给她布置的任务非常简单——想到什么故事,就写什么故事,减轻她的创作压力。就这样,在3个多月的时间里,她就把创业故事一点点写出来了。这是一个非常好的开始。

初步成稿是一个好的基础,这不仅让她有了信心,也让我有了指导她进一步修改和出版的信心。

我在协助她打磨整体书稿时，发现她的执行力，不仅体现在合伙创业中，也体现在执行写书、出书的目标中。认准一件事，就不折不扣地完成既定目标，这是我从她身上看到的，也是值得我学习的。

修改、打磨这本书，比完成这本书的初稿花的时间更长，我协助姚姐花了一年半多的时间，最终修改完成。

在这个过程中，我反复给她传递一个观念：既然要写一本书，就要好好打磨，把它打磨成一本拿得出手的作品，这样，你的团队和家人拿到时，就能感受到你写这本书的诚意和信念。她很信任我，也坚持按这个方向操作，耐下心来，持续修改和打磨，这个过程让她也至少脱了两层皮。但付出是有回报的，当拿到打印出来的书稿时，她跟我说："Peter老师，此刻我激动万分，感慨万千。"这个过程跟她合伙创业如此相似，成功的喜悦来自持续付出、奋斗，没有这个艰难的过程，也就没有那么多的感慨万千。

经过这一年半多稿的打磨，她对于写书、出书的理解也越来越深，同时通过对自己20年来的合伙创业的再次复盘，她又多了一层理解。

每次跟她私下交流时，她三句话不离董事长。她说她的成功不是因为个人的努力，而是因为合伙创业的成功和团队创业的成功。在辅助她打磨书籍的书名和副标题时，她着重向我传递出了这本书不是在强调她自己，而是记录整个合伙创业的历程，团队创业的经验和思想的想法。她的这些想法，让我在协助她打磨整本书时，做了很多深入的思考。不仅如此，也让我时刻记住出版这本书的动机：传递合伙创业的精神和思想。这是我们从一开始合作这本书时就达成的一个共同思想。她在《风雨创业路》这本书中记录了许多团队一起实现目标的过程，这些过程是能够给到创业者诸多启发和思考的。

让我印象特别深刻的一个故事是与美国方合资7年的公司解散时,她和团队的那份纠结与不舍,又在其解散时,她和团队拿出来的态度与决策,细微之处能看见一个人的全貌。

我在协助姚姐修改整本书时多次被触动到,因为我也是一名创业者,所以很多地方感同身受,创业真是一场极致的修行。对创业者来说,创业成功是小概率事件,创业者要想持续获得成功,大部分情况下,面临的不是一个又一个高光时刻,而是一个又一个艰难的决策。我想你在阅读这本书时,是能够感受到这些,以及认识到决策背后人的思想、原则与信念的重要性的。虽说我是以辅助者的角色参与,但在合作的过程中,因为与姚姐一次又一次深度交流,我也切实感受到了成功创业者身上的品质和精神,这也是我协助她写书出书的额外收获。这两年来,跟姚姐有过10次以上的一对一深度交流,我很认可她这个人,每次交流都非常顺畅、舒服,她给人传递出了谦卑和真诚,我们整个合作也非常愉快。我相信你在阅读这本书的过程中,也能慢慢走近她,了解她,感受那个合伙创业故事背后鲜活、饱满的她。

最后,再次真诚地向你推荐《风雨创业路》,希望这本书能给你与创业有关的启发、思考和力量。

陆林叶(Peter)

写书教练/《终身写作》作者

人生每一次进步,是拼搏,是挣扎,是艰难,是奋起的过程,也是生命蜕变的过程。我的人生经历过程是拼搏的,艰难的,但也是非常充实,有意义的。

1992 年,我带着梦想从重庆出发到了很远的深圳工作,当时,我被重庆公司派往深圳公司工作时,小孩才读小学三年级,说实话离开家、离开小孩去深圳任职是要下很大决心的。深圳作为改革开放的前沿,去那片热土,其实就是创业梦想的指引——我想要突破和改变事业发展的状态。

在深圳合资企业,我与团队一起努力,几年时间就把一个公司变成了 3 个公司,分别在广州、上海成立分公司。当时,公司在摩托车配件行业内已是领先企业之一。

俗话说:"机遇不会光顾没有准备的人,你越努力才越幸运。"就在深圳公司工作 7 年后,创业的机遇悄悄地来到了身边,我与合伙人抓住机遇,在 1999 年开启了下海创业之路。

我与合伙人在创业时已过不惑之年,但为了实现梦想,年龄不是我们成功道路上的障碍,找准自己的定位和发展方向才是最重要的,它能最大限度地激发创业者的热情和能力,将"不可能"变为"可能"。

由于我们有了目标、有了方向,再加上自己的兴趣爱好与激情,我们克服了很多困难,把一个几十人的公司发展成了几千人的集团化的公司,为员工和社会做出了相应的贡献。

总而言之,对白手起家的创业者而言,一定要有较清晰的追求目标,要做什么,怎么做,心中要有美好的蓝图,要积极、主动地促使目标达成。其实,成功与否有时只有毫厘之差,关键在于有没有坚定的自信心,心灵纯洁的人往往能轻松跨越,并迈向成功。

20 年来,我一直在为公司的发展拼搏,突然歇下来离开企业的"主战场",我感觉还没有完全调整好,有点儿不习惯,接下来该怎样打发后面的人生呢?我觉得时间还很长,总想着学习点新的知识来充实自己。

有一天,一位朋友建议我应该写回忆录,于是我与写作 365 平台的 Peter 老师沟通。他对我的指点非常深刻,直接启发了我写创业手记,让从未有过提笔写作经验的我,仿佛又要经历一次蜕变,转身想要成就写作梦想,出一本《风雨创业路》的图书。

我从重庆出发到深圳打拼,后又到上海创业,已有 30 年了,合伙创业经历也有 20 年,涉及的内容多,我把平日零散的记录整理出来作为本书主要内容,分三大部分。

第一部分,打基础:创业的第一个 10 年。分享创业初期成长的经验,如何让团队、企业成长为国际型的人才和公司,以及与跨国企业合作的挑战与成功。这部分分为六章。

第二部分,大升级:二次创业的第二个 10 年。创业的理念正确了,事业就会高速发展。与合伙人一直保持简单的做事原则,对待员工、客户和帮助过我们的合作伙伴存有感恩之心,并永不放弃、自信的创业精神。在第二个 10 年,虽然在追求第二曲线的过程中遭遇了一些失败,但最终还是创业成功,成为集团化管理的公司。这部分分为三章。

第三部分，做传承：未尽事业的思考与传承。真正的传承是思想的传承，创业成功的秘诀就是永不放弃。要有勇猛精进的创业精神，要有不怕吃苦的精神，要有能屈能伸、不争一时，看长远和全局的思想，这样事业就一定能成功。这部分分为两章。选择合适的时候做好事业的传承，让企业管理提升，让新的一代人更快地掌握新的技术和管理，使企业更上一层楼。

这本书主要记录了我在创业生涯中的经历和思考，记录了一个普通企业如何在激烈竞争的行业里生存与发展，作为一个合伙人是如何扮演好自己的角色，让合伙企业能够良性发展等方方面面。其实我发现人在拥抱矛盾、承认自己有失败时，反而可以变得更强大。我非常愿意把创业过程中的成功与失败与大家分享。我记录更多的是那些经营过程中失败的案例，包括那些走错的路和失败的合作。希望这本书能给想创业的和正在创业的人一点儿鼓励和启发。至少在创业过程当中遇到类似问题，能多一点儿思考，我觉得本书的意义就实现了。

当今社会发展迅速，产品不断地更新迭代，特别是软件升级以及电子技术的发展日新月异，这些都给未来的管理者提出了新的挑战。前辈们的创业经历是否值得借鉴和吸收，这可能是新一代人的思考。

创业不是一时的，而是一个长期坚持的过程，是对人性诚意的一个考验。在合伙中若没有利他的思想，没有善意之心，没有诚意，没有团结拼搏、艰苦创业的精神，公司就很难走远。其实创业者不分年龄和学历，关键是要能大胆地去抓住创业时的好机会。

我们能在创业过程中生存下来，主要是不忘初心，坚持讲诚信，而且能在一次次的失败中不断地修正自己，靠的是深度思考。

　　我的写作能力和思考的深度有限,但是能够把 20 多年创业的主要经历记录并真实反映出来,为我们这一代创始人保存下了一点儿有意思的片段,也是我们这一代人的责任。希望读完这本书,你也能讲述自己那不一样的人生故事。

目录

CONTENTS

第二部分
大升级:二次创业的第二个10年

第三部分
做传承：未尽事业的思考与传承

第一部分

打基础：

创业的第一个 10 年

第一章

公司定位

第一节　创业者的精神

拿破仑讲过："世上有两种力量:利剑和思想;从长而论,利剑总是败在思想手下。"思想不但对国家或者政治活动产生作用,对我们日常生活也有很大的影响。

在创业经历的 20 多年中,我与合伙人相互成就,共同助力合作方、客户、供应商的成功,为企业增添了生命力,我认为有一个思想支撑我走到今天,这就是"创业者的精神"。

许多管理学的理论和实证研究证明,创业者的精神对企业和经济发展有巨大作用。细细来看,创新精神可通过提高科技创新、加速知识溢出、推动制度创新三个角度促进经济高质量发展,而创业精神可通过加快机会识别、提高要素配置、推动市场均衡三个角度提升经济高质量发展。

因此,本质上来说,创业者的精神能从陌生局面中创造出新知识,并结合旧知识,发现机会。创业者的精神是坚守、创造和发现。在如今"学历＝工作"这个公式不再成立的时代,人们希望走向社会的不仅是求职者,也是成功的企业家和工作岗位的创造者。

坚守初心而致远

2020 年是让人难忘的一年，因为世界性突发的疫情危机，很多公司预期的规划被打乱。由于防控管理的特殊要求，大多数园区基本上处于封闭状态，办公场地短期内无法恢复入驻；公司大门封锁，员工只得采取线上办公；客户无法实地查看样品，许多合作被迫暂停；生产线停摆，中小型企业都面临着"生死危机"。

在那段特殊时期，不少公司都面临倒闭或转型的困境，但匆忙的转型并不是审慎的抉择，尤其对创业者而言，耳熟能详的一句话是"不忘初心，方得始终"。这句话背后的潜台词是没有人能一直领跑，偶尔摔个跤或拐个弯是正常的，但不要盲目地改变自己选择的方向。

在世界性疫情的狂风暴雨袭来时，很多企业因种种原因不能开工运营，手足无措，而我们整个集团未雨绸缪，在防疫政策框架范围内，公司上下充满了活力，大家齐心协力，尽最大努力积极应对，因为大家都非常清楚，如果公司有人被传染了，就会影响到生产和发货。

为了保证零感染，大部分员工 24 小时吃住行都在公司，使公司能最大化地保障经营生产，满足客户的供货需求。这背后体现出公司各级领导和部门之间优秀的组织、协调和沟通能力，当然这些素养并非一日能达成。

作为汽车配件制造行业的一员，我们深知汽车产业是国民经济的重要支柱产业之一，在国民经济和社会发展中发挥着重要作用，加之还有一些国外的客户，所以我们不但没有停产，还在想尽办法完成预定的生产任务。在汽车供应链上，缺少任何一个零件都不行，所以我们要保证自己按时交付产品的同时，还要协助供应厂商突破层层阻碍，把原材料和物资送达工厂。

有的供应厂商因管控要求，运送一批零件要通过很多管理站，几经周折才能转运到目的地。他们和我们一样，为了保证零件能够准时送达客户，暂时不计较运输成本，抱着把产品送达客户手上以助力客户成功的思想，保证自己生产任务的完成。

一次次的危机爆发后，我们与员工同心同德，闯过一关又一关，没有停工停产，这是相互成就的力量，是整体活力的作用，也是团队、行业和国家的力量。我为我们选择汽车配件制造行业而感到荣幸。

企业定位就是要建立优良的企业形象和巩固企业的优势地位，为企业在市场竞争中赢得优势和发展。创业者是一个企业发展的指挥中心，一个企业能否取得成功很大程度上依赖于这个指挥中心的思想。从某种程度上说，创业者的经营思路与方法决定了公司的定位和思想。

从这突如其来的"意外"发生后，我回顾起了自己的创业经历，退出公司具体管理职位后，我一直在寻求自己感兴趣的事情充实我的余生。这时有个声音告诉我："你可以写20年来的创业人生，与更多人分享其中的经历和感悟，这应该是一件很有意义的事情。"

20多年的创业时光飞速流逝，现在回看自己的人生，一切都非常清晰，从公司定位开始到现在，我一直坚守自己的初心，感觉人生的每一个点都连在一起了。不管怎样，我对自己走过的路程没有失望，只觉得很好很踏实。

创造性的人生，心怀探索

创业者的精神和其个人特质、成长历程密不可分。剖析一个杰出的商业思想如何诞生，你可以在很多论文和商业案例书籍里面找到答案，但从某种程度上来说，能被解释清楚的只是"结果"，而不是过程。

教育家卡伯说，正是童年期的幻想，引发、形成了以后所有的创造性活动。创造力在于童年，当然这不是鼓励父母要在孩子小的时候就给他们报很多培训班——这样的培养方式更多是强制灌输，把他们按照标准化的模子去打造。

在这方面托兰斯的实验很有趣：他运用 84 种个性特征区分富有创造性的人和缺乏创造性的人，发现富有创造性的孩子具备下决心的勇气、好奇心、丰富的感性知识、冒险精神等品质，但这些品质常常会受到学校标准化教育的压制。

人的创造性亦是人的自由，它呈现的特点不仅是外在需要的满足，也是人的自我价值实现，它能支撑人的激情，更能增强社会发展活力。

我是在一家大型国有企业厂区里长大的，工厂的员工和家属共同形成了小社会。这个大企业有自己的学校、电影院和各种专业的体育队、文艺队伍，在这个环境里大家彼此了解，相互竞争。

我的母亲是一名特级技工，工作非常忙碌，每天早出晚归。在我记忆里，她无暇顾及家中的事务，主要由祖母和父亲在管理。我的父亲做财务，他非常热爱这个工作，是企业的高级会计师，同时还通过考试取得了注册会计师证和审计师证。那时我最喜欢到爸爸办公室去，因为可以写字，玩算盘。他们单位食堂的饭菜也非常好。所以受父母影响，我特别向往在企业里工作，希望未来成为像他们一样的人，我如饥似渴地学习，力争取得优异的成绩。在那样的年代和成长环境下，我内心有一个坚定的想法：去更远的地方看看，去做一个比父亲和母亲还要优秀的人。

1975 年，我高中毕业了，当时国家还没有恢复高考，所以没有上大学的机会，按照国家政策，高中毕业就必须被分配到农村去，而且还要将户口转到农村，成为一个新农民，目的是去接受贫下中农的再教育。

我很快就确定好了下乡的地方,到了落户的生产队以后,生产队长对我特别好,我积极劳动,与农民交朋友,闲暇时还教一些年轻的女生织毛衣。看见有人生病了,我就及时给他们送外伤药、感冒药,教他们文化知识,因此农民们非常感谢我,与此同时,他们也教会了我很多农村的知识。

去了农村我才真正体悟到粮食的重要性,当时国家也不富裕,城市小孩吃一碗白米饭没问题,但是在农村就不一样了。我下乡的地方条件还不算差,但也不可能顿顿有米饭吃。他们每天会掺一些杂粮、蔬菜,每月可能只吃一次肉,甚至有的人家一次也没有。

队长家小孩比较多,为了让小孩能吃上一碗米饭,队长就会与我商量:"你能把米饭分一点儿给我家最小的女儿吃吗?"我非常乐意地说:"可以呀,那我能吃你家玉米羹吗?"队长说:"当然可以。"就这样,我经常与他们交换食物吃。

我在下地干活时还学到了很多农作的知识,知道什么季节种什么粮食,而且还学会了二十四节气有关农作的顺口溜,让我记忆深刻的是"寒露霜降,胡豆麦子在坡上",因为我每次都在坡上与农民们一起播种胡豆。我们还学会了自己种菜,自己养鸡。

3年的农村生活中,我干过各种农活,特别是下田收割稻子,有时被蚂蝗吸血,虽然内心有些害怕,但有同去劳作的农民们的帮助,也很快战胜了恐惧。3年的农村生活,自己成长很快,这是人生一次飞跃性的蜕变成长过程。我感觉自己一下就成熟了,内心也种下了"不怕吃苦"的种子。

当时觉得这段经历没有什么特别的,直到后来看沈从文先生的作品时,才别有感悟。沈从文先生少年时期经历颇多,看人下棋、看人打拳、看人杀牛、看牢狱行刑……他说:"我读一本小书,同时又读一本大书。在我面前的世界已够宽广了,但我似乎还得一个更宽广的世界。"我在多种多样的经历中获得了知识,看到过许多新鲜事情、新鲜东西，由此点燃了我对事物的期望、专注与热爱。

小书是童年，大书是社会。

在农村生活期间，我还当过老师。当时农村教师非常少，如果老师生病了或者离开了，不能马上有人来替代，因此经常就会让我们知青临时去代课。我教过小学和中学，什么课都上，有时是化学，有时是数学，有时是音乐课，需要什么，我就准备什么。特别是见到那些渴望读书的孩子，我就会拼命准备讲课内容，希望他们能听懂相关知识。

农村还经常组织文艺活动，我都积极参加，为他们编排节目。在区里组织下，我们经常去开山修渠的大山里，到工地现场演出，每年还到各大队去演出。其实那一段时间我过得非常充实和开心。但最让我受不了的是蚊子和跳蚤的叮咬，每年回家时，父母看见我全身都是伤疤很是心疼。

3年的农村生活虽然辛苦，但也是丰富多彩、活力四射的人生经历，我既得到了锻炼和成长，又学会了独立生活和处理事情。农民们乐观对待生活的态度、追求幸福的愿望，让我印象深刻。

创造性的基本元素是好奇心、勇于探索、有驱动力，经过岁月的打磨，我清楚地知道了未来学习和努力的方向，我相信以后遇到任何困难都能克服，同时也为我后来创业打下了不惧困难、努力奋斗的基础。

激情始于对自我的发现

所谓发现，有两种含义。普遍被强调的是"发现机会"，容易被忽视和未被充分讨论的则是"发现自己"。

人起初是以别人来反映自己的。比如通过与"别人家的小孩"比较成绩，以此得到家长或老师的夸奖。而作为主体的人，在与客体的相互作用中实现了知识的增长，但这种增长并非是客体直接

"给予"的,而是人通过学习获得的。正是在这个意义上,人逐渐"发现"自己,诸如"发现人生的意义"便是这般。

意义的发现,不是发现地下石油、发现分子原子这样的过程,而是一个世间从未存在之物与自我关系和价值获得的过程。世界上从不存在"我",只有当"我"确立了某些对自己至关重要的存在时,"我"才像被镜子映照出轮廓一般,有了清晰的模样。伴随改革开放的进程,我逐渐发现自我的意义。

1978 年 11 月的一天,我正在农村地里干活,有一个村里的小朋友跑来告诉我:"城里来人了,要找你。"我赶紧跑回去,才知道是来招我回城里工作。我非常高兴地接过了录取通知书,心里想终于要回家了,非常激动。

回城后,我继承了父亲的职业,做财务工作,也想今后成为像他这样的高级会计师、注册会计师。特别是从 1982 年有了孩子以后,我发现自己的兴趣爱好有了特别大的转变,我放弃了一些文艺和体育方面的活动,一门心思地努力工作和学习。为了提高业务能力,不断参加各种专业培训班。

改革开放的春风吹遍大江南北,寻求发展的理念也照拂我心。为了不断地突破自我发展,我在 1985 年换了一个单位。在新的单位,我仍然没有停止学习,还报了成人高考,被沈阳工业大学会计专业录取,一周两天面授。幸运的是就在本地上课,我可以边工作边学习,这样坚持了 3 年顺利拿到了大学毕业证书。

由于自己内心早有目标,工作再忙,也要坚持学习,所以拿到了会计师证,同时也在工作的财务部门升职为副科长。由于我积极向上的性格被领导认可,在 1992 年,我被公司调往深圳合资企业做财务管理工作。

深圳是国家改革开放的前沿,受大环境影响,我更加努力地追求进步,不久被任命为公司副总经理,主管财务和销售工作。在大家努力下,深圳公司销售业绩逐年增长,但是规模并不算太大,年销售额为几千万,所以管理人员非常有限,一个人要干几个人的工作,我既是副总经理又是财务部长,还是一个做账的会计。在人少事多的情况下,为了做好企业的管理工作,我开始学习企业管理的相关知识,尽最大可能当好总经理的助手。

财务管理是我最熟悉的领域,我不断地提升自己的专业能力。由于我有多个职位在身,就很容易思考管理方面的事情,把简单的会计工作深化成财务管理、财务分析,对财务数据指标进行分析,也起到管理的作用,把财务工作与公司管理紧密地结合在一起,为总经理提供各项准确的经济指标及对比分析情况。

图1-1　坚持学习,对创业充满了兴趣与激情

我认为真正的财务管理者能为总经理分忧,因为在企业管理中,各个部门都涉及财务指标分析和管理,保证公司利润最大化非常重要,财务管理做得好就能促进公司发展。

市场开拓和营销管理是我不太熟悉的工作,但它是公司的主线,作为副总经理必须要协助总经理抓好这项工作,所以我一边学习,一边与销售团队一起开拓市场。经过三年打拼,我们公司成功地与中国华东和华南地区的主要摩托车厂建立起了长期业务关系,市场占有率达到 60% 以上。

我在想,一个人一旦发现了所爱的工作,就要全力以赴,并坚信自己做的这项工作是伟大的,才能怡然自得,收获更大的成果。

我认为兴趣是最好的老师,它会激发你的活力,做助力公司发展的事情,特别有成就感,工作积极主动,不断地提升业务能力,同时跨界思考问题,即不只是为了做好一个报表,还会去思考报表能起到的作用。这些对我成为一名真正的管理者也有很大的帮助。

结语

创业前,我的人生经历虽然有些崎岖不平,但也是充实的。丰富的人生经历更能激发我创新思维做事的潜力。世界上有很多事是无法提前预知的,唯有认真对待人生的每一步,才是最真实的人生态度。在生活中,影响我们人生的绝不是环境,而是我们对这一切所持的态度。

我非常相信我的学生时代、3 年的农村生活以及我认真对待自己工作的态度,是让我最后选择走创业之路的基石;我也相信有什么样的人生态度,就有什么样的人生。

即便因时代的原因没有选择创业,只要自己心里有信念和理想,生命中的每一个环节所接触的人和事物,都有可能成为我们未来创业中重要的一个点,我相信这些点连在一起,就是我们每个人不一样的人生。

第二节　兴趣确立公司定位

改革开放 40 多年来，中国社会发生了巨大变化，一些先行者敢于挑战传统观念和行业，选择把创业作为自身职业，成了传统就业之外的新兴现象。心理学领域很早就开始进行行为意愿的研究。意愿是对未来行为的心理预期和早期体现，意愿会影响个体未来的行为，促使个体为实现心中目标而努力。

在我看来，意愿不仅仅是预期，更重要的是对未来某种行为具有的特定信念。意愿决定了个人在行动过程中的态度，具有创业意愿的个体在创业行为的开展中是主动的，积极的，创业成功也变得更有可能。

意愿的萌芽在于兴趣。"真实的、不可遏制的兴趣是天赋的可靠标志。"周国平在《内在的从容》中写道。我认为言之有理。一个人的天赋是独特的，如果做一件事情让你觉得享受，心里非常愉快，就说明你的天赋就在这个领域。一个深广的心灵，总是把感兴趣的点推广到无数事物上去，人类的大部分生涯，应当是靠着兴趣生活的。

幸运的是，我的职业是自己选择的，所以我对它有着强烈的兴趣，没有其他特别的目的。不管在什么条件下，我都保持着特别好的工作状态，平时思考最多的也是如何做好工作，不但不觉得麻烦，反而越忙越觉得享受。

在我看来，每一次工作环境变化对我的职业都是帮助和提升。对待新的环境，我总是以好奇心去拥抱它，了解它和适应它，尽力去做心中最好的自己。在这个潜意识的指引下，梦想的事业也离我越来越近。

敢于迈出第一步

1978 年,国家发布了新的政策让知青全部回到城市里,就在那年,我被召回城市工作。我们家姐弟妹 4 个,只有我去了农村,他们 3 个因为国家政策变动,毕业后不用到农村,就待在家里找工作。在那个整体经济还没有发展起来的年代,要马上找到工作非常难。母亲为了让妹妹早日工作,提前办理了退休,让她顶这个指标进了国有企业。

由于进入国有企业的名额非常有限,我就只能被安排到由国有企业出资成立的民营性质的公司工作。那时民营企业还很稀少,实际上是国家为了解决就业问题开辟的一条创新之路,它与原来国有企业的管理模式和性质完全不一样。国有企业都是以计划经济为主,而民营企业没有计划内的产品生产,只能自己寻求产品开发、自己找市场、自负盈亏。在那时,企业有独立自主权还是件新鲜事。

我在民营公司做财务,可以接触到经营管理方面的事情,也学习了很多经商的道理,了解到一个新成立的民营企业的创业过程,以及它的艰辛。当时的企业组织者并不是真正的创业者,做不好还可以调回国有企业,而我们大部分员工是没有退路的,月收入也只有 30 元左右。所以我对公司、对自己的未来感到一片迷茫,也就是在这样的条件下,我经常会考虑公司的未来,自己的未来。

为了解决更多的就业问题,国家在几年内又放开了很多政策,社会上出现了越来越多的个体户、私营企业,创业的人也越来越多。在这以后,我换了一个单位,同时,为了有更多的经济来源补贴家用,我还利用休息时间为个体公司代理做账。

在代理做账的经历中,我也见证了创业者从成立公司、经营公司、开设分公司的历程,有的公司还采纳了我的建议。看着他们一步一步地成功,诚如鲁迅先生说的"第一个吃螃蟹的人是很令人佩服的",我佩服他们有勇于选择创业这条路的胆量。

1992年,公司派我去深圳合资企业工作。那时孩子还小,深圳又那么远,我为什么会同意去呢?回过头去看,我内心其实一直在追求某种东西,使我会跟着自己的感觉走,做出了顺从时势的决定,那就是渴盼着亲临国家最前沿的改革阵地,去实地感受改革开放,去看看沿海城市与内地到底有什么不同。同时,我也相信,在改革前沿阵地,自己的专业知识和管理能力将得到进一步的检验和提升。就这样,我义无反顾选择远赴深圳工作。

人们常说跟着感觉走,但是如果那种感觉不能立即给出满意的结果,那么你如何跟着感觉走?现在回想起当时的选择,如果理性分析,我当时并不知道未来可能取得的成就、获得的机会,但我知道,那是我第一次真正意义上的自主选择,即不安于现状,去一个更广大的世界证明自己。我深知,要往前走,要勇敢冒险一次,迈出第一步才有更多的可能,也许会有更好的前途。

思想进一步得到解放

深圳这个绿色美丽的城市,给我的第一印象就是空气清新,干净整洁,环境优美,鲜花盛开,在给人以美好感觉的同时,也有一种催人奋进的昂然力量。

和其他刚去深圳的内地人一样,最初我受到的冲击非常大。我感觉什么都是新鲜的,深圳特有的开放包容气息,商机无限,让人有一种创业的冲动,有想大展身手的渴望。在那里,人们总感觉时间不够用,什么事情都要赶快办,因为损失的不只是时间,更是自己和公司的利益。

这座城市有着让人解放思想、大胆做事的环境和氛围,我努力学习和了解特区的各种优惠政策，感觉自己要脱胎换骨一次，才能真正融入这个城市。

事实上我早已把工作当成事业，对待同事和朋友极其热忱，尽最大努力地完成每一项工作，经常忙到晚上11点左右才回宿舍。我一门心思地扑在公司的事情上，大脑也会自发主动地思考公司的发展问题，为领导分忧，提出合理化建议。

在筹建深圳合资公司的过程中，从办理营业执照到办理进出口手册、开设银行账户和办理税务登记，以及建立公司的各项规章制度，我都参与其中。这其中的流程细节，对那时没有开办公司经验的我来说，才让我真正体会到成立一个公司的不易。一不注意、一个失误就有可能埋下隐患，给公司带来损失。

有一次的工作失误让我至今记忆深刻。在办理进出口所需资料时，由于没有完全弄清楚流程，我只办了进出口登记，不知道还需要办理进出口手册，等进口设备运到了海关仓库，才知道必须要有手册才能提货。

设备滞留在海关仓库里，每天都会产生高额的仓储费，为此我焦急万分。情急之下，我壮着胆子走进了海关领导的办公室，向他说明了我们的情况，结果他居然非常理解我，给我们开了"绿灯"，以最快的速度帮我们办好了手册。

这件事也给我上了一课，做事情要多问、多学习，一定要仔细，同时我也感受到深圳海关为企业服务的人性化一面，非常感谢他们给予及时快捷的帮助和服务。

深圳合资公司从无到有，在那个年代，公司所有员工都是从内地过去的，他们都期盼公司业务效益快速发展，而且受深圳蓬勃发展的大环境影响，员工对待工作都有一股拼劲，还特别有奉献精神。员工有这么好的精神面貌，除了受大环境影响，更离不开企业的领头羊，我们的总经理非常有领导艺术和魄力，使得团队凝聚力特别强,所以公司发展很快,成立才3年多,就取得了很好的成绩。

由于公司业务不断发展,后来分别成立了广州分公司、上海分公司,创造了在摩托车零配件细分领域的辉煌。我们的辛勤劳动得到了回报,自己也感到无比的欣慰。做一件事得到回报,总是能激励人心,这来自人的自我效能。

那几年,我每天工作12个小时。忙碌打拼的日子,时间过得特别快。本想在深圳工作两年就回家,结果一干就是7年。随着时间的推移,因为越来越熟悉在深圳工作、生活各方面的便利和先进,开放、创新和上进的城市文化不但让我思想上和精神上得到了洗礼,自己也不知不觉融入并爱上了这座城市。我喜欢它对创业者的巨大包容和提供的良好服务,于是渐渐就有了扎根深圳的想法。

梦想成真使人奋进

1999年,由于我们内地的公司和外方投资的原因,深圳公司面临重组。这个消息对我冲击非常大,因为我已经把工作当成了自己的事业,似乎早已忘记这是国有企业的合资公司。如果要进行重组,我们很多人有可能被调回内地工作。

那时我正干得起劲,突然被通知要重新调整安排工作,我整个头脑都乱了。我在想如果工作调动,我梦想的目标和方向该怎么办呢?我已经习惯了深圳的生活和工作节奏,如果回到内地还能适应吗?今后是回老家还是留在深圳打拼?我一直在思考这些问题,也必须得自己决定。

同时,我也了解到其他员工和干部们的想法,他们想法各异:有的人想趁此机会让内地公司安排一个好的工作;有些年龄偏大的回去就有可能会提前退休,所以非常留恋深圳工作;有的人回到母公司可能会被解聘或者被安排到自己不愿去的公司工作;

有的年轻人跟我的想法一样，习惯了深圳的生活，不愿意回到内地了。

公司总经理与我的心情一样，思想斗争非常激烈。我们经常在一起讨论这方面的事情，也在思考如果自己重新创业又会怎样？这些想法在脑海里碰撞。创业一直是我的梦想，当机会真的来临时，又有些不知所措。

如果我和总经理选择创业这条路，那么将不仅是我们两个人的事情，还会有一部分员工跟随。如果创业不成功，会影响他人，所以选择创业，我们面临很大的压力。内地公司这时也在做思想工作，希望留住总经理和我，而且还提出了优厚条件，给出了在当时比较高的年薪。

当时内地公司给出的条件确实是一个很大诱惑，是走还是留，对我们是一种煎熬。正当我们犹豫不决时，一位美国的朋友递出了橄榄枝。这位朋友受美国一家上市公司的委托，来中国寻求合作伙伴和相关人才。他之前与我们多次接触，非常欣赏总经理和我们的核心团队，希望能与我们合作。

那个时候，几股力量在拉扯，存在各种诱惑，我和总经理认真讨论分析，权衡利弊，并对创业所需的投入进行了仔细评估，除了需要借款筹集创业资金，还存在很多风险。如果创业不成功，就会背负起还债的风险，但是如果创业成功了，那就是皆大欢喜、前程远大。

事实上，在陌生的事物前，产生犹豫乃至恐惧心理是正常的。恐惧是一种对有形的、感性的、即时体验的依赖。当一个人从恐惧中获得经验，并通过扩展来改变恐惧的心理，就会产生适应性的结果。我们在创业中学习，在经验里获得新的认知，这些能成为我们面临新的选择和挑战时的底气——创业并非在米诺斯迷宫里打转，而是在不断累积地螺旋式攀升。

　　我们商量了很久才下定了决心，决定打破"铁饭碗"一起走创业之路。古人说："塞翁失马，焉知非福。"其实，在你重新选择人生时，这既是挑战，又是机遇。

　　创业像是一个不知道具体关卡数量的打怪游戏，每过一关，都会刺激多巴胺的分泌，收获快乐和愉悦，这种感受能让我们在许多艰难的日子里充满动力，攻克目标。

　　从此，我与总经理开始步入了创业之路。我们的战略定位是：进入汽车配件行业，争取给全球的乘用车提供控制系统内的零件和服务。这个意愿是我们多年来的梦想，在这之前我们就感知到汽车事业在中国的发展会越来越好。其实，越能感知到未来的机会，也就对未来的行为越有信心。

图1-2　确立创业发展目标（做汽车配件）

总经理在深圳公司时就展现出企业家的气质和魅力,赢得了员工的信任和尊重,得知我们创业的消息后,有部分同事毅然选择跟随我们一起创业。为此我也感到非常高兴和荣幸,此时此刻我的心在告诉我自己,我真的找到了梦寐以求的,愿意为之奋斗一生的事业。

第三节 给激情与事业加满燃料

创业是一种特别的人生经历,创业者要慎重审视自己的理想,所以创业公司所处的环境非常重要,它是促进团队进化的关键性要素。

虽然我们都非常喜欢深圳的创业环境,但为了稳定地走好创业道路,我们必须选择适合理想实践的环境成立公司。正所谓"时势造英雄",时势指的就是环境。每一个创业者都是在特定的创业环境下成长起来的。

创业的理想和初心

成功的道路能走多远,很大程度上取决于你的决心有多大。我们启动创业是在 20 世纪末期,那时中国的汽车工业还处于起步阶段,对普通家庭来说,拥有汽车是想都不敢想的一个梦。

我们预感到汽车行业在中国的巨大发展潜力,于是决定做汽车配件的生产和销售,而不仅是摩托车配件业务。我们决定部分人离开深圳去上海发展,因为历史原因,大上海与欧美国家联系紧密,因此能近距离接触客户,从中学到更多的先进技术。

其实,理想大多代表既定的通过努力能实现的目标,且在人的潜意识里也相信是可以实现的。对于我们,理想是触手可及的,而不是虚无缥缈的,那就是把自己的企业做大做强。它是成功的动力,更是所有创业者的共同想法。

没有人愿意在一个没有发展目标的企业工作,因为没有前景的未来相当于没有方向的征途。塔菲尔和特纳于1986年提出社会认同理论,认为个体倾向于比较自己所属群体和其他群体的优势或劣势,群体的积极特征能够提升个体作为成员身份的自尊和自我概念,个体则会进一步对该群体产生认同。群体内部的典型规范、榜样和认知会影响每个成员投入创业的激情和行动。

一个企业因工作需要分为若干个部门,各部门工作的目标一定是依据公司发展而设定的。

为此,我们不断地给团队人员讲述我们的理念。为确立公司未来发展的方向,我们首先提出了公司经营的口号:"团结拼搏、求实创新",以奉献的精神做事;其次确立了公司主要发展方向:以合资合作为主要发展目标,为客户提供先进技术的汽车配件产品,使客户满意。

我们希望团队所有成员都能为公司做大做强而振奋精神,并且鼓励大家认真思考提出合理化建议,让我们的产品在国际平台上有竞争力和可持续发展的能力,从而使公司对员工负责、对社会负责、对股东负责。这是我们成立公司的目的,也是我们创业的初心。

正所谓有理想的人生才有动力;没有理想的人生犹如失去航向的船只,只会漫无边际地随波逐流,没有前进的动力,更无法跨越重重障碍,当然就谈不上能成功。

向着目标迈入"零"的领域

立志发愿就是确立目标。有了目标,才能勇往直前。当时的我们就好比加足了燃料的汽车,产生了前进的动力,轮胎朝前方不停地转动。那时我们的理想和目标,就是要让即将成立的企业逐步强大,在同行业中技术领先,为社会发展起到应有的作用。

到上海后,我们很快就联系了一位博士朋友,将想法和对未来的思考都与他做了交流。他一直看好我的合伙人,得知我们的决定后,他非常高兴,也愿意尽最大努力促成美国的集团公司与我们合资合作。

合资合作是当时的趋势。从20世纪90年代以来,我国吸引的外商直接投资额稳步增加。经过40多年的发展,我国的汽车工业从无到有,从小到大,到1999年已经具备一定的基础,汽车总量已跃居世界第九位,汽车总量增长快速,产业规模明显扩大,汽车工业在国民经济中的地位越来越突出。

然而,当时除了极少数合资企业生产汽车零件产品外,我国汽车零件工业生产水平和技术开发能力比整车较为落后,这直接导致整车产品的质量提升缓慢。

借助国家高度重视并支持零部件工业发展的契机,我和我的合伙人敏锐地看到中国汽车业未来的广阔发展前景,于是我们分别在深圳和上海成立了公司。一部分人留在深圳公司创业,主要经营摩托车和其他车的拉索。因为我们在摩托车领域有一定的基础,开拓市场相对容易一些,因此,大多数人选择留在了深圳。

我们则带了小部分人在上海注册成立了一家新公司。这个公司后来就成了我们的集团公司,主要经营汽车控制系统方面的零件和其他汽车配件产品。事实上该公司要开拓的新项目与我们当时在深圳的业务完全不一样,一切都要从零开始。

上海公司的目标产品以汽车配件为主,主要客户是汽车制造公司,当时我们思考的是,要想企业快速强大,需要有一个快速增长的稳定市场。上海有通用和大众汽车公司,他们都是世界级品牌的汽车公司,如果能给他们做配套产品,公司发展就有一定的保证。

在当时的背景下,外商以兴办独资或合资企业的方式参与中国经济,同时带来了较为先进的生产技术、企业管理经验和市场营销知识,这是一种"技术外溢效应"。随着外资进入,其产品的开发技术、生产技术、管理技术、营销技术等也会提升流入国的技术水平,从而提高劳动生产率、促进创新。

我们既追求先进的技术,也追求技术国产化的梦想。通过对国际国内市场环境的调研,我们部分人离开了生活、工作多年的深圳,离开了熟悉又难忘的环境,坚定地走向了另一个更广阔又充满未知挑战的美丽城市——上海,它也是中国的前沿城市。在这里,我们迅速启动了汽车零部件开发创新的发展之路。后来的事实证明我们决定是正确的。

第四节　我与董事长的两次合作

经济学家熊彼特认为,具有创新精神的企业家也是充满激情的艺术家。我自认为距离艺术家还有不小的距离,不过我们的董事长倒像是这样一位充满激情的领导者。与他对话,与他共事,你会感觉自己充满了力量。

他军人出身,过往的经历培养了他坚毅的品格,平时说话做事总是雷厉风行,颇有军人风范。但在闲暇时,他又展现出了风趣和蔼的一面,身边的同事经常听他讲述部队里点点滴滴的有趣故事,他对自己那段军旅生涯的留恋模样,让我记忆深刻。

他15岁就被招入部队空军学校学习,随后成为空军部队负责地勤维修的优秀机械师。在有重大险情时,他被部队多次派往需要维护秩序和安全的地方。比如在1966年邢台地震救灾时,他以解放军战士的身份参与了保护领导安全的任务。他在部队一直是听从指挥、执行力非常强的一名优秀战士。

后来，从部队转业回到家乡，他被安排到一家国有企业工作，不久就被提升为副厂长。那时我有幸也调到了这家国有企业的财务部门工作，因此认识了这位对我工作和事业影响极深的领导。他在厂里负责生产及营运工作，因管理有方，又乐于助人，深得员工的尊重。

高行微言，所以修身。冯仑说："公司是个是非地，商场是个是非地，商人是个是非人，挣钱是个是非事，变革的年代是是非的年代，怎么样在这么多是非里面无是非，这就要求人有非常好且非常稳定的价值观。"

第一次见到董事长时，这位领导就显得与众不同，他对事尽心尽力，待人真心诚意。让我印象深刻的是，当时交通极为不便，每次有人找他帮助时，他都会想办法解决，有时还会亲自骑摩托车送工作人员去办事，为大家解决燃眉之急。

他工作起来严肃认真，但在员工心里他有很强的亲和力和凝聚力。我与董事长在不同阶段有两次合作，我相信这是机遇，也是缘分。在和董事长共事期间，他教会了我遇事要多思考，沟通要多倾听的习惯。虽然在这几十年的合作打拼中，有曲折，有波澜，但最终我们都实现了自己的人生理想。

我们的第一次合作

1992 年，改革开放的春风从南海吹向四面八方。循环播放的《潇洒走一回》、正在修建的东方明珠广播电视塔、大哥大、电脑箱、睡在绿皮火车座位下的打工人……人心思动，就连街头的小摊小贩也开始琢磨，卖起了流行音乐磁带。

在这样一个风起云涌的变革年代，我和董事长都被派往深圳合资企业工作,他担任总经理,我担任财务部长。这是我们第一次工作上的合作。在深圳合作的 7 年里,让我真正见识到他的领导力。

在用人问题上他没有挑选的机会,因为大部分员工是内地公司配备好的,而且这些员工的文化程度和工作水平参差不齐。即便如此,他硬是把这样一个团队组建起来,做到让每一个人都积极努力工作,愿意学习和发挥自己最好的一面。

我原本是做财务工作的,他经常让我代表公司去处理销售和采购方面的事宜,同时对我的财务工作又非常支持。有的员工是做质量工作的,他发现他们在做售后服务时有积极性,就培养他们成为销售工作者,有的员工甚至还成了负责人。有些员工不懂检验工作,但只要他们有积极性,他就进行培训培养。就这样在很短的时间里,他就把整个团队组建起来,大家因得到重视和信任,信心十足,每个人都拼命地学习和工作。

因为他超凡的领导力和凝聚力,大家有了追求的目标,所以大家想干事,愿意承担更多的责任。在这种氛围影响下,我也非常努力工作,不久晋升为副总经理。

有些时候,即使在毫无计划的情况下,只要跟随感觉,顺从时势,愿意突破自己,拼尽所有力量,就有可能迎来新的开始。这是团队氛围所致,也是时代所致。我们所把握的机会,实际上是这个时代创造的机会,所谓时势造英雄。

董事长的影响力存在于无形中,潜移默化地改变着整个团队。与他一起工作虽然辛苦,但是颇有成就感。在深圳公司工作了 7 年,他把公司管理得井然有序,员工向心力非常强,成了行业里最为强劲的公司,还分别在广州、上海成立了不同性质的分公司,取得了辉煌的业绩。然而,深圳公司面临重组,团队即将分开,这时我非常担忧,不知道能否再遇到这样的领导,与其合作共事。

我们的第二次合作

1999年深圳公司面临重组，我和董事长共同选择了创业之路。这是我们的第二次合作。我们是志同道合的合伙人，也是相互支持的合伙人。选择创业是我们在深圳共同工作几年的结果，是深圳这座城市的"东风"给了我们勇气，相信只要国家的改革开放政策不停止，就一定有我们向上发展的空间。

市场是企业生存与发展的土壤，我们大胆地选择了在上海建立新公司，同时还选择了我们未来产品的发展方向，确信上海是适合我们生存和发展的环境。根据经验和实力，我们确立以汽车控制系统相关零件作为我们目标开发的项目。但要想把产品做到行业领先，就要寻求有先进技术的公司合作。

明确了目标就有了动力，不久，我们新成立的公司就与美国的一家集团公司合资合作了。这次与董事长的合作经营是以合伙人的形式展开的，没有了国营背景，在共同理想下，什么事情都得靠自己的智慧去解决了。

我佩服董事长已是知天命之年还毅然决然选择了创业。因此有些年长的员工，也愿意跟随他，辞去国有企业的工作。在这样大的压力下，他又让我见识了非同寻常的领导艺术和凝聚力。特别是我们与美国公司的合作仅仅用了3年多的时间，就让一个新的公司重塑辉煌。

我清晰地记得在2003年年底一次员工大会上他的讲话内容，他说："2001年是我们创业的一年，2002年是我们打基础的一年，2003年是我们辉煌的一年。"他的讲话非常鼓舞人心，全体员工都拍手叫好。

董事长是一位难得的好领导、好搭档。他的用人原则是德为所长，只要是品德优秀的人，即使文化程度低一点儿，他也可以帮助他们发挥特长。以"用其长，避其短"的用人原则，帮助很多跟随的老员工重新找回自我。

公司要发展需要人才，怎么办？他就逼着跟随他的一批老员工学习进步，造就大家成为有用的人才。管理专业知识不够就采取内训、外培的办法，不会电脑就逼着员工学习，以达到适应公司发展需要为止。

在要求老员工进步的同时，公司也招聘了各级应届生，这些学生的进步也对老员工起到了促进作用。

而老员工的实战经验对新员工也是一种压力和动力，所以整个公司新老员工相互促进和鼓励，整个公司在发展中形成良性的竞争环境。董事长无形的定力一直在引领团队进步，他用最大的努力带好团队，我作为合伙人，最能理解和感受他的辛苦和用意。

多年合作证明，我们的合伙经营是成功的，他推行的企业精神和文化是长远的。以求实、至善的最高境界为目标，让员工、社会和股东都获得收益，这个理念就是我们成立公司的目的和初心，它一直带领企业长足稳定地发展。

第二章

创业初期的反思

第一节　质量管理体系让企业更上一层楼

20 世纪七八十年代，质量运动在许多国家开展，并被引入各行各业。如英国制定了国家质量管理标准 BS 5750，将在履行军方合同中所使用的质量保证方法引入市场环境，标志着质量保证标准开始对整个工业界产生影响。

管理思想家菲利浦·克劳士比提出了"零缺陷"的概念，即从工程质量、成本与消耗、工期等方面对生产进行合理安排，而不是依靠事后检验来纠正。这意味着企业界出现了这样一种观念：质量要符合产品的要求，质量的保证重在预防。

做有质量的产品

从 20 世纪 90 年代到今天，全面质量管理日益扩展，最明显的标志便是 1987 年问世的 ISO 9000 国际质量管理体系标准。同时，"质量"一词的定义也从"符合规范"向"以顾客满意为目标"转变。

1994 年，美国通用、福特和克莱斯勒三大汽车公司整合制定出 QS 9000 标准，要求将共同的质量体系建立在 ISO 9000：1994

之上。随着 QS 9000 被越来越多的汽车整车厂所认同,他们都向各自的供应商提出了 QS 9000 的要求。

2002 年 4 月,国际汽车工作组(IATF,包括美国三大汽车公司和欧洲汽车公司)在 ISO 9001:2000 基础上,与各国的规范相协调,加上汽车行业的技术规范,制定出 ISO/TS 16949:2002 规范,作为汽车行业新的国际质量标准,适用于汽车整车厂和零配件制造商,被全球汽车行业中的许多著名企业采纳。

因此获得 ISO/TS 16949 体系认证就成为企业进入全球汽车行业,提供产品服务的基本准入条件,没有得到认证,即意味着失去作为供应商的资格。

2000 年,我们公司正处在创业起步阶段,通过参与美国的一家汽车零部件公司在上海的业务竞争,我们意识到,要想成为客户的最佳选择对象,在竞争市场上脱颖而出,我们必须要掌握国际汽车行业认可的质量管理体系。

因此,我们在建立各项基础的管理制度和工作流程时,就引入了质量体系。为了早日通过体系认证,董事长亲自抓这项工作,召开全体员工大会,做动员报告,让全体员工意识到质量体系工作的重要性及必要性。

我们抓质量体系工作,既要获得具有汽车行业供应商资质的准入证,又要获得国际贸易的"通行证",更要切切实实地提升企业的品质管理意识,在产品品质竞争中获得更持久的竞争力,塑造优品牌供应商形象,绝不有短视行为。因为虚假的面子工程,经受不起业务活动的检验,得不偿失,最终会被客户和行业所抛弃。所以做有质量的产品是我们服务客户的初心。

建立质量管理体系

企业要想生存,获得业务,首先要获得客户认可。要想获得汽车、零部件客户的新项目定点提名,必须要在最短的时间内建立质量管理体系,并且在实际的经营活动中有效运行,同时还需要通过主车厂认可的第三方认证机构的审核,并获得体系证书。

因此,建立一个有效的质量体系时间紧、任务重。我们以前生产摩托车产品贯彻的是 ISO 9001 标准,而汽车行业在 ISO 基础上增加了很多特殊要求。

为提高效率,我们首先请了专业的培训机构来助力。该公司委派了一位资深的咨询师给大家进行了质量体系标准条款的系统培训和讲解,特别是让质量管理者代表、质量经理及管理者理解标准的要求,有利于标准要求的贯彻。

第二步,咨询师和公司管理层在标准要求的基础上,结合公司的产品特点、组织架构,一起设计体系管理的职能架构、管理流程,指导工程师编制相应的技术、质量规范文件,协助基层人员梳理作业流程、记录表格以及相关工作。

在公司领导的重视和要求以及咨询师的培训引导下,大家目标非常明确,积极配合,员工们也都愿意在一个有制度、有质量管理流程的企业中工作,公司也利用了这个大好时机,把推进质量管理体系当作公司搭建基础管理的平台。

那时我协助抓这方面的具体工作,在董事长强大号召力和影响力的推动下,我们克服了人手紧张的不利因素,每一个干部、员工都非常团结,积极负责,每个部门都认真地学习并完成所管辖的工作。

部门负责人不但要牵头编写程序文件,做工作流程图,还要一边学习,一边给员工做培训。由于企业处在创业初期,各方面的事情非常多,很多部门负责人白天要完成经营上的工作,同时还要参加培训,只能每天晚上加班整理资料。

管理部长和质量经理负责全面质量体系的总体组织和推进工

作。他们负责与第三方人员对接,并协同各部门编制文件,每天不辞辛苦地指导、检查、严格要求每个部门的实际执行应用情况,碰到员工不太理解的时候,他们还要不厌其烦地解答、帮助,有的员工即使生病了都不愿意回家休息,还坚持带病工作。

就这样,各部门不辞辛劳,以打攻坚战的精神,不分白天黑夜地完成了质量管理体系文件的编制工作,并带领各环节的员工,按照质量管理体系的程序文件和工作规范要求指导日常工作,使得体系要求得以贯彻实施。

为了更好地开展工作,部门之间交叉培训,相互学习,了解彼此工作流程的节点,质量管理体系工作和基础管理制度得到了更全面地贯彻实施,从而有效预防产品缺陷发生,减少浪费,提高效率。

经过这个过程,结合质量管理的要求,公司设置了合适的组织架构图,特别设立了管理者代表、质量体系办公室主要负责体系的宣传贯彻以及质量审核工作,达到持续改善和实施监督的目的,同时每个部门负责人为本部门的质量第一责任人。

通过不断地改进和坚持,各部门负责人和员工都得到了成长,大家都能按照国际工业化标准要求指导工作,权责明晰,责任到岗到人,工作流程有章可循,作业指导书规定了具体的工具、材料和操作方法,不同作业区域标识清楚,物资摆放定位明晰,零件材料先进先出。

按照系统的标准,经过几个月的试运行和不断完善,公司内部管理水平明显有了大幅提升,不久就通过了 SGS 公司的审核,并取得了质量体系证书,也得到了客户的认可,由此公司进入了国际化供应商体系。

让质量管理体系融入公司管理

人是容易疲劳的,我们一直在努力改善这个问题。那时经常有不同客户来公司审核,各部门相关负责人每天都在为应对客户要求,加班加点准备各种质量管理体系要求的基础管理工作。

因为那时客户审核的标准各有不同,有通用汽车体系标准,有日本体系标准,还有大众体系标准,所以我们各部门非常忙。虽然公司让他们每天晚上加班不要超过10点,可是他们不把当天工作完成绝不回家。

太累的时候他们就说说笑话,相互鼓励,这样的工作精神让人非常感动,真是可爱可敬的员工。由于员工有高效的执行力和工作热情,公司各项管理体系有了质的飞跃。

从此公司完善了质量管理组织机构和各部门职责,企业质量方针,质量目标,质量活动的基本控制程序,质量评审、纠错和控制管理办法。大家的辛苦没有白费,用汗水浇灌收获,在迎接不同客户的审核标准上越来越专业,人人都感受到公司管理水平的升级。

公司的质量管理体系应用也随着国际标准的变化而不断升级,结合客户特殊要求同步推进和完善,我们经历了从QS 9000到ISO/TS 16949的升级认证,也通过了德国VDA 6.1和VDA 6.3的审核,完成了ISO 14001环境体系的贯彻和认证,为公司的持续健康发展保驾护航。

在整个质量管理体系中,高层管理人员的角色关系着质量管理能否顺利实施。以董事长为例,他在公司质量管理体系建立和日常运作过程中起到的主要作用是,①让质量战略与企业战略相符合;②避免质量管理出现多头领导的局面;③为全员参与质量管理提供资源、政策、培训、激励等支持。"用先进的技术、科学的管理,坚持预防为主,持续改进,不断满足客户增长的要求和期望。"这就是我们公司的质量方针,体现了企业对客户的承诺以及全员的质量意识。

质量管理体系是帮助企业管理和体现生命价值的核心,我们把它融入公司管理，提升了管理质量，严格要求员工用先进的技术、科学的管理，坚持预防为主，持续改进，将"零缺陷"作为我们始终不渝的目标，并在这个质量方针指导下，制定出具体的、可量化的质量考核指标，比如进料检验合格率、加工产品一次合格率、设备故障率、零安全事故、100％客户产品准时交付率、客户满意度等。

总之，把满足客户要求与期望融入日常工作的每个环节，从而更加有效地实现我们推行质量管理体系的初衷。

以一个零件为例，在加工产品过程中，严格按照质量评价标准执行：一件壳体组件是由注塑零件和金属衬套构成，注塑零件为自制，注塑粒料为采购件，金属零件为外协件。质量控制方面就涉及好几个环节，在塑料粒子进料检验时就要检查是否是指定的PA6‑GF30牌号，它的阻燃和环保是否符合标准等。外协金属衬套也要严格检查，材质是否是ST12，表面处理的盐雾实验48小时的情况是否合格。

在加工过程中，每一个环节都有质量控制点，比如塑料要按烘料温度、时间要求烘料，注塑成型过程要按规定的参数以及产品尺寸和总成装配的质量要求等进行加工。产品加工完成后，按质量要求对成品进行检测，有无漏装、错装，外观有无划伤等。确保数量正确后才能进行产品包装。

完工产成品在存储时同样也要按质量要求进行保管，存放区域内是否干净和通风。产品发运时还要检查包装是否完好，标签是否正确。所以质量管理和控制是非常重要的环节。

我们把质量体系与公司的发展战略紧密结合在一起，工作上实事求是，公司的发展得到了有力的保障，在汽车配套行业领域里占据了一席之地。

事实上，企业之间的竞争就是产品质量和服务的竞争，但是没有好的产品质量，服务再好也弥补不了损失。质量管理的好处包括提升顾客满意度,延长产品生命周期,改善产品设计,提高各部门协调配合水平,增强员工质量意识,减少经营亏损和责任事故等,帮助企业在激烈竞争中取得极大优势。

以 1962—1972 年的日本企业为例,其通过质量控制小组活动得到合理化建议约 500 万项,为企业增加 250 亿美元的收益,比 1955 年日本国内生产总值还要多。

因此,企业要有发展,产品质量必须要有质量管理体系做保证,它必须要融入公司的管理,产品质量不达标,生产就等于白费力气,企业的收入和声誉就会受到影响。产品质量是企业做强的根本,是企业发展的灵魂。

第二节　人才是如何留下来的

假设,仅仅是假设,如果有一天你的同事遇到了突然袭来的事情,你们公司的业务还能继续运转吗?

这原本是一个管理学上的问题,用来警示创业者拥有良好制度的重要性:即使有人缺位,制度也能及时解决这个问题。比如公司高管突然离职,公司可能会乱作一团。与制度相比,另一个同等重要的是人才,因为制度是由人来"填充"的。

拥有出色人才和管理流程的公司,在遇到上述问题时,会及时安排已经过内部审核过的候选人奔赴空缺岗位,将损失降到最低,因为管理者脑海中有一个丰富的人才数据库,可以使他们无须临时抱佛脚。

在创业期间企业特别需要人才,因为人才是企业发展的重要资源,产品总有一天会过时,但组织技能培训和员工技能发展永不过时。

在创业初期我们的财力非常有限,招聘人才受到了一些限制,所以大家集思广益,在这方面想了很多办法。

比如选择退休不久的高级工程师和管理人才,他们有经验,工资要求也在可接受范围,双方容易达成比较满意的合作意向,他们也将工作经验传承给新人。我们也会选择一些刚毕业的大学生,只要他们愿意学习、愿意跟随我们一起创业,我们就给他们机会,把他们培养成新的人才,通过新老结合组成了人才队伍。

同时,我们积极促进双向沟通,增强员工对企业的责任感,提升员工对自身价值的认识,对公司目标的理解。把员工视为企业最重要、最宝贵的资源,尽最大努力给员工提供好的工作环境和发展空间。

珍惜人才是重要基础

1997 年,在我们创业前,我去四川大学参加过一次招聘会。我清晰记得在面试几位学生时,都会问他们是否愿意到深圳或者上海工作。因为那时交通不便,通信也不发达,要离开家乡到很远的城市工作,还是需要有一定的勇气和家里支持的。

其中有几位应聘的学生表示愿意,我非常看好他们,他们有一个共同点:成绩优秀,英语都通过了四级或六级考试。尽管他们对上海和深圳不太熟悉,但从表情看得出他们是感兴趣的,也愿意走出四川去打拼。

他们做好了思想准备后,还提了许多生活方面的问题,几乎每一个人都会问道:"我们去了有住的地方吗? 有吃饭的地方吗? ……"我非常理解他们的担忧,认真细致地向他们介绍了公司的情况,同时答应会帮助他们解决好这些问题,让他们尽管放心。我们沟通得很好,当天双方就签订了合同。

这次招聘非常顺利,这几位大学生有的去了深圳,有的到了上海。他们不负所望，对公司的安排没有讲条件，都很虚心、积极向上，非常值得称赞和学习。

我们当初工厂设备并不是很先进，但是他们仍然对工厂的一切都很感兴趣，在业务上尊重老同志，向前辈们学习；在工作上勤勤恳恳，任劳任怨，努力掌握工作所需的新知识。他们还经常自觉加班加点，有的人经常出差也从不叫苦叫累。

那时公司经常派人出国，这些大学生都是很好的人选。有一次公司派一位工程师去德国公司出差，他的英语单词量不够，就向我借了一个翻译机。他白天拼命地与德方工程师一起工作，晚上回到酒店还要继续看很多的资料，同时学习英语。就这样，他不分昼夜地工作和学习，进步非常快。最后，他不仅出色地完成了那次出国任务，还得到了德国公司的好评。

鉴于他们平日的工作表现，我们非常相信他们就是公司真正的人才。我们用人不苛求十全十美，只是尽心去挖掘每一个人的潜能与特点，有的踏实细致、有的坚定执着，我们认为只要把特点用好了，都是优点。

但是公司很快就发生了戏剧性的变化，几位大学生到公司不久后，就面临公司需要重组的境遇。在那个时代，虽然国家一再支持自主创业、鼓励科技型中小企业发展，但多数人依旧喜欢抱着自己的"铁饭碗"，对创业持模棱两可的态度。

当时我和董事长决定自己创业，原以为对这些初入社会的大学生来说，稳定是他们最优先考虑的，没想到他们也愿意打破"铁饭碗"跟随我们一起创业。

现在回想起来，这些优秀的大学生参与到我们创业中来，为公司未来的发展打下了良好的基础，更是增加了对明天成功的信心，这也是我们一直珍惜人才的原因。珍惜人才，正确使用人才，可以使企业少走弯路，花费最短的时间，取得最大的成就。

提供发展空间是留人核心

公司在创业初期,能否把年轻的大学生们留住,是极大的考验。我们知道公司未来要发展,非常需要像他们一样优秀的人才,然而创业期不能完全满足他们的需求,特别是工资待遇。

但从另一方面来说,选择创业本身也不是为了短期的工资待遇,正是因为简单的绩效在创业期不完全适用于对人才的选拔和考核,才更要在其他方面想方设法地留住人才。

总体来说,我认为应当在一个看得到奋斗目标前景的前提下,有一个高质量的团队陪伴和一个不断帮助他们突破的工作岗位。我们在岗位上想办法,给他们提供具有挑战性的工作,多让他们承担责任,同时公司也为他们排忧解难,尽量让他们工作顺利。

我也经常仔细观察他们,发现他们没有因公司刚开始工资低而选择离开,相反他们做事富有朝气,充满活力,不由得让我想起了一句话:人生的成功是在紧要处多一份坚持,人生的失败往往是在关键时刻少了坚持。

有人问他们,为什么这么努力在这个公司工作? 他们说,这个公司有希望,对他们也比较重视,在公司能参加很多培训,管理知识是在学校里学不到的,所以他们愿意参与到创业过程中来。

那时他们白天工作,参加各种培训,晚上协同管理部一起编制质量管理体系文件。在公司抓基础工作和质量管理体系期间,这些大学生们进步很快。凭着他们的底子和勤奋好学的品质,在各个部门都发挥了很好的作用,为公司的快速发展起到了积极作用。

做技术的虚心学习,认真研究产品和项目管理知识;做销售的学习项目管理与客户沟通,按照质量管理体系要求做事。总之,每一个人都在自己的岗位上发挥着螺丝钉的作用。

在这里我要特别提一位大学生,他学的是工程类专业,英语能力比较强，公司就想培养他负责对外接待和国际采购方面的工作。公司负责人力的领导与他沟通以后，他没有因为改变专业和岗位而推辞，他说："我愿意尝试新的工作，接受公司的安排，与公司一起成长"。

在公司与他的共同努力下，他成功地转换了角色，出色地完成了公司交给他的任务，还给公司增添了不少力量。

由于勤奋工作和不断学习，年轻的大学生们逐渐成长为公司骨干。虽然工作很辛苦，但是大家很快乐，最重要的是大家非常团结，都有一种拼搏和奉献的精神。

这些有知识和愿意进步的年轻人与公司一起创业，他们非常认同公司的文化，认为公司是实事求是、有凝聚力的集体。他们越来越热爱公司，还与公司建立起了深厚的感情，现在都成了企业的栋梁。

其实一个公司要留得住人，工资待遇是一方面，更重要的是能给他们带来希望，珍惜他们，为他们提供学习知识的机会、发展的空间、个人价值展示的平台。

如果公司经常做出这种安排，也将会吸引到更多人才。人处于世事之中是互助的，有才华的人能被发现并被善待，他们就会在理想的原野上奔驰，以更加饱满的热情做事，因为那些有抱负的人才知道他们不必等太久就能获得发展良机。

第三节　缺"德"合同带来的教训

天黑路滑，商业复杂。社会险恶，人心叵测。自古以来，在贸易交往中就有一些不公平的现象，例如产品质量不合格、高价售卖，虽然现在检验的手段发达了，但还是有舞弊的空间。

做得成功的企业家不在少数，主要因素是他们重视商誉、诚实守信，不做舞弊造假的事，所以在商场上建立了很好的品牌。公司在购买物资时，能权衡利弊选择有诚信的商家，是对我们工作的重要考验。

1999年我们刚到上海创业时，急需购置一些专机设备，因为没有处理好买卖关系，在选择供货商时，没有进行多方对比，而是盲目地通过一个朋友认识了一家供应商，轻易相信他人，没有把控好合同条款，使公司受到了损失。

盲目签订合同购买设备

虽然我们凭着多年管理公司的经验，尽量省时省钱开展各项工作，但是在采购设备时还是签了一份缺"德"的合同。那时我们刚进入汽车配件领域，在采购方面还处于摸索阶段，有的设备在国内没有成品，只好找厂商定制。

我们对汽车配件行业的设备定制并不熟悉，一个重要原因是之前熟知的是摩托车行业的配套产品。而我们创业时选择的项目是汽车行业的配套产品，工装、设备的采购都要从零开始学习，特别是定制设备，我们更多的是依赖供应商，因此一旦选错供应商就会对公司不利。

公司对专机设备需求量较大，购买质量好的专机设备只能通过进口，但价格方面我们当时难以承担，因此就没有选择进口专机设备，而是通过朋友介绍认识了一位做这方面设备的供货商。

这个供货商的公司在上海，他本人也是工程师，在行业里面还有点儿名气，大家都称他是这方面的专家，听说他之前也为很多公司定制过这套设备。

因为时间紧，我们就没有进一步去做市场调研和对比。这个人看上去和蔼可亲，态度非常好，他与我们沟通时说的是带有上海口音的普通话，我们感觉他是有诚意的，所以就相信了他，选择由他的公司来给我们制造设备。

在签合同前，我们向他咨询了很多设备相关的技术问题，他都解答了，我们基本上比较满意，但之后才意识到由于我们在这方面缺少很多经验，导致有些关键零件方面的问题都没有了解清楚，就着急操作了此事。

因为制造设备的时间长，公司又着急要用，为了保险起见，我们没有把全部订单给他做，但还是急着向他定了几套设备。

我们非常重视这几套设备的采购。按规定办理了购买设备流程，双方也签了正式合同，只是在规定保修期限方面，对方只承诺半年时间。事情紧急，我们没有更多地去争取就签了合同。

不久，设备供应商按照合同规定把设备准时送到了我们工厂，能顺利收到设备，大家非常开心，很快就开始投入生产。

设备使用半年后开始出故障了，我们急着请那位工程师来检查。他看后告诉我们没办法修好。我们疑惑不解，这些设备刚买回来不久就坏了，怎么不能维修呢？我们一直都是按要求操作的，应该是设备自身的问题。

他解释因为合同签的维护保养期只有半年，没有细节条款，已过保修期，因此维修更换零件就要支付费用。这时，我们所有人都傻眼了，也就是说根据合同条款我们只能另行支付维修费用，而且这个费用巨大。

工程师还是一如既往以温和的表情与我们说话，但这时大家看他的样子就感觉他不像之前那样有诚实感。其实他没有变，是我们对他有了重新认识。所以做买卖不能以貌取人，不能凭空相信别人，而要多比较才能避免类似事情发生。

原本创业初期资金就不足，这下不但耽误了生产，还要另外投入资金。这突如其来的噩耗，令大家极度愤怒，认为那个工程师是一个毫无诚信、没有道德底线的人，大家意识到被骗了。

为了尽快挽回时间，我们没有找原供货商来维修，而是另外找了一家设备厂来评估，结果才发现设备的主要零件只能使用半年，原因是那些关键零件在加工过程中没有按照规定操作，也没有按照热处理等工艺流程去做，所以有些设备零件只能更换。

为保证设备的性能和后期维护，我们选择了别的设备厂家来维修，把所有专机的核心零件换成了进口零件。这件事情也警示我们要尽快建立起良好的供应商关系，选择与有诚信的商家合作，这是提高企业效益的关键要素之一。

规范合同遏制道德风险

在采购设备这个问题上，我们接受了深刻的教训，但同时也提高了我们解决问题的能力，这件事给我们深深上了一课。在未来的设备定制上，我们谨慎签订合同，除设备保修期以外，更关注核心零件的质量保证。

如何保证设备零件的更换价格和时间呢？在合同细节上，我们要求严格把关：有品牌的零件必须提供品牌名，定制的零件也必须保证使用期，如果要更换零件，在合同上明确写明更换的价格，如果更换时间较长，还要给我们提供备用设备，特别是涉及进口零件和进口设备。

我们并没有"商业就是充满恶意的""做生意就是骗来骗去"这种极端的想法，因为商业的本质是建立在信任的基础上，是一种人际互动，经营商业的同时也要经营人心。

《说岳全传》中有这样一句话："万丈深渊终有底，唯有人心不可量。"诚信缺失通常会滋生各种机会主义行为，比如在专用性投资上敷衍了事，对合作方实施信息封锁，隐瞒自身的能力缺陷，套取或者骗取对方的资金投入，在关键时刻突然毁约。对于创业公司,很多领域都是全新的、未知的、信息不充分的,其中出现风险的概率会更高。

就像亚当·斯密认为,追求个人利益是普遍的人性,这暗示了"道德风险"的存在。由于受市场经济自由竞争的影响,人们往往会做出一些不诚实、搭便车或者坑蒙拐骗的行为。

因此英国哲学家休谟曾提出一个"无赖原则",强调在制度设计和社会生活中,人人都应该被假是为无赖,以此来遏制道德风险的产生。

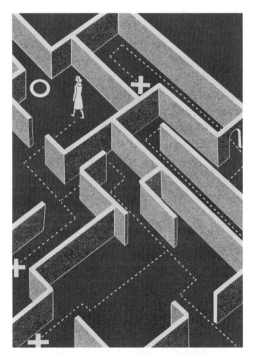

图 2-1　创业会走一些弯路,要不断反思

研读法律,制定规范的流程,掌握充分的信息,寻求知识,积累经验,这些都是为了保证交易的有序与成功。在缔结合同之前向

对方或其他缔约方陈述质量、瑕疵情况,要求各方自觉履行契约义务,这样,各方均处于较为安全的缔约条件中,也就避免了因遭受缔约欺诈所支付的费用。

采购设备引起的问题也警示我们要对公司所有合同进行审核,于是我们聘用了法律顾问,建立了合同审核流程和管理规范。采购合同及其他与经营有关的合同和协议都要提交管理部门,由律师审核无误后才能签字盖章,尽量避免出现盲区。

我时常在想,无论创业有多困难,都一定要请法律顾问,没有法律顾问,企业在很多事情上都会走弯路,成本损失会更大,法律顾问可以为企业发展保驾护航。企业应该制定采购物资的内部管理流程,在法律顾问指导下规范公司所有的合同和协议。

从更长远的角度看,如今出现了越来越多行业内部的信息共享平台,这将有助于商业诚信的建立。通过对行业内相关信息的收集、更新和规范传播,可以大大提高行业内的信息透明度,减少行业内的失信行为。

第四节　时刻要有安全管理意识

安全是一项技术活儿,可以从实际工作成果上体现出来,从生产任务完成中表达出来,从日常活动中表现出来。对于我们的一切生产活动、生活内容,安全是第一要义,生命高于一切。

安全管理包括防火与消防、机械与安全电力的设计、防爆与抗爆、运输安全、生产安全、作业安全等,但在市场竞争激烈的情况下,企业通常会忽视安全管理。

这其中有部分原因是企业将经济效益放在首位、安全投入少,但更重要的原因是企业员工安全素质偏低,接受安全培训不够,经常忽视工作和生活中的危险因素,企业对生产的重视大于安全,导致培训力度不够,使培训流于形式。这样不只会影响企业生产,还会给日常生活带来威胁。

员工宿舍有人"中毒"了

安全管理一直是我们最重视的工作,在创业初期,公司按相关部门要求,一直安排专人负责安全管理工作,以隐患排查系统和风险监控系统为主线,围绕责任区域安排部署了负责人,按要求定期开展全面检查和识别生产工艺、设备设施、作业环境、人员行为和管理体系方面的风险点排查工作。

我们对可监测的风险点进行评估,一旦发现异常,责令限时整改,并要求书面的整改报告,保证风险点消除。虽然工厂的安全管理是按要求建立的,但员工依然有意外发生。

当时员工在工厂附近租房,由于安全意识还不到位,在出租房发生了一次重大事故,让我非常难过。事情发生在一天早上,库房员工反映有员工没有来上班,该员工所在部门领导人在向其同屋居住的员工了解情况时,发现同屋的员工也没来上班。当时这个出租房一共住有 3 人,都是我们的员工。

我们意识到可能出事了——敲门时房屋里只有流水声,没有任何回应。我们立即砸门,开门以后才看到用热水器洗澡的员工倒在浴室里,水还没有关,另外两个员工睡在床上,但没有声音。

当时听到这件事后,我就心急如焚地赶去员工宿舍,路上我突然感到心跳加速,内心很担忧,我想到了自己曾经发生过的事情。在我 30 岁那年,有一天我们全家人用热水器洗完澡后就入睡了。半夜,孩子爸爸觉得头痛得厉害,无法入睡,就去用凉水冲头,结果还是不行。

他叫我叫不醒，又看见孩子很难受的样子，像在哭但又哭不出声音，他听见我妈在喊"救命"，但声音很轻。他突然意识到可能是食物中毒了，就拨打电话求救。邻居们把我们全家人送到了医院，最后诊断是一氧化碳中毒。

原因是我们把门窗关得太严，热水器安装在家里，全家人用完热水器后，没有通风，家里的氧气耗尽，所以全家人都因缺氧而难受。在被送往医院的路上他们就醒了，而我是靠氧气抢救回来的，医生说幸好发现及时，再晚一点儿就麻烦了。

想到这里，我的额头就开始冒汗，因为亲身经历过，所以深知这件事情非常严重。我们在第一时间就叫了救护车。

"我要安全"是最佳的思维

当我赶到员工宿舍现场时，救护车也已经到了，我们立即把3个人送到医院抢救。我和同事在抢救室门口等了很久，医生终于开门出来了，他说："有两个人我们已经尽力了，有一个人还在抢救中，已经过了危险期。"

突然就这样"走了"两名员工，我和同事都非常难过，心情不知道有多沉重。在医院的角落里，我们悲伤了很久，但万分悲痛的同时，告诉自己还要振作起来，因为还有好多相关事情要处理。

公司刚成立不久，遇到这样的事情大家心里非常难受。去世的员工在公司库房工作，表现非常好，而且还是骨干，我们都为他们感到惋惜。

在那个年代，天然气热水器安装在家里常有事故发生。原因是大家对这个新产品的安装要求认识不够。经过此次事件使我们认识到安装在屋里若没有遵守规定就容易发生一氧化碳中毒的危险。

因为那时该产品缺乏安装方面的明确规定，所以一旦出现事故,只能自己负责。出事故的两名员工从家乡来到异地工作,所以要妥善处理好家属的安抚工作。

虽然企业没有直接责任,但毕竟他们是公司的员工,我们必须要处理好相关事情。为了避免类似事情再次发生,我们进一步加强了员工的安全培训,培养员工的安全隐患意识,提醒大家在家里也要注意安全。

这件事情让我深刻体会到背井离乡打工不易,特别是创业企业尤为不易,要担当起更多的责任和使命,务必严格职守,时刻抓好安全工作,建立好完善的安全管理体系,不管是工作还是生活上,都要要求员工注意安全。

归根结底,安全是每一个创业者成功的最基本保证,也是企业可持续发展的基石。

尤其是在制造行业,企业设备复杂、劳动力密集、易燃易爆等危害因素多,存在安全投入低、劳动保护条件差、部分从业人员文化程度低等问题,每年都有多起安全事故发生,导致人员伤亡,给家庭和社会带来巨大创伤。

无论是生产还是生活,防微杜渐都有必要。为了防止损失,唯一的办法就是防止事故真正发生。东汉史学家、思想家荀悦认为:"一曰防,二曰救,三曰戒。先其未然谓之防,发而止之谓之救,行而责之谓之戒。防为上,救次之,戒为下。"

我始终认为,安全意识教育是再强调也不为过的事情,绝不能流于形式,要让领导和员工真切认识到安全生产的重要性,以及自己应担负的安全责任。

在生产中推行标准化作业和安全责任制,提高员工的安全技术素质,大胆吸收安全专业人员进入企业以提升安全管理队伍的整体素质和水平,同时要设法让员工从"要我安全"转变为"我要安全"的思维,以预防为主,不只对手中的产品负责,也对自己负责。

图 2-2　创业最重要的是在保证安全的前提下,进行各项活动

第五节　产品价格倒逼提升工艺

公司成立初期,我们想尽快进入汽车配套行业。我和销售团队一直去拜访不同的汽车公司,但由于新公司名不见经传,又没有汽车产品生产经验,想要进入汽车市场真是困难重重。尽管如此,销售团队依然迎难而上,不辞辛苦,开拓市场,希望尽快拿到一个项目,把汽车配件业务开展起来。

正在这个时候,销售团队里有人提到,我们公司附近有一家大型汽车配套公司,他们有一个零件非常适合我们开发,经接触,他们也同意让我们参与报价。这个好消息瞬间点燃了大家的热情,感觉有点儿希望了。

然而,刚进入汽车配套行业,我们太急于求成,既没有完全掌握汽车配套方面的质量管理要求,也没有考虑好生产节拍和产能问题。拿到项目信息后,我们就以做摩托车配套的思维进行了报价,结果让公司处于非常尴尬的局面。

价格预估错误付出的代价

我们终于等来了绝好的机会,销售部门的工作没有白费,很快就把客户的项目信息提供给公司了。公司相关部门对零件进行了评估分析,认为开发它没有问题。其实,那时我们在汽车行业里没有经验,只是根据以前做摩托车零件的想法,很快把价格报给了客户。

当时的我们全然不知,这个价格在客户内部引起了巨大的震动,从而也让客户对我们公司产生了兴趣,高度重视这个项目。客户知道我们是一个新的企业,对我们这个充满活力与激情的团队却非常有信心,还专门组建了特别项目组,到我们公司推进此项目的开发。

那时,我们有些受宠若惊,觉得好久没有被客户这样重视了。回想起我们在深圳工作时,公司经常被客户重视的情景,好像又回到了那样的状态,心里特别开心。

想到这里,我立刻意识到客户是带着诚意来的,我们当时也相应组建了开发小组来应对客户的推进工作。全公司都各司其职地积极行动起来了,技术部门按客户要求开发,质量和生产部门接受客户的指导。客户不厌其烦地每天派人来沟通,还对我们进行一系列的质量体系管理方面的培训。

就这样,我们与客户特别小组一起不分白天黑夜,争分夺秒工作了几个月,把客户要求的所有文件,包括量产方面所需要提交的文件都全部模拟了一遍,以确保零件批量生产时,能按照他们的要求和规范进行。

然而技术开发团队那边的进展情况就没有这样乐观了。项目零件样品虽然很快开发出来了,但是一直无法达到客户所需要的产量。技术团队反馈,如果要达到客户所需的年产量,公司要有很大投入,以现在的加工工艺根本不能满足客户需求。

此时我们重新梳理了这个项目的情况,为什么客户这么重视?原来零件价格是原因,我们是按照那时现有的工艺条件进行报价,如果要投入自动化生产线,这个报价就太低了。

于是,我们对客户原采购价进行了调研,发现之前这个零件是全进口的,价格是我们的几倍。如果按我们的价格供货,客户每年会节省人民币千万元以上的采购成本。

我们公司刚进入汽车行业,没有按汽车行业标准和客户需求量来评估价格,属于报价失误。这个事情对我们公司影响很大,对以后的开发工作也起到了很好的借鉴作用。

小零件项目推进到关键时刻就这样被价格问题卡住了,我们还继续往前推进吗?如果继续就需重新投入大笔资金定制设备。这时我们希望客户涨一点价,但是客户不同意调价。因为客户为了这个项目能成功,也在不计成本地帮助我们,客户用实际行动表达了合作的诚意,也教会了我们很多,我们必须谨慎思考做出选择。

对于苛刻的要求和困难,人难免会有排斥和觉得麻烦的想法,有人会抱怨"某某客户看到产品一点点瑕疵都不行"。其实仔细想想这些要求并不是很高,都是应该做的事情,抱怨很容易让企业站在失去订单的悬崖上。只要市场上出现更优的选择,那些做不到更高标准、更高要求的企业必定会被毫不留情地抛弃。

把压力变成动力

通过对该项目的一系列会议评估,公司决定继续开发这个项目,最主要的原因是客户的诚意战胜了我们的犹豫。不把报错价当成理由和借口,我们把压力变为动力,以诚信的原则,提升加工工艺,让公司获得了回报。

对我们而言,这个项目的教育价值远大于其本身:它使我们懂得了如何在汽车行业做事,知晓了汽车行业在生产方面的控制要求,知道记录各种文件和提交相关流程细节。最重要的是,它让我们团队的能力得到了质的提升,这也是一次难能可贵的练兵机会。

如果我们能够向行业内有着高要求的客户持久供货,让最苛刻的客户满意,那么要拿下市场中的其他公司就变得容易很多。

客户方派来支持的人员得知我们的决定后,非常感谢我们的坚持,他说:"如果你们放弃了,我们都无法继续待在公司,因为没有完成公司交给我们的任务,只能辞职"。他们的话,让我们再次下定决心,无论如何都要把这个项目做好,不能辜负客户的希望,也不能让团队放弃已经开始积累的努力和信心。

但是设备要做成什么形式才能满足客户要求?这是一个严峻的问题。我们按照自己的构想做了一条生产线,但客户不满意,认为无法达到产能要求。我们就请教客户那国外供应厂商是如何生产的。他们不清楚,只知道是自动化生产线。

我们利用了所有的资源,哪怕只是一句话,都会让我们得以启发,并讨论许久。有一位老工程师回忆,他曾经在美国看见过类似的自动化加工设备。他的这句话犹如黑暗中的一束光。随后我们根据老工程师提供的一点儿构想,与设备厂一起运用集体的智慧,共同设计出了第一条自动化生产线,离目标又近了一步。

设备厂家把第一条生产线制造出来后，又发现在加工过程中存在产品质量不稳定的问题。眼看产品交付日期一天天逼近，这条生产线仍然达不到客户要求，殚精竭虑的工程师们想放弃，甚至有一位年轻的工程师顶不住压力辞职了。

然而，就在这艰难时刻，我们与合作的设备厂家没有放弃，大家又一起探讨研究，最终突破了设备的卡点，实现了批量供货。为此，双方项目组成员都非常激动与高兴。

数月的艰辛奋斗，首战告捷，这个项目为客户节省了成本，也为我们公司树立了良好的形象和口碑，同时也提升了我们员工的能力，为我们进入汽车配套行业打下了很好的基础。

事后据我们了解，客户方推进项目的几位员工由于认真负责，坚持推行工作，为他们公司降低成本做出了成绩，所以不久后都得到了提拔和重用。

初入汽车行业，我们就遇到了报价失误的事情，对我们来说是一个严重的问题，但也因祸得福，得到了客户很多帮助，让我们在质量管理方面也提升很多。我想这也与我们长期坚持的诚信原则分不开。我们在艰难时刻做出了正确选择，以永不言弃、坚持到底的精神，使这个项目最终取得了成功，实现了双赢。

我认为正是因为做正确的事，才会遇到困难。经过了贴近国际汽车行业标准项目的锤炼，打造了客户认可的自动化生产线和产品的历练，我们积累了巨大自信和经验基础。

当我们在困难面前踟蹰不前，觉得"不行""做不到"的时候，这才是进步的开始。在企业成长过程中，不是很容易就能找到抵达终点的那条路，我们要怀抱着坚定的信念，迎接客户严格甚至苛刻的要求，不断攀登一个又一个险峰，在不断试错中找到正确的路。

第三章

公司的商业模式

第一节　选择合资经营探索国际合作

中国汽车行业合资合作的历程有着典型的时代特征。自1979年初国务院批准第一个中外合资经营汽车项目之后,合资、合作和独资经营的三资企业迅速成长,成为带动我国对外出口、技术引进和增加就业的一个主要力量。

所谓合资企业,一般指中外合资经营,中国投资者和外方投资者共同出资、共同经营、共负盈亏和共担风险的企业。汽车行业的合资合作是一个从初级合作向高级合作递进的过程。

对中方企业来说,选择合资合作经营模式,引进外方先进技术和国际化经验无疑是非常重要的一个方面,但伴随产业升级、结构调整,在改革开放初期,这样简单仿效的策略很快失效了,中方企业在技术上的学习意识越来越高。

探索国际合作之路

1992年之前的中外企业合作主要集中在轻纺和服务业领域,以中小资本的进入为特征,追求目标大多是将国际经营企业的生

图 3-1　企业能有效益，确立商业模式是关键

产区域延伸，即利用中国劳动力的低成本优势扩大生产。

但在 1992 年之后，跨国公司跟进的策略增加了我国市场的国际竞争压力，国内市场的产品质量和生产技术需求迅速提升，并向国际技术水平靠拢，迫使合作企业中的外方提高其产品和生产技术的先进性。

在这样的形势下，合资合作经营模式就成了我们集团公司的主旋律。我们非常认同这样的经营模式，同时我们选择的客户的特点也促使我们的经营模式要向此靠拢。因为我们服务的客户大部分都是合资企业和国外公司，所以需要有相应的技术和服务，才能满足客户的需要。

事实上,在深圳工作时,合资合作的模式就在我们的头脑里播下了种子,那几年,我们也尝试了与人才合作、与外方合作、与先进技术企业合作,这样更能争取到业务,也更能获得客户认可。

在深圳公司做业务时,我们想给日本合资企业供货,但起初并不顺利,后来凭着深圳公司是合资企业,才胜出了竞争对手,而且还得到了日本企业的培训,在我们团队的努力下,很快就成为日本合资企业的长期供应商,替代了客户的进口零件供应商,所以合资合作模式是我们公司追求的经营理念。

在我们开始创业时,中外企业合资合作已经度过了最初蹒跚学步的懵懂期,有不少案例可以借鉴,企业在寻求合资合作对象时不是盲目跟随潮流,而是审慎地思考双方的资源优势可以通过怎样的方式合作,达到取长补短、互利共赢的目标。

在我们看来,合资合作经营的好处是可以更加了解相关产业的竞争状况,洞察国际经营主体的信息,还能获得更多的资金扩大生产规模、分摊开发成本和风险,整合双方的优势,实现资源共享、渠道共享,获得合资双方的无形资产资源等。

从1999年我们成立创业公司后,我与团队成员都在学习怎样成为汽车行业的合格成员。因为各自有不同经营模式,我们没有效仿别的公司,但我们非常欣赏那些优秀企业对市场和先进技术的掌控能力。为了我们事业能取得成功,我与合伙人其实已有了构建自己的经营模式的想法,想用自己的方式让企业成长起来。

我们不善于交际,但我们敬佩有才华的朋友,并以诚信之道与朋友相处。几年前结交了一位美国籍的华裔博士,我们一直与他保持着友好关系,并且在各方面相互交流和帮助,从而建立起了深厚友情。

在那期间,董事长经常与他探讨汽车行业的事情。博士的眼界和见解对我们的影响和帮助都非常大,他经常与我们谈论汽车配套产品、公司文化和行业前景,还分享国际上同行的先进技术的发展和管理情况,使我们能更多了解到世界同的信息,让我们更加坚定了公司未来的发展方向。受他的影响,我们非常愿意接受改变,探索新的国际合作之路。

相信自己选择的合资对象

博士的沟通能力、亲和力非常强,而且给我们传递信息和知识时非常有感染力。我记得与他经常交流的话题是他所在的美国公司。他谈到了他们公司的发展史,也谈到了公司总裁是如何把公司做大做强的。

博士叙述的那些人和事激励了我们,激发了我们追求先进技术的愿望,在思想上也产生了共鸣。那时能与美国公司合资合作是很多企业的愿望。通过与博士的深入交谈,我感到这个愿望的实现离我们不远了。

拥有了目标就拥有了自己的人生,目标就是人生前进的方向。凭着这样的信念,我经常告诉自己,我们一定能行!在团队共同努力下,通过博士引荐,美国集团公司决定派人来上海考察。得知消息后,公司上下都欢欣鼓舞,积极为此次考察来访认真细致地做好各项准备工作。

来考察我们的美国公司是一家在美国上市的颇有名气的多元化集团公司。这家公司的汽车零件配套产品尤其出色,他们在世界各国都有工厂,是有名的汽车配套供应商,我们两家生产的产品有共同之处,都是做控制系统类产品。

员工们为了更好地展示工厂面貌,工作积极性非常高,真是"人心齐,泰山移",整个团队各个环节配合得相当好。管理团队与员工都把公司当成家一样在维护,他们都明白这件事的重要性,这不但是公司的大事，也是员工自己的大事。

不久，我们终于迎来了美国公司一行考察人员，他们在博士陪同下来到公司，首先听取了我们的介绍，然后与公司团队骨干见面交流，花了很长时间参观了车间，仔细深入地了解设备和生产线情况，还了解工人对待公司的态度。

一天考察结束后，他们给出的结果是，虽然我们的设备不具有先进性，但是他们非常看好我们董事长、管理团队和员工队伍。考察负责人说这话时充满欣赏的语气，带着真挚的表情，我至今还记忆犹新。

尽管如此，我心里在打鼓，他这是同意还是不同意与我们合资合作呢？后来他说，他要回美国向总裁汇报后才能决定是否与我们合资。

怀着高兴又略有担忧的心情，我们继续讨论了很多关于合资的细节。根据双方商讨的基本原则，很快我们就拟定了一份合资意向书，待考察负责人提交美国方审议。

考察后没过多久，焦急的我们终于等来了好消息，美国集团公司同意与我们合作，并且同意签署我们起草的合资意向书，在上海成立合资公司。根据双方的条件，我们又起草了可行性报告，美国方起草了合资合同。

双方分别在各自律师审核把关下，完成了注册办理合资公司的所有文件。在此期间，美国方还请了新加坡环境认证机构，到上海来认证租赁厂房的环境是否符合生产产品的标准，这些都是与美国公司成立合资公司的必要条件。总之，大家的辛苦有了结果，我们也非常满意自己选择的合作对象。

一个难忘并振奋人心的日子

2000 年 7 月 19 日是我最难忘的日子，这天我正在别的公司协助做财务审计,突然一个电话响了,是办理营业执照的人员打来的,我得知合资企业的执照拿到了。

听到以后我半天没能回话,电话另一头一直在呼唤:"喂,听到吗?……"好一阵我才回复听到了。太好了!那一刻,我不知道有多高兴,虽然当时我没有在其他人面前表现出激动的心情,但是心里早已波涛翻滚,激动不已,祝贺我们自己这么顺利又迅速地找到了一家优质的国际合资伙伴,也非常感激团队所有人为此做出的辛苦努力。

此时此刻,仿佛美好的前景就在眼前,内心重复了好多遍"公司有救了、公司有希望了",我们可以站在巨人肩膀上开拓市场了。从这一刻起,我们就是那家美国集团公司在上海的合资企业了。

美国公司为什么最后选择把我们作为合资合作的对象,我想一方面是博士起到了很好的连接作用,更重要的是大家团结一致,不畏困难,向汽车配件行业进军。我们没有条件创造条件,从加工生产摩托车行业到加工生产汽车零件行业,再到向美国企业提出合资合作,这本来就是对自己最大的挑战。

我心里明白,通过合资合作的形式,我们能快速得到相关方面培训,还能学习到很多相关技术和管理知识,团队在外方影响下会迅速成长,从而在争取客户项目方面有强有力的技术支持,同时也有机会争取到有国际背景的合资公司的汽车业务。

与美国集团公司合资不久后,我们就迎来了在上海召开的第一次董事会会议。会议讨论并决定了组织结构和人事任命的重大议题,同意董事长由美国方委派担任,外方非常信任我们原有团队,我们的原董事长担任总经理,我的职位不变,共同负责公司的经营管理事项。

按照美国公司惯例,外方另外委派领导和财务总监,博士被任命为中国事务总裁,管理协调中国合资公司事务。博士的主要职责是协助总经理与外方之间的沟通以及合资公司发展。财务总监主要管理财务工作，因为美国公司是上市公司，我们所有的财务报告和报表的提交时间和操作流程都要与美国公司一样，财务总监需协助财务部门工作达到美国公司的要求。

与此同时，董事会也讨论了公司未来发展方向，以及如何支持我们开发市场和项目管理，还邀请我们尽快安排人员到国外培训、考察和学习。

董事会会议结束后，任务和目标变得非常清晰，更加明确了合资公司未来要努力的方向，首要任务是在合作的基础上，向美国方企业学习，提高合资公司技术开发能力，尽快提升团队的素养和素质。

在董事会授权下，我们为合资企业的发展甩开手大干起来，合资企业的发展也为我们团队在汽车领域里的成长进步起到积极作用，为我们的事业奠定一定的基础。事实上，成立合资公司使我们的事业朝着理想成功之路又迈进了一大步。

第二节　相信企业未来的价值

在市场环境复杂多变的情况下，无论我们是做研发还是在街头卖鱼、卖蛋，现金流对企业的重要性都毋庸置疑。可以说，企业开展的所有经营活动都是为了确保盈利。但是对创业初期的企业来说，营利能力较低，各项业务都需要大量资金投入，"未来价值"就成了一个关键点。

在企业初创期，维持生存是首要的。当我们遇到现金流不足的情况时，该怎么做呢？融资，变卖资产和存货，催收应收账款……但要记住的是，这些措施能够成立的前提是企业拥有未来的价值。

为企业未来同甘共苦

美国学者莫迪利亚尼和米勒于 1958 年提出了 MM 理论：企业目标是价值最大化，这并不是指单纯的利润最大化，而是公司价值和其他资产价值取决于其未来产生的现金流量。

我们合资公司刚成立不久，市场开拓还没有那么快见成效，公司一切工作都在推进中，项目开发、固定资产的投入等都需要资金，一时间公司支出较大，资金周转有些困难，管理层从全局考虑，决定把有限的资金先用于保证生产活动的支出，其他的投入和采购需求都选择放慢速度。

现金流不足难免导致工作推进难度增大，但是管理团队表示非常理解公司面临的困难，并愿意一起承担。办公桌能省则省，基本上是两人共用一张办公桌；员工也主动减少消费用品的支出，所有用过的、报废的文件纸张，只要不涉及机密，都要求再利用；所有办公用品不是人手一套，而是大家共用。

那时各部门都在招聘扩充人才队伍，虽然提供的工资和福利待遇很低，办公条件也十分简陋，但员工还是选择了入职公司，选择与公司同甘共苦，因为他们相信公司未来发展能达到他们期望的结果。

现实中，一般公司都会从各个角度对其数据进行分析，估算公司未来的价值，而在我看来，无法用数据说明的东西往往蕴藏着巨大价值。经营管理者的思想与情感，员工相信管理者、相信合资公司的发展，艰苦朴素的品质，这些就是公司发展的希望。

信任以及坚定的信念使得公司从上至下每一位员工都不计得失，拼命工作，这让我们非常感动。在日常工作的方方面面，只要能节省开支，员工都自觉想办法用最少的成本完成工作任务。

由于我们是合资企业，员工都希望美国总部能支持一个出口项目，以求快速缓解公司当前的困境，主管中国事务的博士也一直在帮助我们与美国总部沟通，迫切希望得到总部的重视。

不负众望，经过一段时间的沟通联系总部传来消息，有一个项目可以转到中国来加工，但这个项目不属于我们熟悉的业务范围，而是一个汽车脚踏板刹车内部的零件。

美国总部还提醒我们，其他的中国公司也有意向争取该项目，所以希望我们赶快去美国对接，以便评估我们是否能做好这个项目。如果我们能做那个项目，会把我们作为首选。

价值投资助我们渡过困难期

为了争取拿到项目，公司总经理与主管中国事务的博士急切地飞往美国总部。因为有多年深耕管理的经验，总经理对工艺技术有一定的了解，所以到了底特律总部后，他在总部人员的陪同下仔细考察了目标项目——生产刹车踏板的工厂。

总经理评估了零件的装配要求和功能后，向总部领导承诺："项目给我们做没有问题，回国后可以尽快提交生产样品给美国工厂验证。"美国总部的集团领导对总经理的表态毫不犹豫，立即就同意把这个项目交给我们上海合资公司做。

为避免节外生枝，总经理向总部争取到图纸、模具，并全部带回了上海，大大节约了来回沟通的时间。总经理干净利索的行事风格再一次让员工敬佩不已，大家交口称赞："老总太厉害了，去一次美国就带回来一个出口项目。"这给予了团队极大的鼓舞。

当我们听完总经理对这个项目的相关信息介绍后，大家除了高兴更是斗志昂扬，个个干劲十足，巴不得使出全部的力量把这个项目做好。就这样，公司有了第一个出口美国的项目，相信不久之后公司就会有一定的销售收入。我们非常感谢美国集团公司，大家都发自内心地表示绝不辜负美国总部的支持。

这个项目很快就被我们技术工艺部门攻克了，公司把做好的样品立刻交付给了美国刹车踏板工厂，经过测试，样品合格，很快就批准我们生产、供货。得到这个消息后，我们还放了鞭炮祝贺，表达我们对第一个出口项目成功交付的喜悦之情。

我们送达的零件很顺利进入到量产流程，美国方先通过了小批量测试认可，然后再批准大批量供货。这个项目的成功大大缓解了各部门紧张的压力，也增强了全公司的信心和团队的凝聚力。

项目有了，流动资金依然还存在问题，公司在前期运作当中还需要更多的流动资金。这时财务部门向我寻求支持，希望尽快想办法解决预算中流动资金缺口的问题。

我与总经理商量，没有房屋抵押很难获批银行贷款，贷款过程也会很长，如果找美国总部先预支给我们刚批准项目的部分货款，就能解决问题了。所以我们给美国总部写了一封邮件说明情况，希望总部给予支持。

没想到美国方对我们非常理解和支持，马上就给我们预付了20万美金的货款。这真是雪中送炭，快速地解决了我们眼前的问题。这个项目也因此被称为救命的项目。

通过我们有效沟通，美国总部已感受到了我们的困难和需求，也在想办法帮助我们，让我们渡过了最困难的时期。我想，这是因为他们相信一件事：未来我们可以把这些钱赚回来，并给他们带来更高的收益。

巴菲特也有一个价值投资理论，他认为投资事实上投的是公司未来赚钱的能力，公司的价值是它未来能够产生的所有现金流的价值。所以从根本上来说，能救我们的是我们自己，是未来的我们所能产生的价值。

第三节 开拓市场需要深度思考

作为一个创业公司的经营管理者,必须思考如何让企业更好地走向更广大的世界。开拓市场、商务会谈是每个管理者的必修课,但在这个过程中不可避免会遇到和我们截然不同的环境和人。

这个时候,如何应对一个完全陌生的环境,如何跟价值观、行为模式不同的人打交道? 这也是我时常在思考的问题。

为了让上海公司转动起来,我主动选择投入大量的时间开拓市场,带领销售团队调研并拜访大量的零售市场和汽车厂。只要有能接触到的汽车公司,我就与销售团队一起评估,在选择的过程中努力争取适合自己公司开发的项目。

创造客户是艰难的

创造客户是企业的主要目的,这个使命无疑以销售部门为核心来完成。我多年来参与销售工作就深有体会,深知创造客户的过程是艰难的。

在深圳公司工作期间,我与销售人员一起到海南拜访一家摩托车公司,这家公司离市区比较远。

那一天,我们在客户处处理完事情后已经很晚了,才想到没有提前预订住宿。当我们去订房时,招待所负责人告诉我们来人太多,已经没有房间了。我是第一次去,没有经验,对住宿情况不了解。

这时销售人员提议去她住过的地方。当时我也没有更好的办法,就答应去了。到了地方才知道这哪里是酒店,就是农民家里设置的 2 间客房,一间客房有 4 个床位,住在一起的人彼此都不认识。

老板娘说只有一间客房了，而且已住了一人，还剩 3 个床位。这时已经很晚了，周围也都是和这里一样的客房，交通极不方便。为了安全起见，我反复问我们的销售人员："你确定这里安全吗？"她点头说："安全没有问题。"

我想只要安全没有问题就住下吧，太晚了不能到处再走了，就这样住了一晚。我回到公司就向总经理汇报了此事，此后规定员工出差时一定要提前预订住宿，考虑到员工安全，要求员工必须住酒店或者客户招待所。

从那时起，我就体会到开拓市场的艰难。要做好销售工作需要深度思考，在工作上是这样，在安排员工生活上也是这样。如此才能找到问题的本质，把销售工作做细、做好。

后来在创业过程中，我深刻体会到开拓汽车配件产品难度更大。因为汽车类产品要求的质量管理体系不一样。俗话说，昨天的阳光晒不干今天的衣服，用以往的经验很难做事。随着企业变迁，商业模式必须随之迭代，营销方法和工具也要更新。我们若再用以前做摩托车产品的思维开发汽车配件市场，优势就会难以维持。

有一次我同销售人员去北方的一家汽车公司，销售人员和工程师做了很多准备，我也精心准备了介绍公司的内容。我们需要先坐火车再转汽车，最后还要坐摩托车才能抵达那家汽车公司。

经过长途跋涉赶到汽车公司后，我发现客户大厅还有好多其他公司的人也等着见面，我们只能找个地方先坐下来。

与客户见面时，我们把事先准备好的内容给客户做了详细的汇报，客户了解后提出了一些问题，要求我们整改后再来。那时我们做汽车配件的时间不长，缺乏经验，客户问："你们实验设备有哪些？"工程师回答："关于该项目的检测设备，大部分都有，但其中有一台相关设备还在制造中。"

客户因此认为实验室的能力需要完善，让我们整改。这其实已经是很好的结果了，因为那时我们刚进入汽车市场，对汽车行业的要求还在学习中，往往需要多次走访才能达到客户要求。其中的艰难"如人饮水，冷暖自知"，他人是不太能感同身受的。

开拓市场需要整体的力量

企业能够快速成长起来，既要有优秀的销售队伍，还要有完善的管理体系、先进的技术、良好的服务和优秀的产品。"孤军"作战的销售工作难以长久走下去。

销售团队不辞辛苦地开拓新市场，进入国内自主品牌的汽车厂较容易一些，一是产品在国内拥有认证，二是我们公司在开发能力和质量管控上比较强，只要给我们机会，就能相对容易达到和满足客户的需求。

而进入国内的那些有国际品牌的汽车公司就困难得多，虽然我们不停地接触上海及周边地区有国际背景的汽车公司，但是接触不等于合作。因为我们开发生产的产品大部分都是与"生命"有关系的产品，比如汽车用的刹车线，因此大家都把它称为"生命线"。客户一般都要把我们提供的产品拿到国外第三方认证机构做验证，不管公司水平如何，如果没有国际技术合作背景，就很难有机会拿到项目。

即便在这样艰难的情况下，我们也一直没有放弃与国际品牌汽车公司的联系与沟通，努力地接触和展示我们的开发能力。由于我们实事求是的工作态度，已与几家国际品牌汽车公司建立起了一些信任基础。

正在销售工作陷入僵局，开拓市场的进度受到一定的阻碍时，我们公司顺利地与美国集团公司合资合作了。合资公司的成立给销售工作带来了极大的鼓舞和支持,开拓市场的力量强大起来了。

与此同时,技术团队也有了支援,技术团队的实力发生了质的改变,这也为开拓市场打了一剂"强心针"。因为美国合资方给上海的汽车厂供货,销售团队的信心也随之加强了,在争取项目方面有了依靠,那时销售部门负责人说:"现在进入国际品牌汽车公司从容很多,不再担心没有技术支持了。"从此我与销售团队一起踏上了以合资公司开拓市场的新篇章。

因为我们是与美国的汽车配件集团合资的公司,他们是国际性的上市公司,有一定的知名度,有全球供货的能力,我们在技术开发和市场开拓上,就等于站在巨人的肩膀上开展工作了。

经过开拓市场方面的实践,我认为不论是做总经理还是销售员,在面对客户时都需要做到足够的谦虚。对于没有做好的事情,要诚心接受客户的意见,不找借口,同时要对公司产品充分了解与掌握,主动、勤快、诚恳、不怕吃苦,经常联系客户,拜访客户,维护好客户关系。理解客户的需求,开拓市场才有希望。

开拓市场是企业发展的重要战略,要有深度思考,整合好所有力量。企业需要具备创新思维能力、市场洞察力和灵活应变能力,通过科学的市场研究和战略规划,企业才能在竞争激烈的市场中寻找到新的商机,实现可持续地发展和增长。

第四节　到欧洲两大合资工厂考察的收获

2003年秋天,公司决定派我与几位同事出国考察。我们主要去了美国总部在斯洛伐克和法国投资的两家工厂,他们都是合资企业的兄弟公司,生产的零件质量非常好,我们有些项目的零件就是向他们采购的。

秉承降本增效的原则，我们希望引进他们制造零件的工艺技术，实现进口零件国产化，同时还能服务其他产品的需要，所以出国考察的任务比较艰巨。

据我们事前调研，这两家工厂的大部分产品都销售给集团内的德国公司，技术支持也在德国方，所以我们出国前就与他们做了沟通，首先到了德国公司。

我们与德国公司管理层交流了我们学习考察的目的和行程安排。他们非常支持，还专门打电话给斯洛伐克和法国公司，叮嘱要接待好我们。让我非常高兴的是，德国公司的总裁正好有事要去斯洛伐克公司，于是陪同我们考察。他给我们这样大的支持和帮助，让我们备受感动。

去斯洛伐克的工厂学习

我们乘小飞机从德国前往斯洛伐克，在空中感觉被大风吹着走，非常不踏实、不舒服。好在距离不远，不一会儿就抵达了斯洛伐克。在机场，斯洛伐克公司的同事非常热情，接我们上车去公司。

斯洛伐克公司的总经理是一位女性，据了解她非常富有领导力，同时又具有优雅气质和感染力。在会谈交流中，她对我们的到来表示欢迎，听我们介绍完公司情况和来访目的后，就安排了工厂负责人带我们参观学习。

一到生产现场，我们就被眼前的景象惊呆了。现场大部分是金发碧眼的女员工，负责人介绍说，工厂有100多名员工，基本上都是手上"功夫"。他们的生产线非常整洁，与德国工厂一样，各项质量管理体系非常到位，我们情不自禁地一直夸赞。那位负责人告诉我们，这些也都得益于德国公司的指导和帮助。

工厂主要生产汽车换挡的球头，大部分产品由德国公司设计，由斯洛伐克工厂加工，再把成品发回德国公司。我们在参观过程中，没有看到自动化生产线，很多都是手工作业，属于劳动力密集型产品。

我们好奇地观察操作者手上的功夫，产品的制作流程包括包皮、缝制、粘贴等。各个工序看上去很简单，但做起来并不容易，因为质量和外观要求非常严格。

一起考察的同事也都看得非常仔细，每一个工作环节都不放过，因为他们知道，回国后我们要建立与他们一样的生产线。他们把整个流程和动作都详细记录下来，有些环节还被许可拍照作为参考。

我在一旁主要从商务角度详细了解他们的加工成本和物流情况。斯洛伐克工厂的人工成本比我们略高一点儿，从这里通过汽车运输到德国的成本与从中国海运到德国的成本差不多，如果数量大一些，从中国海运到德国的成本还要更低一些。但供货时间上他们有优势，毕竟斯洛伐克距离德国路程近，又是汽车运输。

两天考察时间很快就结束了，我们既懂得了球头产品的加工工艺，也了解了这个产品的用量需求，圆满地完成了在斯洛伐克工厂考察学习的任务，大家收获很大。

考察斯洛伐克工厂带给我的思考是，我们也可以给欧洲供货，也能做出跟他们同样质量的产品。好比德国工厂的项目，只要德国方同意，我们也有可能出口一些产品到德国公司。但我也感到，不管是德国的自动化生产线，还是斯洛伐克劳动密集的生产线，人性化的现场管理都是很有必要的，高标准的质量要求永远不能变。

产品供应的道理乍看上去是简单的，就是等价交换，但是如何才能生产出让别人愿意付出价值的产品？重要的是要有这样的愿望和动机,即,我希望能够生产出超越行业水准的卓越产品,将质量视为企业的生命,在此基础上建立起企业经营的宏伟大厦。

如果没有这样的想法,或是仅仅觉得"这是一个不错的思路",那么是没办法在现实中将其实现的。必须从内心深处将高标准的质量要求视为不可动摇的准则,才能达到让自己、合作方、客户都满意的结果。

参观了两个世界著名景点

结束了在斯洛伐克工厂的考察学习,我们就启程前往法国。我和大家一样,不愿意再乘坐那种小型飞机,于是我们选择坐火车。斯洛伐克公司的人非常友好,他们安排了专车送我们到奥地利的维也纳火车站。

到了火车站,我们发现离火车开动还有 4 个小时,同事们都建议,我们可以利用这个时间去看看世界闻名的维也纳音乐大厅。其实我也不想浪费这个时间,就欣然同意一起去参观"世界音乐之都"。以前每次出国时,都是工厂、机场两点一线,收获的确很多,但总觉得错过了一些精彩。

由于时间紧张,我们只能走马观花,游览了几个主要有名的景点。那金碧辉煌的大厅让我们赞叹不已。当大家意识到要去火车站时,才想到还没有吃晚饭,我们不由得哑然失笑。

来不及买食物了,我们认为火车上应该会有食品供应。结果,等我们上了火车才知道,这趟车不提供晚餐,大家只能无奈地你看我,我看你,饿着肚子坐车。

当时我们只顾着观光,虽然能量消耗大,但是没有感觉到饿,坐在火车上才真的感觉饿了。于是一位同事找到火车服务员,说明了情况,那位善良可爱的服务员把他备存的面包全都卖给了我们,就这样每个人总算吃了一个面包。

大家虽然很累,但就像得了意外奖励一般地高兴。我们出差时间紧,任务重,没有时间安排游玩,大家都很理解,毫无怨言。我们在火车上度过一晚,第二天早上火车抵达法国巴黎,并停靠3个小时。

一到巴黎,大家就忘了还饿着肚子的事,都希望利用这个时间参观一下埃菲尔铁塔。我非常理解大家的心情,笑着答应了,但是提醒大家先吃点儿东西,以免太饿了。他们表示时间有限,还是先观光吧。就这样,我们又非常开心地到此一游。

参观后,我们根本没有时间坐下来吃东西,买了一些面包又上了火车。我们选择坐火车,其实也是想放松一下,顺道还去了两个世界的有名景点,大家紧张的工作状态得到了调整。这短暂的休息和观光时间让同事们露出满意的笑容,他们真是可爱的员工,我也不由得开心起来。

到法国工厂考察学习

火车把我们顺利送到了法国,法国公司的总经理热情地接待了我们,他十分欢迎我们来考察学习,愿意支持我们将进口零件国产化的想法,还安排了工厂经理带我们参观学习,对我们提出的任何问题都及时解答。

法国工厂做的产品与其他公司完全不同,主要以金属零件加工为主,但现场管理和工人休息区域与德国公司一样,特别注重人性化的考虑布置。各种产品的工艺文件摆放得非常整齐,既漂亮又方便取放,每个工人的素养、素质都比较高,看到他们对待工作认真负责的态度,我都想多停留一会儿。

我联想到之前考察的公司,虽然他们都不属于一个国家,但是现场管理和工厂员工都给我留下了深刻印象,特别是员工对待工作的态度都很热情认真,非常值得我们学习和思考。

一边参观学习，一边思索着，不一会儿我们就被提醒去吃午餐了。我发现法国工厂在午餐方面与德国不一样，法国人更重视午餐，午餐品种很多，工厂几乎所有人都用午餐。而在德国工厂考察时经常会出现忘了订午餐而挨饿的情况，因为他们会认为你不需要午餐。

餐后我们继续参观学习，他们制造零件的设备基本上是自动化的，各种金属零件组合都是在自动化设备上组装，还连着自动焊接设备。我们目不转睛地看着操作工人做产品，不时地问这问那，非常感兴趣。

大家非常清楚我们这次来法国的目的，所以每个人都在认真观察和记录。通过学习，我们打算也购买与他们一样的加工设备。

法国工厂大部分生产的是换挡器、拉索上的零件，那时我们在国内生产这种零件要经过几道加工，才能最终完成装配，而他们只需在一台自动化设备上就完成了整个零件总成的装配。这样既能保证质量，又节约了人工成本，非常值得借鉴学习。

一周的时间，我们去了3个不同国家的公司，在斯洛伐克学习了球头制作工艺，在法国学习了零件加工工艺。出国考察学习的任务基本上顺利完成了。

回国后我们继续与德国保持沟通，在他们的支持和协调下，顺利地把两个零件的加工技术引进到上海的工厂。他们的工艺技术也启发了我们零件加工和装配流程的思路，我们在开拓市场上更有底气了。

对我们来说，合资公司的技术资源主要来源于合作方，他们都是合资企业的后盾、老师和朋友。但如果只有资源，没有能力接受，资源就很难发挥作用，因此，我们虚心学习先进的技术、经营理念、管理经验，填补空白，把他们的资源与我们的能力匹配起来，创造出更大的能量。

通过合资企业,合作双方都被囊括到一个有机系统中,彼此关联。当系统中的一方提升了能力,整个系统也能够创造出更大的价值,实现合作共赢。就像朋友一样,双方要敞开心扉地交流。正是有这样主动地沟通、学习、创新和接受,合资企业才能够快速成长。

第五节　创业比拼的是思路和机会

创业不能像荒原中的野草,一味地野蛮生长是不行的。我们需要的新思路和机会,看上去好像是虚无缥缈的,却能在日积月累的探索中显现。

虽然我们与美国公司合资了,但是在短期内美国方没有更多的项目直接转移给合资企业,为了尽快稳定公司的发展,就要认真思考合作双方的优势。

经过销售部门的调研,大家一致建议充分利用外方的支持,努力向客户多争取一些国产化项目,这样才能让合资企业获得好的生存环境并提高技术水平,这也是我们最高效的发展之路。

集思广益创造条件发展

与我们合资的美国公司给美国通用汽车公司供货,这引起了我们注意。因为美国通用汽车公司在中国也有合资企业,如果我们能争取到客户的国产化项目,外方就能提供技术支持。

所以销售部门一直积极努力争取国产化项目。但我们都知道,产品的生命周期一般有四个阶段,即导入期、成长期、成熟期和衰退期。我们既要抓住商机,又要分析好产品的周期情况,最好在导入期或成长期向客户争取更多的国产化项目,时间就是我们要加快步伐的理由。

让合资企业尽快发展起来是所有人的希望。回顾上海市政府那年到深圳招商引资,积极为我们服务,就是希望我们尽快取得项目和效益。他们的期待,我们一直都铭记于心。

虽然在合资企业里我们是小股东,但是我们中方做事从来都不只扫门前雪,不埋怨,不找理由,考虑更多的是员工的幸福感。员工跟随中方股东一起创业,主要是信任我们,信任总经理的能力,相信他们有稳定的工作和发展的平台,从而能改善生活。

企业应该拼尽全力开拓市场为股东、员工和社会负责。对我们来说,就是抓住产品的最佳时期,多争取国产化项目,公司尽快走出低谷期,早日获得收益,实现预期的愿望。

因此,销售团队和技术开发团队紧密合作,不断与客户沟通。不负所望,我们很快就得知客户有一款车型的控制零件可以国产化,而且供货方正是与我们合作的美国公司。经过我们努力争取,客户同意把这个项目交给我们合资公司来做国产化,实现由国内生产供货。

其实,与我们合资前,美国方就非常关注中国市场了,他们已有好几个供货给上海客户的项目。所以我们争取项目时,美国方没有反对,还极力支持我们的工作,直接派了专人指导和推进。

事实上,随着中国汽车工业的崛起,产品的国产化是必然趋势,如果我们不去争取这个机会,那国内的市场就将拱手让于其他供应商。

抓住机会获得发展与突破

我们上海的合资企业,外方是大股东,他们在美国是上市公司,销售额的增长对他们特别重要,因为合资企业每月的报表要合并到美国集团公司的报表里,所以他们也希望合资企业尽快成长起来。

因为争取国产化项目我们就有机会进一步了解美国方在中国市场的项目情况。于是经由我们公司总经理提议,负责亚洲事务的博士前往美国对总部及相关工厂进行考察。通过他的考察反馈,我们得知,美国总部非常支持我们争取国产化项目,美国的技术开发中心和生产工厂也很支持我们。

总部的这一支持态度无疑打消了我们的后顾之忧,所以在召集部门会议时,公司总经理特别给大家分享了博士传回来的好消息。他开心地说:"美国公司开发实力非常强,有专门的研发中心,他们提供给中国客户的项目比较多,同时非常支持我们能争取到国产化项目的开发。"

据了解,美国方的研发中心还与德国方合作开发项目,比如我们已争取的那个项目,就是他们合作开发的,美国总部会派德国工程师来支持我们。大家听完总经理传递的消息非常开心,士气也大受鼓舞。

美国总部的鼓励让我们更加有信心开展工作了,特别是我们已得到的项目在开发进度上非常顺利,德国工程师也如期来支持我们技术团队,解决了客户在技术上的需求。

那段时间对我们来说是福至心灵。当我们全身心为事业奋斗时,创新的思路、机会便会自然而然地到来,一切障碍会一扫而光,一切矛盾会迎刃而解,会发生意想不到的结果。

在美国总部的援助下,我们终于在创业初期就批量生产了一款原美国生产的零件,这为我们争取其他国产化项目奠定了牢固的基础,从此合资公司每年新增项目不断,同时也锻炼了我们团队,公司迅速地走上了与国际接轨的道路。更重要的是,这段经历为我们带来了开发项目的自信和方向,抛去顾虑和疑惑,我们看到了公司未来前进的道路。

我时常在想,每一个企业的创业思路会有不同,但有一点是相同的:在对的时间做好对的事,在机遇来临时,要抓住机遇,顺应变化。

莫扎特在创作作品时,几乎没有修改的习惯,因为他的作品完全来自灵感,也就是内心的修养、感悟,对生活的洞察力。其实在这方面,几乎所有的创业者和艺术家会有着惊人相似的经验:日常的经验积累构成了"河床",思路和机遇的"泉水"才得以永不间断地流淌和荡漾,指示出正确的方向。"自古天下事,及时难必成。"思路正确了,方向也就找对了,抓住机会,拼尽全力,朝着目标乘风破浪,努力划桨,就会有好的结果。

第六节 友好合作实现共赢

创业是一项异常艰难的工作,从决定创业的那一刻起,就注定了这一路必须要披荆斩棘,但并不孤独。就像把石子扔向平静的水面,波纹会慢慢扩大,当你有一个梦想、一番热情,踏实做好每一件事,真诚对待每一个人,别人也会被你感染,给你提供力所能及的帮助,与你分享成功的喜悦,为你的成就喝彩。

前面说过,我们为了实现进口零件制作工艺的国产化,先后去德国、斯洛伐克和法国考察学习。就这样,上海合资公司和德国公司长期交往,友谊日渐加深,双方坦诚相待,互相支持,还签订了长期技术支持的协议。我们与德国技术中心的合作为双方都带来了很多机会,不仅体现在项目的完成上,还体现在企业的发展上。

共同合作赢得日本项目

与德国方技术中心合作是我们公司发展的重要途径,企业可以共同享受资源、共同承担风险,为企业带来技术创新、市场拓展和品牌提升的好处。

比如德国公司把原本由他们出口给中国客户的产品转移给我们生产,由我们直接供货给客户,同时还帮助我们实现了生产线和产品的国产化。可以说,正因为有德国公司的鼎力支持,我们才能迈进一个全新的里程碑。我们与德国公司最具代表性的合作是一起开发日本客户的产品。

有一天,德国方的一位工程师打电话告诉我们说,他们已获得日本客户的邀请,参与换挡零件的开发,如果这个项目争取成功了,就在上海生产。德方问我们是否愿意一起开发,我们认为这是非常好的机会,所以立刻就同意了。

其实,对我们这样成长型企业来说,积极引进合作方的先进技术成果,把他们的资源与我们内部做结合,是提升企业核心竞争力的有力途径。在激烈的市场竞争中,这将有助于加快企业的新产品、新工艺的出现,为企业在市场上竞争提供良好的优势。

针对日本项目,我方和德方初步沟通,立即拟定了一份工作计划。我们分别从各自的国家去日本。到了日本客户会议室后,我们德国工程师早有准备,他打开自己的笔记本电脑播放了视频,胸有成竹地向日本客户介绍技术开发的想法。

在德国工程师胸有成竹地为客户讲解设计方案构想时,我也在观察客户的反应,通过他们认真倾听的表情、专注而认可的眼神,我相信他们对我们的设计开发方案和能力是比较满意的。紧接着,我们中方公司代表也与日本客户对生产管理进行了交流,主要包括模具、生产、质量控制和物流等方面的流程和管理。

通过中德公司的共同努力,我们成功取得了日本客户的产品开发权和生产权,由此,我们开启了向日本整车厂出口产品的大门。其实,在跨国文化交流中,通过项目合作可以促进文化交流,增进相互理解，协同解决问题，从而实现共同发展和进步的目的。

尝试以技术合作赢得发展

之前，我们都是给美国集团公司内的公司出口产品，而这个项目的取得，标志着我们公司在发展历程中又迈进了一大步，我们可以直接给国外客户供货了。

直接做出口产品，需要满足发达国家的汽车整车厂的一系列要求，会提升公司的整体实力，同时对我们团队也是一个挑战和成长的机会，我们喜欢这样的挑战。

这个项目意义重大，能起到以点带面的作用。因为把日本客户的产品做好了，我们就有更多的经验和底气去承接其他国家的出口项目了。

我们和德国方协商成立了项目小组，按双方签订的技术协议，由我方向德国方支付费用，双方划分了职责范围，德国方负责开发、送样品等工作，我方派人去德国公司支持至少两个月的时间。

我方按客户要求负责开模、送样、建生产线、量产等工作。在此期间，德方也要协助我们，必要时还要派人来中国指导。总之，一切以满足客户需要为前提。

按客户要求，德国方担任这个项目的负责人，但我方也要选一个项目负责人来协助德国方。这样双方工作的效率高，也保持了畅通的沟通机制。每个环节和阶段任务完成后，双方共同拜访日本客户汇报项目情况。

日本客户对整个项目的开发进度和工作质量很满意。中德双方项目成员同心同德、友好配合，最终这个项目的开发任务按客户要求的时间顺利完成了，公司迎来了批量生产的启动时间。

这就是我所说的"创业者不孤独"。创业意味着做前人所未竟之事，是在没有指示牌的道路上先行。但先行不意味着独行，还有许多与我们不同路却与我们一样是先行的人,他们可能是客户,可能是合作公司,也可能是其他行业的开拓者。合作就是相互支持、分享成功的经验和喜悦,在创业的路上,大家都是相互支持的伙伴。

为庆祝取得量产的胜利,同时预祝未来供货顺利,公司在车间生产线旁举办了一个全体员工一同参加的启动仪式。大家都欢欣鼓舞地庆祝公司这又一里程碑的诞生。

启动仪式上,公司员工洋溢着激昂的心情,场面非常感人,我也感受到全体员工发自内心地对德国兄弟公司的支持表示感谢。这个项目提升了公司综合开发能力和生产管理能力,实现了将技术创新转化到生产、效益全过程的经营活动中,为今后在市场中竞争获得更多项目起到了积极作用,实现了和德国公司的合作共赢。

第七节　考察日本工厂激发学习热情

合资公司有了日本客户以后,非常重视日本公司的管理方法和理念,这时,我们想到了美国集团公司内有日本合资企业,他们与我们做的项目一致,如果能去日本工厂深度学习,了解他们的管理方法和理念,一定会对我们有很大的帮助。

于是我们就跟美国总部提出了想要到日本的兄弟公司考察学习的想法,在获得同意后,总经理很快就安排我带队去日本。

达者为师,处处我师。我们公司也一直在践行这样的学习理念,时刻怀抱着学习先进的管理理念和技术的念头。如果想使公司所从事的事业取得新的进展,就要加强自身修养,不断掌握新的知识,把它运用到公司发展中,公司才有前进的动力。

考察日本公司带来新的动力

日本公司是一个很大的集团公司,生产汽车座椅、汽车控制拉索、座椅相关配件,还有其他运动器材,如高尔夫、棒球棒等。美国集团公司与日本集团旗下的拉索公司进行了合资合作,所以是我们的兄弟公司。

2006年春天,我们一行人去了日本。到机场后,日本集团公司派人接待我们,第二天便开始了考察之旅。他们先带我们参观了员工食堂,我们还在那里吃了午餐,同事说:"好像日料餐厅。"我观察到食堂的菜式丰富诱人,员工自己取餐、清理垃圾、将碗盘一起送进传送带识别用餐费用,最后拿着公司卡刷卡缴费。

接着,我们参观了一个汽车座椅零件加工厂。整个工厂非常大,还带库房,工厂里面几乎没人,但每台设备都在自动工作。

只看见自动设备从库房里自动取出零件,送到各个设备旁边,设备将零件自动组装完成后流转到第二道设备,最后完工的产品被送回库房。全流程高效自动化,如果一台设备有问题就会全线停产。

我还是第一次见这么大、这么完整的自动化流水生产厂,它把库房管理都连在了一起。在欧美国家比较常见的是自动化生产线,这次在日本我了解到了自动化的生产厂与自动化的库房配送。

当时,日本集团公司的工艺技术已经相当发达,他们是全球供货汽车座椅零件的公司,产量大,非常有条件建造这样全面的自动化生产厂。同时,我也看到了精益生产的优势所在,没有精益生产管理的基础,是达不到那样先进的工厂管理的。

考察的第三天,日本公司开车带我们去参观位于伊那的一家工厂。这家工厂远离城市,沿途还能看见富士山,我们坐了4个多小时的车才到。工厂是与美国方合资的公司,是我们主要考察学习的对象。

我们下车后就被工厂周围的环境吸引住了,优美的山水风景,像一个旅游胜地,山泉水清澈干净,空气新鲜,我想在这里生活的人肯定寿命很长。

我对这个工厂的第一印象非常好,我们在小镇住了一晚,在考察的第四天上午进入车间。他们生产的很多产品与我们公司生产的产品相似,他们的生产线都是 U 型的。一起去考察的人顿觉眼前一亮,工厂里许多生产线的模式都适用于我们的生产车间,但比我们的生产线更节约人力。

我们仔细观察,发现工厂的现场管理以及生产线和人工成本的控制做得非常好,值得我们好好地学习和研究,我们意识到需要考虑降低我们的制造成本。这次考察给我们带来了很多启发,我确信,通过与他们进行交流,会再次提升我们公司的工艺技术和现场管理。

诚意邀请日本公司莅临指导

我们之前考察过美国、德国、法国的工厂,他们生产线的产量都非常大,自动化程度比较高,虽然我们生产的是同类产品,但因为我们的产量普遍较低,不适合用全自动生产线,因此我们很难借鉴。

而日本伊那工厂的生产线既可以做产量大的,也可以做产量小的,这样就可以结合我们的情况量体裁衣了。特别是他们的 U 型生产线非常有特色,在同一条生产线上可以根据产量来定人,有的生产线一个人,有的生产线两个人,我们看到最多的有 3 个人,一个人在 U 型线里可以做多个工位。

我们看到在一条生产线上,前后左右只有一个人操作、装箱,但没有封口。过一会儿,有人来将产品箱封口,在封口前再次确认数量。我们仔细参观生产产品的每道工序和最终检测识别,发现产品质量都能得到有效保证。

我问日本公司为什么生产线上只安排一个人,对方解释说:"一个人的定额量就能满足客户的需求量。"我们一行人边看边问,他们不厌其烦地解释。他们的管理方法和生产线安排让我们得到了意外收获。

我们还参观了物流管理、零件配送过程,特别是他们的精益生产管理非常值得我们借鉴。我向博士建议:"应该多派点儿人来学习,对我们很有帮助。"因为他们整个车间都是专业做汽车拉索产品的,我认为不但值得学习,还可以合作。

很快考察学习就结束了,通过相互了解,我们希望能够与伊那工厂有长期合作关系。而日本公司与我们接触了几天后,感觉我们是有诚意的,他们也爽快地答应:"尽快派人去你们公司考察。"

回国不久后,在我们真诚邀请下,日本集团公司派人到我们合资公司来考察。通过双方多次交往,两个公司的相关领导也成了可信任的朋友。

我们在交往中跟日本公司提出,希望他们提供一个产品到中国来加工,通过这个产品我们可以得到日本公司的相关培训,同时也能学到他们 U 型生产线的操作流程,让员工更加直观地接触到日本的产品生产及培训。

通过我们的一再努力,日本公司终于同意了我们的请求,先拿一个产品到中国加工,还派专人来我们公司培训,员工们都很愿意接受培训,学习他们的管理方法。

对我们来说,不断学习、求教,本身就是构筑自身竞争力和"护城河"的过程。通过学习日本的精益现场管理,我们优化了劳动成本,消除了现场管理的一些隐患,同时又给公司增加了出口产品的机会。

创业这项事业的天花板其实就是团队的综合能力，如果我们自己的认知不提升，事业很难做大。巴菲特的合作伙伴芒格曾说："在我这漫长的一生中，没什么比持续学习对我帮助更大的了。"对我们有价值的学习并不只有学校、书本里的知识，更是一种求学的态度。

在企业经营中，人们经常看到收购公司、打造爆款产品、起死回生等惊天动地的大事件，但是更常见的其实是生产、管理这些日复一日的活动，而如何从这些看似枯燥无趣的流程中寻找能够改进的地方，便需要以达者为师，时时慎独，毫不懈怠，以匠人之心对待每一个微小的环节。倘若没有这种努力和积累，是无法一步登天完成提升的。

第八节　诚信迎来了再次合资的机会

市场经济的外在表现是交易。在现代市场经济中，交易不仅包括有形的商品，也包括无形的商品，比如服务、金融产品、保险等。交易的基础是一种双方默认的"契约"，这种契约既包括完全正式的、受法律约束的制度性契约，也包括在社会道德约束下的一种非正式的、心照不宣的相互默契。

这种契约和默认的本质便是诚信，市场交易和合作实际上是诚信的"转移"。诚信作为现代经济的新式资本，是一种软性制度约束，包含信任、社会规范和道德标准等要素，会通过潜移默化的方式，对企业经营管理、研发和创新等行为产生影响。

信任成就了合作

回顾我们刚开始与美国集团公司合作，要磨合的事情非常多，特别是美国方的出口项目,在原材料和零件采购方面有非常多的沟通环节。那时我们刚步入汽车行业,有许多项目管理方面的知识需要学习,每一个项目的环节都需要认真对待。

有一次,在不影响项目进度的情况下,为一个零件材质的技术要求,大家半夜还在与美国团队开会讨论,到沟通清楚时已经很晚了,我记得大家凌晨才回家休息。

这样的工作场景在我们公司是常有的情况。我们团队的成员谦虚谨慎,从来不会不懂装懂,有不懂的地方,也不会因为面子问题而隐瞒合作方或者客户,因为品质和技术是不能有丝毫掺假的。所以合作方很认可我们,非常放心把项目交给上海合资公司。

我们坚持以客户为上,做好产品质量和服务,这样不但客户满意,美国合作伙伴也非常满意我们的表现,同时我们也让员工懂得了诚实守信、遵守规矩是做事的基本准则。

我们与美国公司合资 3 年来,加深了信任,增进了友谊,深得对方的肯定。所以当美国集团内的其他企业又在寻求中国伙伴合作新项目时,我们中方公司就成了首选对象,我们从而有了再次合资合作的机会。

2003 年也是我们与美国公司合作的黄金时期。在那期间,我们留意到美国集团内有一家 PO 公司,专门生产非汽车类机械拉索,在全球广泛、大量地供货。机缘巧合的是,我们通过博士了解到,该公司的保罗总裁要来中国考察,寻求业务合作机会,于是我们不失时机地向他发出了诚恳的访问邀请。

我们与美国集团公司在上海的合资合作发展得很好,PO 公司早有耳闻,也有兴趣接触我们中方团队。于是,保罗总裁就应邀到访了我们公司。由于良好的沟通,他对我们第一印象很好,我们又邀请他去考察了我们中方在深圳的公司。

深圳公司是我们当初创业时与上海公司同期成立的,还没进入美国合资的体系,因为深圳公司不生产汽车配件产品,美国方当时没同意与其合作。这次正好是一个机会,希望能促成PO公司与深圳公司合作。

通过考察和了解,保罗总裁非常认可深圳团队,同时也相信他们和上海团队一样优秀,所以保罗总裁就有了一个基本合作意向,准备在中国成立合资企业,专门生产非汽车类机械拉索,但希望合资公司建在上海。

说来也巧,我最早任职的深圳公司的上海分公司关停了,有一部分共事的员工不愿意回重庆,想继续跟随我们工作,但我们与美国方合资的企业的管理班子已配备齐全,没办法立即解决他们的就业。

我们曾想过单独为他们成立一家公司,但原有的摩托车配件产品单一且量小,不能满足盈亏平衡,公司难以生存下去。现在,PO公司提出要在上海成立公司,正好需要经营管理团队,不正解决了这部分老同事就业的问题吗?

如果能与PO公司合资合作,就会产生双赢的效果,利用原来摩托车配件的部分员工,合资公司就不用再招聘更多的新人,而且很大程度上也缩短了筹建期,有利于新的合资公司更快发展起来。

每一个企业的成长都需要付出和积累,正是因为我们前期的努力和付出,才有了合作方的信任。这些美德和能力既是企业的倚靠,也是企业最为宝贵的财富。

诚信带来再次合作

与PO公司合资合作,我们认为诚信是最重要的。"诚信"二字含义容易理解,但想要将其贯彻为企业经营的原则,必须有长期主义的思想,坚持以真诚、守信的原则做事,才能赢得合作方的信任。

于是，我们实事求是地把我们的想法与对方进行了沟通，我们说："新公司的团队不是把深圳团队搬过来，而是由另外的团队构成"。他们说："如果合资成功，团队建立还是由你们负责，相信你们的选择"。这样，那部分老员工得以继续留在上海，而且在新的合资企业里，也可以学习到新的知识，获得更好的发展，确实是一件皆大欢喜的好事。

PO公司的业务与我们已有的合资公司业务没有冲突，与他们另外成立一家合资公司，不但可以争取国内摩托车的项目，还可以增加美国项目出口，将新企业做大做强。所以我们抓住这一次机会，积极推动此事，再次与美国方合资合作。

通过双方友好沟通，我们起草了一份合作意向书报给了美国总部。不久就得到了总部的批准，同意在上海新成立一家合资企业。大家得到消息后非常兴奋，这样，又一家中美合资公司即将诞生。

在办理工商营业执照的过程中，美国公司考虑事情很长远，这让我记忆深刻。即使我们的沟通非常友好，双方总裁也都是性格豪爽之人，但是在起草合资合同和章程方面，他们是一点儿都不含糊。我方负责起草可行性报告，美国公司负责起草合资合同和章程。在我们中方看来，股东双方都没有变，只是合作的产品不一样，新合资公司完全可以借鉴第一个合资公司的文件修改一下就好了。

但美国方不同意，他们不惜重金，聘请国际型的律师事务所，花费几十万元人民币重新起草合资合同和章程，又请新加坡环境认证机构对租赁场地进行环境测评。所有法律文件都认证合格了，才开始办理公司营业执照事宜。

筹建办理执照费用预算只需要几万元人民币，但按他们的要求则会超出预算，要几十万元人民币。这时外方主动说："超出预算部分不用合资公司支付了。"他们虽然财大气粗,但法律意识非常强,不得不承认,这也是发达国家和发展中国家之间存在的一个实实在在的差异。虽然花费不少,但避免了合作双方今后的争议风险,也保护了自己,这是值得我们注意和学习的。

在当下的市场环境中,交易和合作关注的重点不仅是产品的质量,还会关注企业是否有良好信誉。人们只会把钱"投票"给最讲信用、最货真价实的企业。

就在这一年里,我们与美国公司的第二家合资企业成立了。这样,我们在上海就有了两家合资企业。其实,我们在两家合资公司所占的股比并不多,但它解决了部分员工的就业问题,让公司也得到了发展。最重要的是让我们又进入一个新领域,接触和学习到更多的、先进的管理经验和技术。

实际上,企业只有讲诚信,掌握更多的知识和能力,才有勇气去面对更大的挑战与困难。与此同时,团队也能快速地成长,在激烈的竞争环境中赢得更多选择的机会。

无论是产品、品牌、营销竞争力,还是研发、理财、人才竞争力,都有赖于企业价值的对外实现,也就是说企业的竞争力体现在整个产品价值链体系中,相对于同行业竞争对手在某一方面或某一领域的领先,但在整个产品价值链体系中,传递的依然是信用价值,企业的竞争力必须是建立在诚信基础上的。

第九节　值得思考的一次美国考察之旅

2005 年的春天,公司派博士、我和一位工程师去美国出差,主要针对我们第二个合资公司出口产品规划考察学习。同时我们还肩负着,了解我们出口到美国的产品在客户那里的状况,与客户进行交流和听取意见的任务。

虽然我们出口到美国的产品都是给内部公司供货，但想要保持长期合作，就必须增强相互之间的信任和了解。那次我们去了美国方在底特律、休斯敦和墨西哥的工厂。

思考项目的突破点

我们首先去了美国方位于底特律的总部，考察了底特律的踏板工厂，那里有我们供货的零件。与他们相互交换意见是一件愉快的事，因为我们的产品质量和服务得到了高度好评，他们也非常欢迎我们主动去美国工厂了解产品情况。

我们在底特律工厂很快完成了考察任务，与他们对接好相关项目后就飞往墨西哥，花了一天的时间考察墨西哥的工厂，晚上再回到美国的休斯敦。

在墨西哥我们考察了两家工厂，它们挨得很近，都是美国集团内的公司。一家是美国方医疗集团的工厂，他们生产的是做心脏手术时用到的一种高科技产品。我们那时有点儿想进入医疗用品生产行业，所以也顺便进行了考察学习，以寻求发展新项目的机会。

另外一家是汽车配件工厂，考察这家工厂的原因是由我们出口到美国工厂的产品所引起。我们有一个产品出口到美国工厂，但是美国工厂又把产品送到墨西哥工厂再做一道检测，然后重新包装运回美国工厂的仓库。我们对这个往返过程有些疑问，所以到墨西哥了解情况。

通过细致了解他们检测的方法，发现与我们检测的方法和过程是一致的，只是美国方为了确保产品质量，多做一次检测。因为这个产品是刹车线，是涉及生命安全的"生命线"。为了节省往返物流成本和检测成本，我们建议取消墨西哥工厂的检测环节，由上海方面来保证检测质量。

其实我们之前已派人来墨西哥跟踪服务,认为我们的产品没有问题,所以我们的工程师也建议取消这里的检测。当我们提出这个意见后,我感觉墨西哥公司的总经理是抗拒的,因为他们非常愿意做这项没有风险的工作。想拿走他们的"蛋糕"有点儿难。

这个项目美国工厂方只愿意负责开发和销售,中间的生产和重复验收环节就放在中国和墨西哥,要想改变这个流程,还需要努力沟通找到真正的原因,不是一次可以解决的。

在墨西哥一天的考察很快就结束了,但我还是在思考为什么集团公司要用这样的方式来运作,我们的部分利润都被重复的物流和检测环节拿走了,感觉是一个产品养了几家公司,我想可能是美国方关注的点与我们不一样。不管怎样我们还需要不断地强大自己,做好自己的产品,继续与他们进行友好沟通,让美国方完全信任我们的产品质量。

我们回国以后一直在想办法改变现有的流程,一方面继续派人到墨西哥监督他们检查的过程,这样能证明我们生产的产品质量是可以不用重复检测的,或者让他们不用批量检查,降低检验的成本;一方面与美国方继续沟通,希望能取消这个环节,因为这个环节取消以后,事实上对客户、对美国方、对我们都获益。

最后,美国方在质量检验环节还是坚持求稳,我们能做的就是让他们以抽查的方式检查。我们与墨西哥工厂解决了检验标准不同的问题,减少了误判质量,同时把批量检查变成抽查,大大节省了再次全检的成本。

我们又继续考察,主要是交流、沟通和了解情况。考察的重点是 PO 公司在美国的工厂,我们希望通过对他们的了解,帮助我们开发产品,拓展中国市场,让我们第二家合资公司快速发展起来。

寻找项目的切入点

从墨西哥回到美国休斯敦后，PO公司的总裁非常热情地接待了我们，还亲自带我们参观工厂。这家工厂与我们之前考察的工厂不一样，他们主要生产非汽车类机械拉索，产品工艺要简单一些，但是产量非常大，给全球各地相关客户供货。

我和同事一边认真观看，边讨论，他们生产的产品难度不大，我们上海第二家合资公司完全可以做。我们还仔细考察了生产过程控制和质量管理要求，工程师也非常详细记录了要点。我们对他们生产的产品，有了一些了解和认识。

很快就到午餐时间了，总裁和他的同事在工厂里招待我们吃美味的小龙虾和面包。我第一次见用塑料大箱子装小龙虾，满满两大箱。我很惊讶地想，这么多能吃完吗？

那是我第一次吃小龙虾，只看见他们用手抓起小龙虾的头，很熟练地扭一下拉出来就吃了。大家一只接一只，说说笑笑中，不一会儿就把两大箱小龙虾吃完了。我居然在美国学会这种吃小龙虾的方法，回想起来，这顿带有"野性"的午餐还真是趣味盎然。

午餐后，我们继续考察工厂，最后我们提出，希望他们考虑拿一部分产品到上海的第二家合资公司生产，我们坚定地表态上海工厂有能力做好产品。其实他们也知道我们有能力来做，只是双方需要多磨合，以增强彼此的了解。

考察好工厂后，他们还安排了一天非常刺激的活动——带我们上山打猎，这是我人生当中的第一次体验。他们先是找个土堆，摆上各种各样的瓶子和物品作为靶子，让每一个人都去练习，接着又换长枪教我们打鸟。

然后还安排我们坐上越野车，在山林里面兜圈。山里没有平坦的道路，人坐在车里都快被颠簸出去了，又紧张又新奇。在山林

里兜圈时,能见到很多鹿,大家非常开心,我从心里非常感谢 PO
公司安排的这次体验。

我们之前与 PO 集团没有很多接触,由于双方合资了才开始
有更多交往。他们这次安排的整体活动使双方增进沟通、加深友
谊,是良性互动让我们的合作有了信任的基础。

信任不是天生就有的,要思考为什么我们能够得到信任,以及
怎样做才能够得到更多人的信任。

其实合作双方相互的信任是一步一步积累起来的。合资不等
于就高枕无忧了,合作方还是要寻找与对方沟通的切入点,通过一
系列的接触和了解,才能维持长期合作。我始终认为,应当站在对
方的立场,做让双方都高兴、都能获益的事情。

后来,我们与美国方的友好的合作得到了相应的回报,很多产
品拿到中国来生产。因为这部分产品是劳动密集型的产品,需要
大量的劳动力,我们不但人工成本优于美国方,而且在质量和批量
生产方面都能解决美国方的需求。我们展现出的能力得到了他们
的信任,事实上是双赢。

旅途中思考项目的下一步发展

这次考察的主要任务完成以后,博士准备回家待两天,并约我
们一同前去。他是一位美籍华人,住在凤凰城,曾经是那里一所大
学的教授。其实博士非常辛苦,一直在帮助我们,于是我们毫不犹
豫地就同意跟他一起回家。博士租了一辆车,带我们去了凤凰城。

我们开了 12 个小时的车才到,中途就在一个路边客站休息了
3 个多小时。他真是归心似箭,一点儿都不怕累。

我们参观了他所任教的学校和他的独立办公室,他是那里的
终身教授。我问他为什么要离开这样好的学校呢?他说有一次给
一些美国总裁讲课,当时美国方集团总裁也在,因为很合拍,不久

被总裁招聘到集团工作,然后我们就认识了。我们能认识博士真是难得的一种缘分,我也很佩服博士敢于取舍的胆量。

这次到美国收获很多。我记得在开车途中加油时,有一位先生问:"你们是哪个国家的?"我们笑着回答:"我们是从中国来的。"他有点儿疑惑地问:"中国在哪里?"我和同事这才明白,并不是所有美国人都了解中国。一句"中国在哪里"就让我回忆起,我们之前来美国都是飞机-抵达机场后就直奔工厂考察学习,然后又直接从机场回国,全程都有人接待,感觉双方都了解彼此。

但仔细想想,我们接触到的美国人只是很少的一部分,还有很多美国人并不了解中国。我们还需要加强与他们来往和沟通,了解他们真正的想法,才能更好地服务客户。

换句话说,"中国在哪里"这个问题也就是"我们在市场、在客户眼中是什么样子的",要思路开阔,考虑全局,找到自己在广阔世界中的位置。

在美国的考察之旅结束了,虽然时间不长,但是让我们了解到很多关于我们出口产品的情况,知道了下一步该如何更有效地跟进出口到美国的项目,也沟通好了第二家合资企业即将出口的项目,还体验了打猎的过程。

在旅途中最有意思的是遇到那个不知道中国在哪里的美国人,他提醒我们加强与美国方有效的沟通是解决问题的最好办法。因为沟通是彼此信任的桥梁,有问题及时沟通可以理性地分析问题,达到最好的合作效果。总之这次考察学习是值得深思的一趟旅程。

第四章

产品设计及先进管理

第一节　走出国门实地考察加速公司进步

我们第一家合资公司的外方投资合作伙伴是美国的一家大型上市集团企业，在全球有很多分公司和合资公司，下设医疗集团、船舶集团、汽车配件集团。与我们合资合作的汽车配件集团，主要生产商用车和乘用车的零部件，而我们合作的项目以乘用车的零件业务为主。

图 4-1　质量与技术的领先是企业制胜之道

为了合资公司更快、更好地发展,我们作为合资企业管理方向美国总部提出考察内部公司的申请,学习他们的先进管理理念。因为这些公司主要生产给乘用车型提供配套的产品。美国总部很欣赏我们积极主动的态度,所以也非常支持我们。

通过沟通,我们了解到,与我们生产类似产品的公司遍布全球,而我们想去学习的工厂主要在美国、德国、法国、日本等国。由于我们可以根据需要随时去这些国家的工厂考察学习,所以这为我们公司加速进步奠定了基础。

到德国公司学习先进管理

2001 年,我们考察了德国的工厂,那也是中国发展的一个关键节点:中国加入了 WTO。中国加入这个全球最大的多边贸易体系,促进了各种生产要素和产品在世界范围内的流通和配置,为中国产品开辟了有史以来最广阔的市场。

在这个大好形势下,根据销售部门反馈,我们了解到中国市场上有一款乘用车,其换挡系统有零件是由德国企业供货。只要有德方技术支持,销售部门就可以争取到国产化机会。那时,我们正迫切地希望能在上海客户那里争取到一个项目,于是公司很快做出了先去德国工厂考察学习的计划。

结合考察学习的目的,公司决定让我带队去德国,一行人中还包括博士和技术部长等人。当飞机抵达德国法兰克福国际机场,我就被眼前偌大的机场震撼了。机场大到需要乘坐机场的火车才能到达出口。

那时我认为上海机场已经挺大了,没想到这个机场比上海机场还要大很多。我在机场里站了许久,数起降的飞机,发现几乎每分钟都有飞机起降,现场感受到业务的繁忙。后来我了解到这个机场的飞机起降量位列欧洲第二。

在我们到达之前,德国公司就已根据我们需求做好了周到的行程安排,所以一到德国,我们很快就进入学习考察状态。

每天在德国工厂学习考察的同事非常专注,中德饮食差异也给我留下了深刻印象,由于不了解德国的饮食习惯,有几位同事还经历过挨饿。因为德国人不怎么重视午餐,很多人中午也不在食堂用餐,所以需要午餐的员工就必须自己去公司食堂预订。我们有点儿不习惯这个做法,他们也忘记提醒我们,我们有时因工作太多而忘了预订,就只能忍着饥饿继续工作。

在德国工厂我们发现,无论是设备、工艺还是管理,我们与德国公司的差距太大,需要学习的东西太多,恨不得一个脑袋掰成两个用。所以,即使有时忙起来忘了订午餐,大家也从来没有过怨言,学得不亦乐乎。后来我们也有了防止挨饿的办法,买些饼干,凑合着也是一顿午餐。

我们废寝忘食的工作状态真的是被他们先进的管理方法、技术吸引住了。而且在参观学习期间,德国工程师陪同介绍,工人也非常友好,每到一处,都能感受到他们的热情、友善和毫无保留地解答,让我们学习到了生产方面及全过程的物流管理和质量控制。

工人的素养素质都非常好,他们操作熟练,都自觉按培训的方法来做,没有多余动作,执行力相当强。现场管理细节到位,每份图纸资料、文件、合理化建议箱、作业指导书等物件摆放得井然有序,方便取放,很人性化。

德国工厂的早班从6点开始,5点40分的时候,班组所有人员都到齐了。工人到达后,先整理好个人物品,如自带的水、食物,然后换上干净的工作服。工作前并不召开班前会和喊口号,工人会查看看板,明确当天的工作任务。他们并不是一直固定在某条产线、某个班组工作,班组间每周要相互轮岗。即使在同一生产线上,他们也是每两个小时更换一次岗位。

他们的整个工作流程都值得我们学习,以装配换挡零件的岗位为例:首先,物流人员把该工位需要的零部件运到指定的位置;其次,操作人员按作业文件核对确认各子零件的图号和名称是否正确;然后开机,自检设备,记录关键参数,如空气压力、传感器参数。

接下来操作人员将零件插入带有防错装置的工装内,先目测另一个零件的外观是否合格,再将它按防错定义的方向固定在工装上,最后依次装入其他零件;双手启动按钮,检查作业监控屏幕上显示压入力的大小及方向是否正确,复位设备,取下总成零件,检查合格后放入物料盒中。

工作结束后,员工整理好工位上的零件、辅助工具,做好生产场地 5S(整理、整顿、清扫、清洁、素养),并完成当天的生产、质量统计,物流人员将完工的产品搬离生产线,工作才算真正结束。

在参观过程中,我回想起合资前,美国方派人来考察上海工厂时说过一句话:"与你们合资,是看好你们这个团队的人,并不是看好你们的设备和生产线。"他话中的深刻含义,在当下,我深有体会。

质量管理需要以人为本。人在生产过程中会承担很多角色,管理人员、加工作业人员、搬运工、维修人员等,他们处在生产中的不同岗位上,影响着生产的每一个过程和环节。在生产中,生产工艺、标准作业流程、管理制度等因素的改善都需要依靠人。

因为改善是一个需要思考的过程,这是机器所不具备的功能,只有人才会思考如何改善生产。这需要人能够抛弃固有的生产模式观念,用不同角度和思维去观察,改善也是无止境的,没有任何一样事物是完美的,我们只能做到尽量趋于完美。

在参观过程中,同事为发现或领悟到先进的工艺技术兴奋不已,总是激动地让我看这个看那个,直呼这里有太多值得我们学习的地方。即便是员工的休息区都被安排得特别好,这里的咖啡、饮料、矿泉水都是用玻璃瓶装的,非常环保。

对于值得学习借鉴的地方，我们贪婪地吸收它，一边看一边记录，更让我们开心的是，有的地方还允许拍照。我们不分休息和工作时间，不停地参观，将所学、所思、所得记录下来，整理成资料回国后便于分享。这些资料是指导和培训员工极好的教材，而这家德国工厂，俨然已经成为我们心目中想要努力达成的榜样。

我时常在想，既然是合资企业，我们就要利用好外方资源，今后还要经常派人出国培训。公司要发展，不能闭门造车，出国考察学习是非常必要的，一定要了解国际先进技术水平，吸收先进的管理思想，这样才能快速进步和发展。

引进先进的生产管理理念

当然，人的改善必须与技术的改善相伴而行。早在 1791 年，汉密尔顿就写道："机器的使用，在国家总产业中具有极为重要的作用。它是一种用以支援人的自然力的人造力量，对劳动的一切目的来说，它是四肢的延伸，是力量的增强。"机器可以使劳动生产率提高千百倍，并直接将机器的使用与科学技术的进步联系在一起。

德国制造业在世界排名第一，具有很强的竞争力，到德国工厂考察学习，我感到非常幸运。德国公司的总裁和员工都非常友好，让我们尽情地提问，他们也不厌其烦地解答，还派人一直陪同我们。他们开放式的热情接待，使我们深受感动。

德国的生产线很多都是自动化的，整个生产管理流程很先进，质量管理体系和控制体系非常好。在参观过程中，我和同事们仔细观看生产线的每一个环节，生怕错过了某个细节。我确实感受到了差距，他们生产线上的员工数量都不多，有的一个人，有的甚至是无人，而我们那时的生产线上还很多人。所以我们有太多要考察和学习的，我感到时间不够用。

之前我没有看到过这么先进的生产线，我们今后需要改进的项目太多了。拉索产品能够放在自动化生产线上生产，这已经颠覆了我的认知，它对我们改进生产线和降低劳动力成本，起到了拓展思路的作用。

与发达国家的巨大差距让我意识到，之前投入的生产线很快就要被淘汰，必须增加资金投入。公司要发展，必须向德国工厂学习，不改进就没有发展前途。

当我们参观给上海客户供货的自动换挡器生产线时，激动之情油然而生，因为这是我们来德国工厂考察的主要目的之一。这个产品分两条生产线生产，有的在全自动生产线，有的在半自动生产线，年产量在 100 万件以上。一个零件能有这么大的产量，让我感到十分震惊。

当时中国客户的汽车产量低，对自动换挡器的需求不多，但看到德国工厂的产能，我们仿佛也看到中国汽车事业广阔发展前景，未来汽车配件量还有很大的上升空间。我们一定要抓住机会，做好准备，迎头赶上中国汽车发展的大好时机。

德国的考察学习顺利完成，不但达到了考察目标，令我们惊喜的是，德国公司的总裁对我们非常友好和支持，还欢迎我们派人到他们工厂培训，保持长期友好的合作关系，这对加快我们公司发展给予了强有力的支持。

总的来讲，走出国门考察学习是非常重要的，特别是公司决策人参与学习可以直观地发现管理模式和生产工艺等方面的差距，使我们在整改过程中少走弯路。在当今社会科学技术高度发达的大势下，一方掌握的科学技术知识是有限的，所以要利用好合作方的资源，相互之间多交流，把自己的能力发挥到最佳效果。

出于全球化带来的竞争压力，西方制造业开始大规模地转移到中国，这对奔跑在与国际接轨的各行各业的中国企业来说，都是难得的机遇。而以大数据、人工智能、量子通信为代表的第四次工业革命的发生，正在改变整个人类社会的运转方式。

中国正走在第四次工业革命的"第一方阵"。从具体的生产流程上升到对时代的关照，我们会发现无论在何时何地，信息和知识的交流都是一个重要的基础。

信息和知识的交换及其生产遵循的是报酬递增规律，如两个人分别交换他们拥有的物品，交换结果并没有使双方的价值量得到增加；但如果双方交换的是两种知识，不仅使各自的知识量增加一倍，而且由于知识的"杂交"，很有可能使一方或双方激发出新的知识。在多元复杂的社会群体中，作为精神生产积累的社会智慧，其知识生产无不呈现链式反应的特征。

当今时代尤其依靠作为精神生产力的社会智慧。我国科技人员数量目前已居世界首位，还在持续增加，中国人口的人力资源优势将会带来智力资本和科技创新潜在的巨大规模优势，促进价值链高端生产和新兴产业发展。

在这样的浪潮之中，我们必须保持对外开放的态度，把无数个孤立的"人脑"联系起来，持续进步、持续更新、持续优化。如《工业4.0：即将来袭的第四次工业革命》所言："在'智能工厂'中，员工已从'服务者'转换成了操纵者、协调者。未来的生产需要员工作为设计者和优化过程中的执行者。"

第二节　一条生产线带动公司发展

实事求是地讲，当初我们与美国公司合资时的设备和生产线都处于比较落后的状态，为了改变现状，就必须走出去，学习和引进先进的技术，开阔我们的视野，改变守旧的思想。按波特的竞争优势理论,企业可获得的竞争优势有两种是最基本的,即低成本和差异化。

我们合资公司想快速发展,只能依靠国外的兄弟公司,把他们提供给中国客户的产品进行国产化。我们选择了德国公司,因为他们给中国客户供货的产品是我们没有做过的,在国内也属于先进的产品之一,所以我们积极跟进德国公司的项目。

挑战差异化的产品竞争

在当时,选择差异化的产品要付出巨大的代价,如果企业没有掌握核心技术,就很难走这条路。但正因为这是一条难走的路,所以更值得我们去探索。简单的目标,路是宽的,走的人也多;通往核心竞争力的门,路是窄的,走的人也少。

我们第一次从德国考察学习回来后,第一时间向总经理及各部门领导详细汇报了在德国考察和学习的情况。大家听了德国公司的先进技术和管理后,受到了很大的触动,清晰地看到了公司快速发展的方向,都迫不及待地希望能出国参加培训和学习,接触到最先进的技术和管理体系,学习新的技术和开发新的产品。

那时,销售部门最关心的是上海客户进口德国工厂的零件是否能国产化,他们迫切地想知道何时能启动国产化工作。但想获得客户认同,引进产品的生产线是至关重要的前提。

我对销售部门的同事说,请他们放心,德国公司非常支持我们,也同意帮助我们实现产品的国产化,还会支持我们建造一条德国式半自动生产线。只要我们邀请,德方公司就会派人到中国来,与我们一起去见客户,争取产品国产化的事宜。

德国方如此大的支持,无论在商务还是技术方面,都有助于我们赢得目标客户的深度信任,无疑会使国产化项目更加顺畅,这样的好消息怎不让大家喜上眉梢呢?

不久,我们就邀请了德国公司总裁来上海访问,我陪同他一起拜访了客户。会谈中,客户表示同意国产化,但是德国方要作担保:如果上海的工厂因为任何原因不能供货,就由德国方来提供,保证不能停产。在这样的条件下,我们终于得到了客户的认可,同意了该产品国产化。

其实,在当时选择这个项目是有风险的,因为客户的需求太小,产品的生命周期不明朗,市场对汽车需求的总量不大,而我们需要投入大量的资金,是否能收回投资,还是不确定因素。但我们看好中国汽车市场的发展,即使有风险也要投入该项目,我们坚信它会带动合资公司未来的发展。

引进先进的生产线

为了使生产线能快速投入生产,我又第二次带队去考察德国方的工厂。这一次的目标非常明确,就是把生产线顺利地复制回来,所以这次带去的有设计工程师和工艺工程师等几名员工。

在德国方工程师的指导下,我们夜以继日地工作,对每个工序都进行了沟通和消化。我们对产品、机械、材料、工具以及各道工序等所有要素都重新过滤,事无巨细,带着诚恳、谦虚的态度一一查看。

考虑到我们的客户需求量较低,为了节省生产线的加工成本,我们主动与德国方商讨不全部照搬照抄他们的流程,而是提出了我们的调整方案。德国方非常理解我们的想法,同意我们对这条生产线进行优化。

就这样,我们不但顺利完成了生产线国产化的设计构想工作,还大大节省了生产线加工成本。回国后不久,我们就快马加鞭地加工完成了这条生产线。我们有了一条同德国工厂类似的生产线,这无疑给全体员工带来了极大的鼓舞,也更催人奋进。

工艺部门、质量体系管理部门都把这条生产线作为一个样本在打造，目的是以点代面，让员工了解我们在管理上要向国外学习，思考我们自己怎样做才能更好地满足客户的需求。通过现场布置和实地观察，以及出国人员和相关部门的培训，员工的素养、素质逐步得到了提升。

成功不只是梦想和希望，更是努力和实践。一条生产线的布署，不仅证明了我们从此有能力生产自动换挡器产品，更大的意义在于，这个产品是公司从未做过的新项目。它标志着我们又掌握了一项新的技术，并且在同业中处于领先地位。我们付出的努力也得到了客户的认可，客户批准我们成为合格的供应厂商。

生产线给我们带来了先进技术和更多的订单，为公司发展奠定了良好的开端，也帮助客户降低了采购成本，与此同时，生产线和零件国产化带动了供应商的发展。

我认为，追求更高质量、精深技术的精神是企业发展的魔法棒。一条生产线看似平常，工业时代的汽车、电视、服装、罐头、啤酒，无一不是从生产线上"滑"下来的。但要打造出心目中的理想模型，就意味着我们从这些平常的事物中寻找优化方案，亲临现场，不放过每一个细节。

第三节　企业产品领先的秘诀

自合资公司成立以来，美国总部及公司董事会都非常信任我们中方管理团队，所以，他们把公司经营权交给我们。对于一个刚成立的公司，在资金和人才资源有限的情况下，我们怎样做才能使公司产品具有竞争力，并且能成为行业领先呢？这是我们一直在思考的问题。

对企业来说,产品是传播企业愿景和实现价值交换的载体,它能够将我们的技术构想、愿望理念转化成可进行市场价值交换的服务。因为,好的技术不等于好的产品,企业必须想办法不断地使产品满足客户需求,为客户创造更多价值,这也就是创新的过程。

我在德国考察学习期间了解到,德国兄弟公司 300 多人的规模中技术团队竟有好几十人。我好奇地问他们为什么需要那么多的工程师?他们解释要与客户即将问世的新车型做零配件同步开发,还要与集团内部公司合作开发项目。因此,每个工程师有很多项目同时在开发和管理,产品的量产周期很长,多数项目都在一年以后才能完成,而且开发过程中还要不断地跟进项目和服务客户,所以他们确实需要那么多的工程师。

当时我想,如果请他们开发我们公司的项目,那么我们就有最强的技术开发支持。这样,既能为客户创造价值,也能让我们在国内同行中增强竞争优势。所以,从德国考察回国后,我特地与总经理讨论了这个想法。

为此,总经理亲自去德国和法国公司考察了一番。通过考察和对欧洲几家公司的了解,我们得知德国公司的技术团队实际上就是外方合资伙伴在欧洲的技术研发中心。我们现在与德国公司也是有"血缘关系"的兄弟公司了,如果他们也能支持我们的产品研发,我们公司就能获得强大的后盾。

要建立起德国公司那样的技术中心,我们当时的条件还不成熟,所以,毅然决然地找德国公司谈技术合作事宜。我们敢于跨出这一步,主动寻求与海外公司技术合作,除了兄弟公司这层关系,其实还因为一种缘分,从我们和德国公司总经理认识的那一刻起,就相互欣赏。

果不其然,我们一提出这个想法,德国公司就欣然同意了。于是,我们顺理成章地与德国公司签订了技术开发合作协议。此后的事实也充分证明,我们和德国公司的合作为我们两家公司带来了双赢的结果。比如在本书的其他部分曾提到我们一起合作开发日本项目的情节。

事实证明,日本客户非常认可这样的合作模式,对我们的开发能力减去了曾有的担忧。所以我们比较顺利地拿到了日本的项目,德国方获得了应有的开发费用,我们也收获了新产品顺利量产带来的好处,我们技术团队的能力也得到了提高。

有了技术合作,就等于我们有了技术研发中心的支持,具备了很强的汽车配套项目的开发能力,我们的技术和销售团队越干越有信心。从而,我们就敢于争取国内外汽车公司的相关项目,大大地增强了市场开发和服务能力,同时公司的销售额也逐年增长。抱着无论如何也要开发出极致产品的想法,每天钻研创新,一步步积累,必然能孕育出卓越的产品。

杰克·特劳特与艾·里斯在《22条商规》一书中提出了聚焦定律,指的是我们通过不断精耕细作,有一天达到了成本最低、质量最好、效益最高的境界,我们成为第一名,这个时候就再也没有人可以赶得上了。

在这个过程中,我们要追求的不只是符合要求的产品,更是在一个领域中能够一骑绝尘的极致产品。我们要有这样的信念:凭借卓越的产品与对手决一胜负。其实,作为汽车配套业,要想产品领先,我们要有服务客户的思想,建立良好的客户关系,了解客户需求,取得客户的信任。

除此之外还要有优秀的技术团队,尽可能参与客户的项目开发,为客户提出合理化建议,争取得到新车型项目的开发权,与客户同步开发,按客户的要求及成本所需来考虑产品开发的结果,这样企业的产品就更容易在同行业竞争中占据高地。

第四节 做让客户放心的好产品

合资公司在一天天成长,我们每一个人脸上的笑容越来越多。公司的项目在不断地增加,也赢得了很多客户的赞誉,销售团队在争取市场时逐渐变得更容易了,有的客户甚至还主动找上门来谈合作。但是作为企业,我们只能将有限的精力用来服务好精准客户,所以需要在必要的时候做出取舍。

一个企业如果找不到精准客户,做再多的努力都是浪费精力,路边的流动摊贩都知道,步行街和学校是他们的目标客户密集区域。什么是精准客户? 精准客户一定对你的产品有高度需求。我们要做客户放心的产品,也要找相互信任的客户,达到彼此助力。

永远不改变对产品质量的追求

我们在经营过程中会遇到不同的客户,有的客户对质量要求不高,只要价格低就可以了;有的客户既要保质又要低价;有的客户要求签"霸王"条款的开发协议,即产品开发好后他们随时可以把项目转走。

面对各种要求不一的客户,我们做出的选择是保持自身对质量的追求永不动摇。不讲质量要求,只追求低价的客户不是我们的目标客户。我们只会努力争取在自己"射程范围"内的目标客户。

但有一种客户是我们难以抉择的,这种客户的优势是有一定的销售能力,往往销量不错,对质量要求也比较高,但价格压得非常低;他们可以暂时妥协不签订开发协议,即使签也是以对他们有利的"霸王"条款居多。这样的客户对我们有着"销量高"的诱惑,但也有"竹篮打水一场空"的风险。

之所以这样讲，是因为我们亲身经历了一次"被蛇咬"的故事，让我记忆犹新。当时我们选择了一家客户的项目，虽然价格低一点儿，但是见他们在市场上有一定的知名度，销售量比大部分客户要好一点儿，我们希望能慢慢磨合成为他们的优质供应商，从而实现长期合作。所以我们努力地争取到了这个项目。

然而，就是这个项目让公司蒙受到了很大的损失。为什么呢？这个客户，在开发期间还是非常支持我们工作的，我们的开发团队花了一年多的时间配合客户在整车上安装的设计需求，最终把客户的产品开发好了，同时我们投入了很多人力、物力成本为这个项目开发制造了模具、投资建造了生产线。

本想在量产以后，慢慢地收回投资回报，结果批量供货不到一年，客户就要求大幅度降价，本来价格就低，还投入了那么多的开发成本，我们很难同意降价的要求。这时客户就利用协议中的霸王条款，巧妙地把我们设计开发的成果提供给其他供应商，让他们复制模具生产，与我们竞争供货，逼迫我方放弃或者降价供货。

短期内，这种类似降价促销的方法虽能提升公司的销售额，但从长期来看，促销只会降低公司的销售额，因为它纵容了客户不在"正常"价格时买东西，并且会让客户将价格与质量放在同一个天平上比较——实际上这两者是不能取舍的，它们同等重要。

这种毫无诚信的客户有一定的伪装性，在初期是很难辨别出来的。实际上，他们就是利用我们的开发能力开发产品，再另外选择低成本供应商来生产我们开发的成果。他们选择没有开发能力的供应商生产，无非是谋求最低的产品价格，设法逃避支付开发成本，而不重视产品的升级迭代和真正的质量控制。

这一次我们选择客户的失误无疑给公司造成了很大的损失。这种失败对公司的影响是巨大的，如不及时调整，员工的工作信心也会受到影响,甚至会摧毁公司。

所以公司及时重温了经营宗旨,即保持诚信经营的理念,做让客户放心、高质量、高标准的产品,不因为盲目追求客户数量而乱了自己的阵脚,把更多时间用在目标客户上,认真服务好我们的客户对象。

《三国志·蜀志传》中说:"勿以善小而不为,勿以恶小而为之。"说的是做人的道理,而生意也是如此:不要因为利润少就不去做,也不要因为风险小就去做。

在激烈的市场竞争中,稳定产品的质量是企业生命之本,亦是公司信誉的基础。永远不要改变对质量的追求,哪怕是在面临市场诱惑的时候也要记得,追求质量会在短期内带来负担,但长期将会给公司带来意想不到的收获。

向基业长青的企业学习

其实"同仁堂"就是一个坚守产品质量的很好案例。同仁堂创立至今已有300多年了,它不仅有济世养生的经营宗旨,有精益求精的敬业精神,同时还有一视同仁的职业道德,所以招牌一直不倒。

向那些优秀企业学习,宁愿少做一个客户,也要保证经营底线,不因为价格便宜就降低产品质量和服务。所以我们及时聚焦客户对象,调整后,员工的积极性和自觉性更高了。因为大家看到了公司在不断发展,目标日益清晰,自己工作的场地和生产线在优化,现场管理在提升,销售额在增长,每个员工的收入也在增长,我们哪有理由不好好工作和学习。

大家的感受是对的。由于美国方在世界各地都有合资公司,我们充分利用了这个资源,与大多数国外的内部公司建立出口业务关系,在服务好他们的同时,掌握和学习了更多知识,而且还会有出国培训和学习的机会。

聚焦为服务对象提供高质量产品后，国内市场也朝着良好的方向发展，这样国内业务和国际项目齐头并进地发展起来了。我们对先进公司的管理有了深刻的理解，公司的各项工作也逐步发生了变化。比如员工休息区的划分，图纸资料、工艺文件的摆放，允许员工参与企业管理、提合理化建议，以上措施都是向德国公司学习的。

考察了各国的管理情况后，我认为德国企业是西方国家中实行职工参与企业管理制度最好的一个国家。它的管理特色是生产有长远目标的、没有竞争对手的、独家的、最好的产品，追求精益求精的做事方式，坚持走国际化市场营销之路，以产品为基础的顾客导向作风。

他们既重视独创性的风格，也重视售后服务，实际上是将服务作为产品质量的一部分，以此赢得消费者。

就像富兰克林的箴言：慎重选择你的朋友。我们也当用心选择自己的合作伙伴。人的思想转变是一个复杂的过程，我们通过不断学习和整改，再通过质量体系管理标准严格要求员工，慢慢地大家从思想上、执行力上都发生了变化。员工的素养、素质得到了提高，产品质量得到了保障，同时公司的生存和发展也得到了有力保证。

第五节　日本客户让我们获得进步

上海合资公司与德国公司技术合作，赢得了日本整车厂客户的业务，为我们生产、物流管理的进步起到了很好的促进和引领作用。在与日本客户合作前期，我经常与项目团队一起前往日本考察，多次参观学习他们总成装配生产和汽车整车制造过程。每一次参观，我们都发自内心地感慨："日本的现场管理和工艺确实精细又精致。"

就像日本著名企业家稻盛和夫讲的那样："普通的努力没有价值，只有付出不亚于任何人的努力，才能在严酷的竞争中取胜。"这种努力不是瞬间的爆发力，不是一时的，而是无止境的。要达到客户对我们的要求，我们就要无止境地努力，还要有相应的忍耐力。

客户现场管理给我们的启迪

日本客户对流水线上的零件配送管理相当精确，每一种零件都是按要求的时间和数量配送到规定的地点，多一件或少一件都会造成全线停产，所以配送零件要遵循非常严格的准确度和准时度。在精准配合之下，车间的整条生产线有条不紊地持续转动，加上各种清晰有致的管理标识，在我眼里，整个车间呈现出一幅生动有序、流动的美丽画面。

在不同工序的岗位上，我留意到每个员工的工作态度认真专注，动作专业熟练，值得称赞。当见到我们时，他们会很有礼貌地点头，以示友好。

这样井然有序的工作环境，与我在别的国家参观过的很多工厂不同，它让我们感到非常震撼：除了设备先进之外，它对现场的流程管理和人员要求非常高，这也给了我们很多在管理上的提示和帮助。

在精益生产、控制浪费方面，日本客户认为不产生价值的动作行为都是多余和浪费。这个观念对我们冲击非常大，我们在制造产品过程中有许多地方需要整改，包括设备、工艺流程、物流、员工培训等方面，总之有太多值得我们思考和学习的地方。

这里举一个学习改进并应用的实例。我们从日本学习回国后,对压铸零件的生产工艺做了精益生产的改进。传统的压铸零件的工艺是将锌合金高温熔化,通过压铸模具和钢丝绳压铸成型后运输到下一工序——打毛刺,整个过程需要两个人。

从精益生产的角度讲,不产生价值和功能的环节就是搬运和打毛刺,这不仅增加了劳动强度和人力成本,且由于环节多也会产生质量风险。

按照精益生产的思路,我们将其改进为:改善压铸机的结构和功能,提高压铸模具的精度,改善模具浇口的结构尺寸,分型面以及料柄断裂后无毛刺突出,压铸出来的接头就不需要打毛刺,料柄可以轻松搬运,将其放在皮带输送设备上均匀地回到坩埚内使用。

改善后的工艺流程只需要一个人开压铸机,节省了打毛刺和中间的搬运过程,同时也提升了产品质量和生产效率。精益生产的本质就在于消除浪费,即一切消耗资源却不为客户创造价值的活动被精减掉了。

在工厂里,所谓制造就是以规定的成本、工时生产出品质均匀、符合规格的产品。要达到上述目的,如果不能精准识别出现场的每个过程所产生的价值,就无法生产出符合上述标准的产品。

了解了日本客户严谨高效的生产管理模式后,巨大的差距让我们倍感压力。为了能批量生产日本客户所需的产品,公司召开了部门领导会议,专门讨论如何给日本客户供好货。总经理在会上问大家是否准备好了时,在座没人敢站起来回答是。

总经理问:"如果达不到客户要求,开发的产品就不能批量供货给客户,虽然我们有一定的差距,但我们有没有信心按日本客户要求改善好,让客户满意?"这时大家提起精神,每个部门都表态没有问题,大家都愿意尽快整改。

在现场是能最直观地感受到精益生产的成果,但想要成功应用这种生产管理模式,需要组织上的保障和全员的思想解放。

我们都知道,日本制造和日本管理模式在世界上是名列前茅的,产品品质优良,工艺精致,在企业管理方面也很严谨规范,有非常完善的企业管理制度、流程、体系,还有非常强的执行意识,但理论上的知道与亲临现场观察所得到的启迪是不一样的。

实事求是去整改

怎样把日本的管理要求与自己的管理模式相结合,对我们是一个非常大的挑战,加上在新项目量产前,日本客户本身对项目要求也很多,所以有大量的工作需要我们去做。我清楚地记得,我们给日本客户供货的前一年,各部门基本上都在加班。

为获得及时有效的整改、实施效果,我们经常主动去日本与客户沟通,结合项目工作,向客户实地请教,在客户的指导下整改,从而大大缩小和客户要求的差距。

精益生产不是一个孤立的实验,而是整个组织企业文化、员工素质和士气提升、流程优化和持续改进的过程;精益生产也不是一项孤立的技术,它是一个系统工程。它的成功实施,需要从客户的角度定义什么是真正的价值,根据客户的需求推动价值的流动。

那时我也经常去日本参加项目会议,相关部门频繁往返日本成为常态。日本客户也非常欣赏我们积极进取、主动学习的态度,所以很乐意到我们公司来访,通过检查、审核相关项目事宜,双方在沟通合作中建立起了友好互助的关系。

我们和日本客户的沟通语言是英语,因为那时我们团队里工程师和业务员都只会英语。记得公司每次派人去日本出差,因为交流工作范围广、内容多,至少都有两人同行,也尽量派不同的人员前去,以老带新的搭配,实际上也是加大外出培训的力度。

有的员工认为自己英语不行，开始还怕出国和客户直接交流。这时候，我会鼓励他们，相信他们一定可以完成出差任务，因为他们都有一定的英语水平，只是不敢开口，抓住这个机会，肯定能把英语口语练好的。

这些员工在各种压力和鼓励下，自觉地坚持练习英语，和客户几次会议沟通下来，语言不再是障碍，随时都能和客户开电话会议，极大地提高了工作交流的效率。

日本客户的各部门工程师很乐意用英语与我们沟通，而且每次来我们上海公司访问，通常都要停留一个星期左右，因为他们对待工作很仔细，项目的各个环节都要检查落实，一旦发现问题，马上指出，然后提出改进建议或共商对策。这对于我们这个年轻的公司和团队来说，也正是学习和提升的机会。

我记得有一次做产品零件试验，因为要跟进测试结果，以确定产品质量和后续项目计划，一位日本客户工程师跟随我们的工程师一起熬到半夜才回酒店。日本客户这样踏实严谨的敬业精神让我们非常敬佩，我们也更知道脚踏实地注重质量的重要性了。

在物流管理环节，日本客户为了更好地管理生产计划和物流，他们派了日本专业的物流公司给我们做培训，还给我们安装了物流管理软件、共享平台，客户每月每个订单计划可以同时传到物流公司和我们公司，再由物流公司给我们下达装车时间和数量。

通过软件系统，客户、物流公司和我们公司三方随时都能掌握各方的库存情况和发货情况，对我们库存管理起到了很大的帮助作用。

总之，为推进日本业务，我们各个部门都行动起来，加班加点地按日本客户的管理要求学习和整改，特别是工艺技术、项目管理、物流和质量管理方面的工作量很大，也很辛苦，但在日本客户的支持和推进下,大家都取得了很好的成绩,令人欣慰。

这个项目战斗下来,公司整体管理水平都得到了提升,我们实实在在感受到自己成长了,累得值得。我在想,任何事情,只要认真领悟和执行,结合自己的实际情况,以实事求是的态度去整改,一定会有收获。

第六节　去美国的工厂学习管理

由于上海的合资公司有美国和德国公司支持,以及我们团队的努力,合资公司出口到美国的产品销量一直在不断地增长,因此工厂的现场管理和产品生产过程控制就显得极其重要。成立合资公司的第四年,我们决定去美国工厂考察,学习他们先进的现场管理,以及生产线上的过程控制。

先要做到知己知彼,才能更好地推动工作,经过认真思考,我们去考察了一家零件供应商。他们是我们最大的一家进口供应商,同时也是美国集团公司内的公司,这给我们考察带来了方便。

学习人性化管理的方法

在美国总部的支持下,博士、一位工程师和我一起顺利到达了美国的零件供应厂。工厂经理的热情接待,让我们沟通交流显得非常愉快,他对我们考察学习表示欢迎,并热情地带我们参观车间。那是我第一次近距离参观美国工厂,它给了我不一样的感觉,表面上看现场的员工很涣散,但仔细观察,实际并非如此。

联想我以前去过的德国工厂,现场非常整齐,物品摆放要求严格,员工工作状态严谨,每一个人都非常认真、忙碌,但此时在美国工厂看到的员工和现场管理,感觉完全不一样。

我一边参观,一边和脑海里德国工厂的印象进行对比,正走着,看到还有工人在听音乐,手舞足蹈的样子。现场有各种肤色的员工,黑人居多,工作时各有不同的表情,非常轻松愉快,生产设备旁还摆放着自己喜欢的个人物品,看上去自由度比较高。

一时间,他们的员工状态完全推翻了我对现场管理的理解,心里想,怎么允许员工在这样松散自由的状态下工作呢?我带着满腹疑问继续参观,通过仔细观察,我发现他们的生产线非常先进,值得我们深入学习。

特别是过程质量方面控制,每个控制点都很有特色,检测点有不同的提示方法,有的是不同的声音提示,有的是不同的电子屏幕提示,目的就是控制产品在装配过程的每一个节点是否通过了检测。

我们好奇的样子,让工厂经理猜到我们很想深度了解现场管理情况,于是他给我们细致地介绍了每一个质量控制点采取的方法为什么会不同。他说:"采取不同的方法,是为了避免员工疲劳,同时也区分检查的重点。"我很认真地听他讲,同时也在想他们给现场员工很多自由,但又采取了很多方法来控制质量。

我仔细观察每一个员工的工作,发现他们操作时是认真的,只是看上去有各种自由表现和动作,但是每道工序预防控制得相当好,让工人不容易犯错。那些现场表面上看到的东西,并没有妨碍他们工作,我想这大概就是他们说的人性化管理吧。

学会第一次就把事情做好

每个国家的文化不一样,所以管理方法略有区别,但是目的都是让员工开心,不要疲劳工作。其实,美国质量管理提倡的是以顾客满意为目标,以顾客至上原则来有效地处理顾客的投诉,以达到自身管理的标准。

在后来的参观过程中,我自己得出了一个结论,正是因为他们树立了顾客是上帝的思想,才在生产线上采取了不同的、特别有效的质量控制方法,不让工人有错装漏装的机会。

美国现场管理的理念和方法是值得我们学习的。特别是每道工序都有不同的检测标准,还有防错的检测设备,采取的方法是多样化的。我们同去的工程师非常感兴趣地仔细观察和研究,对他们检测过程中的设计和控制方法都很好奇。

他们这种检测方法给了我们很大的启示,因为我们每一个员工的素养、素质是有差异的,为了减少这种差异对产品生产造成影响,就要采取像美国工厂一样的管理模式,对每一个环节都进行严格而细致的质量控制,这样就减少了最终成品的报废损失,防止了批量报废,同时也防止了产品交付给客户后又被召回的风险。

其实我们公司出口到美国工厂的零件非常多,如果我们与他们的管理理念和管理方法不一致,就容易有产品因质量原因被投诉或者被退回的情况,这样就会造成公司很大的损失。所以为了做好产品质量,让美国客户放心,我们的管理理念和方法必须与他们的要求保持高度一致。

我们回国以后,把美国工厂的质量管理理念和方法进行了汇报,得到了领导和各级部门的认同,大家对改进生产过程控制的积极性非常高,从上至下都愿意改进现场管理。

虽然改进现场生产线需要花很多钱,但是从长远的角度来看,只要防止了批量报废,提高了客户满意度,这笔投入的费用就是值得的,也使员工更加明白质量管理的重要性。

自20世纪90年代初,国家引进ISO 9000质量管理系列标准贯标认证机制以来,中国企业追赶国际潮流,引入了许多质量管理的工具和方法,如质量机能展开、田口方法、六西格玛管理、统计质量控制等,但无论何种方法,都需要将质量指标分解详细,落实到每道工序和每个人头上，并形成制度化的规定。为保证产品质量，我们必须在过程设计上下功夫。

对质量管理来说，"零缺陷"是我们应当追求的极限目标。所谓"零缺陷"是"第一次就把事情做好"。如果我们第一次就把事情做好，那些浪费在补救工作上的时间、金钱和精力就可避免。我们应当意识到，再完善的售后服务对用户而言都意味着某种损失。"零缺陷"不仅是企业质量管理的最高境界，也是企业降低成本的最佳途径。

我们只要不停地追求进步，追求管理的提升，就是在追求成本优化。一个公司要长远地发展，就不要放弃任何学习的机会，要勤于思考与行动，公司的各项管理就一定会健康地发展。

第七节　用借力思维发展企业

孟子曾说："天时不如地利，地利不如人和。"创业是生产要素在时空中重新布局、组合运动的过程，这一过程必然牵涉到为实现目标而进行的决策、采取的途径和行动，以及为实现目标对企业主要资源进行的分配，因而所谓"人和"，实际上就是我们对不同战略模式的选择。

由于创业企业力量单薄、抗风险能力弱，单靠自身的积累来扩展和成长，既缓慢又困难，因此可以借助一些外部力量，扬长避短、加速成长。在创业初期，我们自身拥有的资源非常有限，在市场、资本、人才、公共关系等资源整合上存在薄弱环节，对经营环境的嵌入程度较低，难以有效获得社会资源。

因此创业企业必须寻求外部支持，以克服创业初期资源短缺的不利状况，通过借助外力提升企业的生存能力，整合有利资源。

《中小企业的发展战略模式探讨》一文中提出了创业企业可以"借力成长"的几种模式：

第一，协作成长，中小企业利用自己的优势与大企业紧密分工协作，为大企业生产某个零部件或提供某些服务，与大企业一同成长；

第二，联合成长，多个中小企业联合起来，依据专业化分工、协作取得共同成功；

第三，借鸡生蛋，也叫虚拟经营，企业通过虚拟组织充分发挥自己的优势，实现生产能力的最快扩张；

第四，借蛋生鸡，也叫特许经营，用别人的品牌，成就自己的事业；

第五，寄生出口，通过大企业营销网络出口自己的产品，或者大企业和小企业联合经营国际贸易公司，以促进双方企业产品的出口。

总而言之，在创业企业生存发展的初期，需要借助其他企业的研发、生产、营销、服务等方面的实力和平台，以现有条件下最大化、最快成长的方式，获得技术或产品或品牌或渠道等方面的便利和经验，而创业企业自身则专攻擅长的领域。

我们与美国方公司的合作就是借力打力，我们的团队得以成长，同时合资双方从中取得了应有的收益。合作是双赢的起点，我们还需要"借力"，才能更好地"打力"，从而不断积累公司的实力，迎来"不鸣则已，一鸣惊人"的那一天。

与美国方合资合作的第二家合资公司的成立，对我们中方团队来说是极大的鼓舞，大家积极努力、团结拼搏的工作，赢得了美国合作方的信任和认同。他们对合资公司的出口项目大力支持，还派人到上海公司帮助项目快速落地。

外方派来了一位美国人，长期在上海合资公司工作。他主要负责出口项目的管理,以及与美国工厂随时保持联系,确保从海外转移到上海合资公司的项目能快速投入生产,实现产品出口。

为了让第二家合资企业能迅速地发展起来,我们集合了上海两家合资公司内部的力量,对第一家合资企业的产品进行了调整:凡不属于汽车配件类产品,全部都转移到第二家合资公司生产。这样,新的合资公司就有了生产线和产品,为公司提供部分收益,为公司新项目的开发起到"供血"的作用。

在管理方面,我们推崇一致的管理理念,统一推行好的管理思想和文化,统一企业精神、质量管理方针和目标,在技术开发和质量管理体系方面做到资源共享,两家合资公司相互支持,从而让新的合资公司尽快走上正轨,快速适应外方和客户的要求。

第二家合资公司出口到美国方的产品是之前我们从未接触过的,但是,我们的技术工程师不怕困难,敢于挑战,在美国方的支持下,很快掌握了这类产品的技术要求。不久,他们就把样品送到美国工厂进行检测。

美国方对合资公司提交的样品非常满意,同意上海工厂启动出口产品的生产,这给工程师们很大的激励。他们不断地开发美国方发来的新项目,使新公司在不到一年的时间里就有了大量的出口业务。

上海两家合资公司把汽车类和其他类产品进行细分生产后,技术开发和市场开发更加聚焦,效率和能力都得到了保障和增强。特别是新公司的出口产品越做越顺利,同时他们还重启了摩托车客户关系,使国内摩托车零件项目不断增加。因此第二家合资公司的产销量超出了预定的目标,公司得以稳步发展。

其实,让我最难忘的是那些员工,他们不计报酬,把工作放在第一位,甚至都忽略了对家庭的照顾,每天连续加班加点地工作,没有叫苦叫累。我想,他们也知道,只有公司强起来了,才会有自己的未来，所以大家憋着一股劲儿，为了更好的明天努力地工作。

有了团队的努力，有了股东双方相互信任的基础，不到两年，第二家公司的销售额就接近一亿元人民币，这样的成功也让我们感到无比的欣慰。

上海两家合资公司齐头并进，这让我们在管理上有了新的思考。我们认为，要利用好资源，进一步学习美国集团公司的管理模式帮助我们发展事业，在借力打力的创业道路上，创造出我们自己集团公司的美好未来。

第五章

团队管理与企业文化

第一节　企业如何提升员工满意度

企业与员工，是船只与船员的关系。船在水上行，溯洄从之，即为逆流而上，在技术、资金、外部环境等诸多条件处于不利的困境中寻出一条出路；溯游从之，则积累足够的战略势能，顺流而下。但无论是逆流还是顺流，若是要长久航行，顺利抵达终点，都需要船员同心协力——企业需要员工，员工也需要企业，两者是相辅相成、共同发展的关系。

我们公司视人才为资本，关心员工是我们工作的重要部分，对员工的情感关怀是我们公司文化的缩影。我们一贯重视内部环境的改善，在创造良好的工作环境外，公司不遗余力地改善员工吃、住、行等生活条件，这有效地提升了企业的凝聚力和向心力。

员工的吃、住、行一直是我们非常重视的事情，在 1999 年创业初期，大部分员工都是从外省市来上海的，他们对上海不甚了解，非常依赖公司帮助他们解决吃、住、行等问题，为了留住员工，我们为员工提供了很多福利和服务。

那个年代，在上海周边招聘员工比较困难，所以我们选择去四川招聘员工,如果员工介绍老乡来公司,我们还给予奖励。当时,公司高达70％的员工都是四川人,而且大部分员工都是从农村来的。他们背井离乡初到上海,对周围的一切都很陌生,所以我们首先要为每一位来公司的员工解决好基本生活问题,让他们安心下来。

民以食为天,对背井离乡的人来说,解决好吃饭问题更是第一要务,所以公司最急迫的是要建立员工食堂。我们刚到上海创业,厂房是租赁的,不能用做食堂,我们就另外租房建立起了食堂,每天给员工送餐。

公司不但免费提供早、中、晚三餐,还给夜班员工加餐。虽然那时候周边大多数企业最多只提供午餐,但我们相信这样做是非常有必要的,因为,他们跨过千山万水地来到陌生的城市工作和生活,真的非常不容易。

其实,把员工服务好一直是我们公司推崇的企业文化之一,所以在吃、住、行方面,公司一点儿都不含糊,有专人负责管理员工食堂,有专人负责协助员工解决住宿问题,对上班交通问题也有人做分析和管理。

特别是食品安全关系到员工身体健康,我们要求食堂按卫生条件验收,以保证质量,要在规定、合格的地方采购食品和物品,一周内每天要有不一样的菜单,保证员工的饮食卫生和健康营养。

我们这项福利有效地解决了员工不便做饭、不会做饭的问题。我们把吃的问题解决好了,员工不但能安心在上海生活和工作,而且还愿意长期留在公司。

除了餐食方面,员工租房也是大问题,刚创业时大部分员工不熟悉环境,公司采取的办法是先买几套房子,简单装修后提供给员工住,房子住满了就帮助员工租房,尽量让员工放心和满意。部分员工住得离公司较远,公司还安排了班车接送。

如此一来，员工的基本生活问题得到了有效解决，所以每年公司做员工满意度调查，都能达到80％以上的满意度。

为了吸引员工、留住员工，公司在服务员工方面下足了功夫。做到了尽量减少员工生活费用支出，这样他们的大部分工资就可以存起来或者寄给家里。

特别是后来，有了自己的工业园区，我们在园区内建立起了自己的食堂，员工的一日三餐办得越来越好。在服务于员工方面，我们始终坚持长期主义精神，不断改善和提高服务质量，这让每一个员工都感觉到家的温暖。

其实，服务最重要的是以同理心对待员工。子曰："临之以庄，则敬；孝慈，则忠；举善而教不能，则劝。"以真心换真心，将心比心，尊重是相互的，为员工服务的过程若是抱着"公司吃亏了"的想法，那么服务质量一定不好。

对待员工时要关心他们的疾苦，回应他们的诉求，既不能漠不关心，也不能敷衍了事。真正关怀员工的企业，是会认为给员工提供好的服务是一种荣幸，因为这是给企业的机会，这是会产生价值的行为。

我们公司推崇服务精神，同时也把这种精神传递给了员工，不要只是为工作而工作，应该抱着服务奉献的心去工作，自己的付出有了价值，人生才有意义。工作是伟大的，服务也是神圣的，两者相互推动，共同进步。

公司对员工吃、住、行方面的服务只是一个侧面。实际上，企业是实现个人价值的舞台，这个舞台越宽广，环境越宽松，个人价值体现得就越充分。实现员工个人价值的过程也是企业蓬勃发展的过程，两者之间是你给我温暖和力量，我还你奇迹和壮观的密不可分的依存关系。

当我们决定弃岸登舟，于商业的湍流中航行时，船长虽是领航者,但有赖于船员掌舵、维护、操作引擎、控制方向,当风浪来临时,洪峰浮木、大水沉禾,而船只岿然不动。

第二节　建立第一个属于自己的工业园区

从 2000 年上海公司与美国公司合资以来,公司业务发展一直比较顺利,不到 3 年时间,我们承租的厂房就快要装不下新的生产线了。根据合资公司编制的三年规划,我们承租的厂房面积已不能满足公司未来的发展需要,所以,我们必须未雨绸缪考虑搬家的事情。

其实,一个企业经常搬家,不但会影响员工的稳定性,对公司发展也不是很有利。为此,我们中方董事会进行充分讨论后大家一致同意,自己投资修建厂房,为合资公司提供一个稳定的运营环境。如果有了自己的厂房,就省去了租赁厂房的诸多不便和烦恼,我们只需安心工作,专心考虑公司的长远发展。

公司所在地的镇政府招商办,当初也是招商引资把我们从深圳引进到上海创业的,所以非常清楚我们的背景,而且也了解我们的发展情况:在上海成立公司不久后就和美国上市公司成立了合资公司,而且发展势头非常强劲。所以,镇政府招商办得知我们有建厂需求后,立马给予了大力支持。

镇政府有关部门很快与我们沟通,让我们根据自身规划选址。综合考虑后,我们选择了离当时承租厂房不远的十几亩空地,这样既方便搬家,又节约运输时间和成本,同时对公司生产影响不大,是我们最优的建厂选址。

员工知道中方公司要自建工业园区后,认识到这无论对公司还是个人的稳定发展都是很有好处的,同时也是公司实力增强的表现，所以都非常开心。我们得到土地签批后，就开始进行厂房规划。但合资企业是否可以入驻我们修建的园区，不是由中方单方面决定的，必须要通过合资公司董事会议的同意。

所以，根据中方董事会的意见，我们提交了一份厂房规划图给美国总部。美国总部非常认同这份建厂提案，同时提出了一些厂房建设的具体要求，还委托了新加坡的机构做第三方环境认证。他们在工厂附近不同方位确定几个位置点，钻了几十米深的土壤取样，拿回新加坡检测是否有危害元素。如果有，美国总部就不批准合资公司入住。不久，检测报告反馈我们是合格的，这样，我们就放心地按原计划启动厂房修建。

这个建筑项目工程是我们团队第一次接触。经过大家认真讨论，公司首先需要确定一名项目负责人来监管，这时我们想到了总经理夫人，她是一家钢铁设计院刚退休的高级工程师，建筑方面比我们专业，所以就聘任她来负责这个项目。她非常愉快地接受了这项工作，之后每天不辞辛劳地往返于家和工地。她戴着安全帽，像一名女将士行走在工地上，认真负责地检查施工进度、安全隐患、所有材料质量等事宜。在她认真严谨的监督和检查下，厂房修建的进度按预期进行，不到一年厂房就顺利完工了。

在搬家前，我们做好了充分准备，对新场地进行了详细的区域划分，预先确定好设备摆放的具体位置。搬迁的第一天，全体员工像过年一样参加了放鞭炮仪式，共同庆祝这乔迁之喜。

原计划一个星期的搬家时间，由于员工搬家心切，不到 3 天就完成了。整个搬迁过程安全又顺利，大家团结互助，听从安排，既没有丢失一件物品，也没有因为搬迁而耽误生产和发货。一路走来，我们这个团队总是令我们感到既欣慰又骄傲。

搬家后，员工内心的喜悦与激动之情溢于言表："我们终于有自己的家了。"看到员工开心的样子，我也非常感慨，有了自己的工业园,就可以按公司发展所需来规划,避免了租赁场地的限制从而导致的损失,这样真好!新厂房宽敞明亮,办公条件、食堂设施等方方面面都得到了极大的改善,自然地,员工对公司的认同感及归属感又进一步得到了增强。

图5-1 核心团队的管理人才是非常重要的

这个10 000平方米的厂房,对于有的人或许不值一提,但对我们这些来自异地的创业者是极具价值的。在上海有了厂房就犹如有了自己的家一样,心里感到特别的安稳踏实。搬进新厂房后,原来又挤又密的设备生产线只占用了新厂房的一半。我们坚信,在大家的不懈努力下,用不了多长时间,整个厂房都会充实而忙碌起来。

第三节 如何有效提升员工凝聚力

增强员工凝聚力是塑造企业文化的过程，每一个企业都有自己独特的企业文化，它是企业精神的外在表现，具体表现在思想、道德、价值观、人际关系、传统风格、精神面貌以及组织相适应的活动等方面。

员工不仅需要物质报酬，而且还需要实现人生价值。正如马斯洛需求层次理论所述，人的需要不仅有生理需要、安全需要、社交需要还有尊重需要和自我实现的需要。

在经营管理中我切身体会到，一个公司的命运是由这个公司的领导决定的，他们必须意识到这种使命的重要性，在经营管理中仅仅用金钱凝聚员工是远远不够的，还需要用企业的文化和价值观引导人、管理人、凝聚人。人天生具有社会属性，员工在充满人情味的环境里才有归属感，从而全身心地投入工作中。

改善公司环境增强员工的主动性

企业的经营理念非常重要，如果能为员工提供一个能实现其价值的发展空间，充分发挥员工的才能，他们对企业的认同感就会增强，企业的凝聚力也会增强。要达成这一点，需要把员工的积极性调动起来，要让员工发自内心热爱公司，了解工作的意义和公司的经营目标，这样员工提供的合理化建议才是有效的。

每一个人的成长过程，都是在环境的影响和自己的努力下，不断发展变化的。我们认为在动态中更能发现人才，也能够了解员工的所思所想，需要帮助时，公司就能及时伸出援助之手，这样就会增强员工对公司的信任。

为了让员工之间能够深度沟通,增进认识和了解,我们每年都组织文娱、旅游或者员工运动会等活动,通过两三天的活动达到相互学习、相互帮助的目的,也增强了大家的凝聚力,同时丰富了员工的精神文化,从而增强了员工对公司的认同感和归属感。

在生产环境上,我们以 5S 的角度作为基础管理。5S 管理起源于日本,是指在生产现场对人员、机器、材料、方法等生产要素进行有效管理,开展以整理(Seiri)、整顿(Seiton)、清扫(Seiso)、清洁(Seiketsu)、素养(Shitsuke)为内容的活动,也就是在工作现场要正确区分保留与舍弃的东西,对工区进行全面整理整顿。

比如把需要的物品定置定位定名摆放好,让员工容易辨别和拿取;保持整个生产环境整洁、干净、明亮、宽敞,规范摆放的物品清晰可见,减少空间浪费;培养员工文明礼貌的习惯,按规定操作,养成良好的工作习惯。

我们还在文化宣传方面认真布置,让客户和员工都能感受到企业文化和思想。我记得,每次客户来访光临,只要步入大厅,目光就会被我们企业精神——"团结拼搏,求实创新"几个醒目的大字吸引;再往车间走去,就会被质量管理方针、安全第一的标语和栏目所吸引。

仔细查看栏目,会看到每个班组、每名员工的表现情况和工作质量情况,还可以看到各个工位的作业指导书和相关资料以及工人操作的过程,整个车间繁忙,但又整齐有序。

每次客户来公司考察,我们都会真诚而谦虚地请客户提出意见和建议。有的客户会主动给我们员工分享工作中的整改方法。员工在工作中学习,在学习中工作,受益良多。

为了防止员工疲劳工作,我们在工作期间的上午和下午分别安排 10 分钟的休息时间,并设有专门的休息区域,车间外面有指定的吸烟区。虽然员工每天的工作非常紧张,但是公司布置和引导的环境让员工工作和学习时都感到心情舒畅。

公司提供给员工的工作环境既人性化，又具有良性竞争，能时刻反映出工作效率以及存在的问题，这样既起到了激励员工的作用，同时也鼓励员工参与企业管理，提出合理化建议。每年我们还组织评比优秀班组和员工，对积极参与公司管理、积极提出建议的，都给予奖励。

我们的企业文化不但受到员工的欢迎，还影响到我们的供应商。他们感慨地说："你们公司开展的那些活动非常好，值得我们很好地学习。"他们也实实在在地将这些做法学习运用，反响还不错。

其实，公司通过不断改善环境，鼓励员工参与公司管理，也是为了更准确地了解员工，理解员工的烦恼与欢乐，管理者才能更有信心驾驭全局，利于公司的发展。

每个人都有一定的素质，具有一定的发展潜力，只要能倾听员工的各种有效的建议，并及时给予反馈和鼓励，员工就一定会成长起来。这不仅能提高企业的工作效率、降低成本，还能极大地鼓励员工以主人翁的精神，投入到工作中去，形成一个正向的良性循环。

运动会能激发出员工的潜能

我们公司非常重视员工的工作、学习和身体健康，不仅在一日三餐上想办法，做好营养餐，给员工提供充足的营养，每年还组织一些有意义的活动。我们认为多与员工接触和交往，是了解员工的基础。

作为领导者要熟悉员工的工作特点和个人兴趣爱好，包括员工的业余文化生活，这样就搭起了理解和信任的桥梁。文化生活主要包括阅读、写作、体育和文娱等方面的活动，它是非常重要的。

由于公司中有众多员工,每个人的个性、兴趣爱好以及工作思维、方式方法都存在着一定程度的差异,而通过丰富员工的文化生活,可以帮助他们加强对彼此的了解和认识,也增强领导者对员工的认识。

在所有文化生活中,团体性的体育活动能够在短时间内产生较大的团队归属感和凝聚力。在这里我要说的是一位组织者,她是集团的领导,大家都亲切地叫她迪娜姐,集团内的重大活动都是她组织,她组织得非常有章法,还十分专业,大家都由衷地赞叹迪娜姐的组织能力。她与小组成员一起设计了很多活动项目,几乎涵盖了每个年龄段,包括足球、篮球、拔河、短跑、长跑、跳绳、象棋、羽毛球等,每个项目还分预赛、决赛。

在不影响工作的前提下,每次预赛和选拔赛由各部门掌握时间,最后决赛由公司统一组织举办运动会,各队各项目比出来的前三名员工参加公司的运动会。每年运动会的当天,员工们就像过年一样,把家里老人小孩都带来当观众,这时小孩子们总是特别开心。

当广播响起主持人"运动会马上要开始了"的声音后,总经理宣布:"公司今年秋季运动会现在开始",各公司、各部门便以方队的形式出场。

最先出场的是裁判员方队,接着出场的是各个公司和车间的方队。每个方队前面有领队举标识牌,有深圳公司方队、上海公司方队、重庆公司方队……每一个方队都穿着整齐漂亮的服装,走到主席台前示意问好。

集体的队伍亮相后,主持人宣布比赛开始,各种活动便如火如荼地开展了,有投篮比赛、足球比赛、拔河比赛、短跑比赛,各种运动把整个运动场占得满满当当的,显得既有序又热闹。

运动项目分别进行,那些一旁参观的家属、员工在运动场上跑来跑去观看比赛,为选手加油呐喊,好不热闹。他们一会儿给这个项目做啦啦队,一会儿又跑去另一个项目做啦啦队,大人和小孩都玩得很开心。

到中午了,工作组给每人都准备了一份方便午餐,大家就近坐在草坪上、亭子里吃起午餐。午餐后休息一小时运动会继续进行,下午 3 点运动会结束,主持人宣布开始颁奖,这时各个方队迅速组织好队伍,分别站在了主席台前,激动地等待宣布冠亚军的名单,等待公司领导颁发奖励。

一天运动会下来,员工非常愉快,旁边还有陌生人观看比赛,他们无不羡慕地说:"这是哪个公司,员工在这个公司太幸福了"。

一天的运动会很快就结束了,但为了这一天组织者和员工要花很多的业余时间准备,参赛的员工在不耽误工作的同时练习、参加预赛,直到决赛。他们不但没有怨言,还特别地开心能参与其中。

对员工来说,运动会是展现合作、竞技水平,追求极致的好机会,员工通过活动相互之间增强了团结精神,而且大家心情舒畅,身体得到了锻炼,也让管理者看到了员工身上的闪光之处。如果我们每个管理者都能学会欣赏员工,那么理解和相信员工就不是困难的事。

在工作中有的领导存在过于注意他人缺点,忽视他人优点的误区。作为管理者,如能像组织运动会一样举一反三去思考,其实这是对领导素质的检验。能否把员工的工作积极性调动起来,管理者的高度和格局的大小,是决定公司能否做强的关键。

组织春节联欢会让员工热爱公司

企业是一个群体,如何让企业内部团结、和谐,拧成一股绳,共同进步,这是每个企业管理者都要思考的问题。每个企业采取的方法和形式都不同，我们公司为此也动足了脑筋，下足了功夫。

一年一度的年终总结是每一个企业都很重视的环节，我们公司经常会把它和春节联欢会放在同一天举办。在员工大会上，表彰颁奖先进集体和先进个人，员工代表发言、领导致辞，紧接着就是春节联欢会。

其实，我特别想讲的是公司组织的春节联欢会。联欢会的节目都是公司各个部门自己准备的。节目安排和组织由迪娜姐负责。她有计划地安排各个部门准备节目，在她的组织下，各单位、各部门、各车间都积极参与。大家都自编自导自演，非常有创意。

节目内容丰富多彩，有合唱、独唱、三句半、小品、舞蹈等。大家休息时聊的都是联欢活动的事情，有时互相请教、有时开怀大笑。

因为每个部门都想表演，准备了好多节目，所以为了精选节目，组织者还要专门进行预选。

我们每年举办联欢会的地方都是租的。开会之前，我们会组织大家乘车前往。这时每一个部门都很忙，有的准备道具、有的准备化妆。

参演的员工有来自食堂的工作人员，有驾驶员，有车间工人，当然还有部门员工，表演时让大家眼前一亮。他们有的会说，有的会唱，还有的会跳，各显神通。他们在舞台上展现出和平常不一样的一面，焕发出光彩动人的神采，生动精彩的表演赢得了阵阵掌声、喝彩声。

这些表演有单人的，也有跨部门合作的，形式多样，整个活动非常精彩，台上的表演者认真投入，台下的员工乐开了花。全公司的活力和团结，在这个活动中得到了充分的体现。

总之，我们公司通过一系列的组织活动，既丰富了员工的生活，又发挥了员工特长，他们特别开心，同时公司也给员工搭建内部沟通的平台，增强了员工与员工、员工与部门之间的合作和理解。

调动员工的积极性是企业经营无法回避的问题。经营者再努力，一个人精力也是有限的，必须激发调动所有员工内在的积极性，共同努力，拼搏进取。我们立足于员工的思想，把员工当作经营伙伴，就是增强员工凝聚力的表现，让员工像爱家一样热爱公司，自觉地行动起来，与公司共同努力拼搏去完成公司的目标任务，使公司的经营管理更加顺利。

第四节　一名普通工人是如何成长起来的

自公司成立以来，我们就以关心员工、尊重员工、爱护员工作为工作的准则。我们一贯坚持"以人为本"，注重员工的培训和成长，把不同文化层面的人招入公司，努力把他们培养成公司的合格员工，塑造他们对公司的使命感和责任感。

公司有一名员工，大家都叫他小泉。小泉是我们公司成立时直接从农村招聘来的，文化程度比较低，身材矮小，长得又黑又瘦，但是很灵光。

在来公司之前，小泉没有在城市的工厂工作过，看到什么都觉得新奇，公司安排他任何工作，他都没有意见。人事部对他进行了岗前培训以后，就带他到了车间。车间主任看他聪明，就安排他到一台专机设备上工作，让他认真跟师傅学习。一段时间后，他很快就能独立上机操作了。

小泉在操作这台专机时认真负责，还经常给车间管理部门提出关于这台设备的问题及合理化建议，每月生产的产品质量一直都比较稳定，也能保证产量，车间主任非常欣赏他。

有一次设备出了故障，按车间规定他"报警"了，车间维修工及时赶到检查设备状况。通常来说，在设备维修的这段时间，如果车间主任没有另外安排工作，一般员工就趁这个时间到别处休息去了，可是小泉与其他人不一样，他没有离开专机设备，一直看着维修工修理设备。

时间长了，维修工也不介意他站在旁边，不时地还让他递交工具，给自己打下手。维修师傅很喜欢他，就问他愿不愿意学习维修设备，他很开心地连连说了几个愿意。

公司业务越来越多，维修部门人手不足，公司见小泉比较热爱维修工作，就安排他先到专业的培训机构学习电工方面的知识，他也不负众望顺利地拿到电工结业证。

这种"在干中学"和"在学中干"相结合的方式，让他在职业发展上找到了自己的定位和方向。他与时俱进地提升技术能力，大家也都为他的努力和进步感到欣慰和高兴，后来公司就安排他到设备维护岗位。

通过自己的努力和苦练，小泉跟着维修师傅熟悉了公司所有设备，用了两年左右的时间基本掌握了每台设备的"脾气"。只要设备有故障大家都愿意找他，因为他可以很快找到问题并解决问题。后来，他被所在的工作组推荐为公司先进工作者，还担当起了组长职责。

作为一名青年员工，小泉喜欢学习，不怕吃苦，热爱公司，热爱本职工作，喜欢对一件事深入研究，他是我们公司青年员工成长的榜样。小泉从一个对工厂一无所知的农村青年，最后成长为有一技之长的工人和管理者，这让他对城市生活和工作有了自信。他的经历是我们公司许多青年员工从田野到城市、从校园到社会成长历程的缩影。

其实，公司在创业期间有很多像小泉一样的员工，他们的成长有个人的努力，也有大家的帮助，还有公司管理者的重视和关心，以用人所长、容人所短的包容心珍惜每一名有潜力的员工，让优秀的员工脱颖而出。

为员工的成长铺路，并不是一个一蹴而就的过程。在员工刚刚开始工作的时候，他们对工作充满新鲜感与期待感，对企业与工作认同度高，拥有旺盛的求知欲，思维活跃，渴望快速提升个人能力。这时候我们要做的是为他们指明方向，传授正确的方法与技能，适时点拨与解答困惑，由内而外激发他们的潜能。

而随着工作年月的增加，日复一日地重复单调的工作往往会使员工逐渐失去刚入职时的那份新鲜感和工作热情，责任心和积极性下降，归属感减弱，更有少数人可能会错失"最佳成长期"，进入职业发展的迷茫期。

这时候，我们更应该鼓励员工挖掘个人能力、兴趣与特长，为他们提供跳出舒适区、向专业领军人才努力的机会，让他们在不同的发展通道上各展其才。因为工作不是一个人单枪匹马就可以做好的，需要让每一位员工都成为舞台的主角，打造共同成长的团队。

联合国 2030 年可持续发展目标之一是"促进持久、包容和可持续的经济增长，促进充分的生产性就业和人人获得有体面工作"。一个好的企业，思考问题的角度不能是静态的，要从一项事业长期经营的角度出发，也要从员工个人成长的人生历程出发。

第五节　我们的质量总监真"霸气"

质量管理的五大要素"人、机、料、法、环"。排在第一位的就是

"人"。加强质量管理就要培养业务好、能力强、责任心强的高素质人才。抓好质量不但能减少残次品，还可以节省返工成本，不断提升生产效率。我认为符合这样要求的人，不一定学历有多高，而是愿意学习又契合企业质量管理的人才。

因为质量管理是一个细致、负责，不容许犯错的工作，所以管理者的选择非常重要，选择好了，给公司带来机遇。这里，我特别要讲一位"霸气"的质量管理者，她在团队内很有影响，她和她的团队总能发现问题所在，把问题解决在出厂前。

她把质量当作生命

合资公司刚成立不久，我们招聘了一位质量管理人员，大家都叫她小田。小田从小在农村长大，大专毕业工作不久就被招聘到我们公司质量部门工作。她勤奋好学，深入研究质量管理方面的知识，对此有深刻的理解。

比如，每次客户要来公司审核前，她都会带队提前到各相关环节预审一次。她审核得非常专业，基本上通过她的审核，都会通过客户那关。

其实，做好质量工作不容易，做一个合格的质量管理人更为不易，小田坚持原则，严以律己，对车间每一个检验员的工作也严格要求，恪守不渝，只要确立的标准是正确的，谁来讲情都没有用。

有的人认为她的要求太过了、太高了，可她不以为然，不管其他人怎么看，她一如既往地按照质量体系的要求办事。我一直认为她是一位难得的质量管理人才。

小田经常去车间现场培训，检查检验人员的工作，遇到不合格产品，她说："今天这批货不能入库，要全部重新检测"；遇到合格产品，她说："这批货很好，可以入库了"。工人辛苦了一天，最怕听到她说"不能入库"，因为这可是计算他们一天工时的成绩，也是他们的收入。

然而,她考虑的就只有质量第一,在质量面前,她不会给任何人留面子。有一次公司正要出口产品,在抽查过程中发现了问题,当时所有的出口产品都已经包装好,准备装上车了,幸好被她及时叫停,从而避免了一次损失。

总经理听了她反馈的问题后,要求全部拆开包装进行100％的再检查,确认合格后重新包装。总经理告诉大家:"质量是产品的生命,也是企业的生命,不合格的产品就是废品。"要求大家一定要按小田的意见和方法进行查验。

公司领导非常支持她的工作,然而,她工作之初,很多人抱怨她,说她脾气不好。为此,我们也特别观察了一番,发现她就是一个为质量而生的人才。我们与她进行了沟通,肯定和鼓励她不仅坚持质量保证体系标准,还维护和监督质量体系的运行。但同时我们也提出,希望她能加强学习,提高自身素养,改善沟通方式。后来,她不负众望,边工作边学习,不仅完成了本科学习,还参与了一系列质量方面的专业知识学习。她对 ISO/TS16949 的汽车标准掌握得非常好,公司还安排她参加了第三方的专业培训。

在沟通方面,她也改变了很多,不是指责和简单的否定,会根据情况进行指导,同时还开设了培训课,让更多人理解质量是企业的生命线,只有生产过程中做到处处控制,尽职尽责,才能确保产品的质量。她这样的工作方法,更加让人尊敬了。

听取意见才能获得持续进步

一个好的质量管理人会带领团队一起进步。这份工作需要天天与问题打交道,既要分析改善,又要寻求各路资源,与不同的人沟通,多方论证。许多问题会因为没有及时沟通而失去被妥善解决的机会,难免产生争执和冲突,因此在专业能力之外,沟通的过程也非常重要。

一个很简单的方法是，说话时多采用"咱们""大家""一起"等词语，拉近彼此距离，让对方知道我们是来一起解决问题的，而不是来指责、抱怨、追究责任的，这样更加容易获得真实的情况反馈，推进工作。

在推动质量问题解决及持续改善活动中，许多人都会遇到各种各样的阻力。这时候，简单地拿领导、规则出来打压，通常只能解决一时的问题，没办法让质量观念深入人心。真正重要的是表达对事件的关注，认可参与人员在质量工作中的关键作用，激励团队为了目标继续付出努力。

每个人都渴望被重视，渴望发挥价值，集体的努力与荣誉感比死板的规定更加有效。质量是企业的生命，选好质量管理者非常关键，可以以点带面，引起全员重视。

不但要强调"人"有能力、有敬畏心，更需要"人"能以更宽阔的视野认识其价值。像小田这样热爱工作、严格把好质量关的管理者，就能给公司带来更多的价值。

由于小田工作优秀，学习又努力，还纠正了一些不当的工作方法，公司提拔她为质量部长，随着公司发展，她又被提升为质量总监，同时兼任集团内负责各公司质量管理方面的相关事宜，还经常下基层做培训，提高供应厂的质量管理。

她一丝不苟，不断追求卓越，遇到客户抱怨，她会第一时间到客户那里去处理。她对公司管理的流程和把关的能力非常自信，所以在协助客户找出问题的主要原因时，也会说明我们在质量管理方面的流程。客户听了她的质量管理流程和分析报告后非常放心，对我们提供的质量分析报告表示信任。

我记忆最深刻的一次，是日本客户给我们发来一个较大的质量投诉。为解决这个问题，她多次去日本跟客户沟通，直到问题解决为止。

在去日本之前,她就准备好了100多页的问题分析报告。到了会议室后,日本客户说他们欧洲客户有投诉,然后很严肃地打开了PPT,介绍了客户抱怨的问题,质问我们准备怎么处理。这时小田打开已准备好的资料,非常沉稳地做了质量分析报告。

日本客户听取了小田的分析报告后对我们的回答非常满意。小田的分析报告不但非常全面,而且有理有据,客户发现根本问题并不是由于我方的失职造成的,于是日本客户就到上海工厂进一步确认小田分析报告中的问题和原因。

就这样小田一行人往返日本多次,每次都把更新的质量分析报告带到日本,最后双方花了一年多的时间协商处理好了此事。通过合作解决这次投诉,日本客户对我们团队非常认可,他们认为我们很专业,是有能力和有诚信的团队。

质量部门是企业管理不可或缺的一分子,在解决质量问题时,我们和长期共事的同事也时常会产生冲突、摩擦,有时甚至会有欺骗、隐瞒事实等情况。冲突并不可怕,如果管理团队在议题的讨论上都没有冲突,决策质量就会下降,无法真正解决问题。

正如苹果计算机创办人乔布斯所言:"如果每个人都要去旧金山,那么,花许多时间争执走哪条路并不是问题。但如果有人要去旧金山,有人要去圣地亚哥,这样的争执就很浪费时间了。"所以关键在于要为团队创建共同的目标,然后一起努力,就算有争执也没关系,因为方向是一致的。

第六节　促进零件供应厂商发生蜕变

供应商与客户是共生关系,是供应链上的不同节点,共生、共赢是供应商和客户的共同目标,只有同心协力,企业才能做大、做强。企业经营有诸多目标,赚钱只是其中一项。一个伟大的公司当然也需要赚钱,但是光会赚钱的企业不是伟大的。

如果企业只管自己赚钱,这样的企业往往初期可能会获利,但到了一定阶段,必然无法获得客户或供应商的信任,也就无法被广泛认可。好比我们选择商品,在挑选两种同类产品时,更多考虑的是材料和零件是否可靠,所以有效的供应链管理是提高企业生产效率,使企业盈利的重要环节。

影响供应厂商进步

什么样的供应商更能获得客户的认可?供应商规模、实力不在于大小,只要能够服务好客户,愿意优化和改变现状,跟上客户的步伐,就是市场需要的供应商。

供应商并非只是为了赚钱,也是帮助企业赚钱的伙伴,是最终结果的主要保障。企业与供应商风雨同舟、共同发展,才能创造更大的价值。那些世界级的汽车公司,供应链是非常健康的,供应商几乎是与其共同发展的伙伴,因此客户非常愿意选择这样的品牌商品。

我们初到上海创业期间,为了寻求更适合的汽车零配件供应商,我们公司付出了很多的努力。在那之前,一些我们熟悉的零件供应厂商,一直做的是摩托车配件产品的零件。那些供应商在和我们长期合作的过程中,由于我们有诚意的帮助和严格要求,零件质量和价格在行业当中非常有竞争力。

那时,我们每年都要召开摩托车零件供应厂商大会,总结一年的供货质量、存在的问题,预测行业未来发展形势,还要进行评优并颁发奖状。那些熟悉又优秀的供应厂商非常了解我们的运作模式,因为他们的成长也离不开我们的培养和推进,所以,大家保持了长期的合作关系。

上海的合资公司最初每年也召开汽车配件供应厂商大会，我们也会邀请摩托车配件厂商来参加会议。每年的总结会议，对一部分摩托车供应商起到了激励作用，有些摩托车零件供应厂商愿意进步，愿意蜕变成为汽车配件的供应商。

这些供应厂商讲诚信，有一定的竞争力，关键是能很好地配合客户，追求进步，学习新的管理知识，满足客户更高的质量、技术要求，这当然是可以合作的对象。

我们深圳公司在流动资金不足的时候，延迟支付货款，他们也理解，支持我们度过了暂时的难关。他们是我们最可以信赖的供应厂商。但是摩托车配件与汽车配件的质量标准不同，质量管理体系也不一样，他们想要成为我们汽车配件的零件厂商，还有很多路要走。

其实，我们也是从做摩托车配件慢慢蜕变为做汽车配件的，我们原来的供应商非常清楚我们的转变过程。

在我们影响下，有些供应厂商直接向我们表态："无论你们怎么要求，我们都配合，只希望给我们做汽车配件的机会。"我们质疑地问："你们真的愿意改变？"他们回答十分热情且肯定："我们愿意！"我们非常欢迎他们这样的表态，毕竟一起合作这么长的时间，彼此很了解，合作也有一定的默契，所以，我们真心希望这些供应厂商能够成长为我们需要的汽车零件供应厂。

促进供应厂商蜕变

为了帮助这些供应厂商，我们公司由采购部门牵头，质量部门配合，专门成立了推进小组。因为要进入汽车配套的零件体系，必须先具备汽车行业配套资格，所以，我们推进小组人员经常蹲点在供应厂商那里，采取以点带面的方法培训供应商，帮助他们建立汽车行业的质量思维和质量流程,同时也指导具体的操作,比如编制管理文件、现场管理方法,从而帮助他们初步建立了质量管理体系。

我们非常明确地要求他们划分汽车零件生产区域,对汽车零件进行单独管理,不允许与摩托车配件区域混同。最让我们感到欣慰的是,有的供应厂商为此还新修了厂房,专为加工汽车配件使用。

我们推进小组的成员不辞劳苦、兢兢业业地从原材料、零件入库到管理库房、区别标识和掌握先进先出的管理方法,还有现场设备改进及质量管理体系方面的要求,以及在加工零件时的过程质量控制要求等,协助他们进行了一系列的培训和整改。

我们同时要求他们请 ISO/TS16949 汽车体系第三方认证机构进场,争取一年的时间达到体系认证。通过一年多的推进,供应厂商真的蜕变为汽车零件的供应厂商了。

虽然我们付出了很多努力,但是能看见他们成为我们可信任以及长期合作的供应厂商,我们非常有成就感,当然供应厂商因为得到重生的机会,比我们更开心。供应商在我们推进和帮助下,主动改变,开拓新的领域,最终达到了求发展的目的。

企业与供应商一起工作,可以让双方更好地了解彼此的内部运作方式,调整自己,更好地适应对方,从而进一步提高效率和运营优势。

事实上,我们作为供应商时也接触到各个不同国家的客户,也体验到客户对我们的帮助,有的客户甚至比我们做得更好。我们在客户那里学习管理,包括对知识产权的重视和保护,对人才的重视和培养,使得我们在汽车配件行业里得到一席之地并得到了发展,创造出了真正双赢的结果。

我们作为一级配套企业,践行上游企业带动下游企业进步发展的作风,尤其是带领一批中国本土零部件企业共同做大做强。令人感到欣慰的是,由于供应厂商不断成长,他们不仅给我们供货,还给更多汽车配套厂家供货。看到他们的发展和成就,我们为自己有幸成为民族工业发展的助力者之一而深感自豪。

在商业中,把供应商当作合作伙伴的企业还是不多,大型企业由于处于绝对的优势地位,掌握订单、资金等命脉,导致企业与供应商之间的关系失衡。但这个世界没有绝对的买方或者卖方市场,随着环境的变化,任何产品都有可能成为市场的宠儿。

一个志在长久发展的企业,必定诚实而且公平地对待它的供应商,分享与之相匹配的设备、技术和经验,不断探讨品质、数量和交期上的要求。企业要聆听供应商的声音,询问他们的期望,比达成一纸合同的协议更难的是引领整个供应链的发展。供应商与客户之间的合作,是在整个价值链中共同寻求提高效率的途径,而不是局限于各自的领域。每一次的合作都藏着未来的机遇,只有关注彼此合作能创造的最大价值和方向,企业才能够拓宽未来的发展空间。

第七节　销售人才是如何成长起来的

在激烈的市场竞争中,销售团队是企业的核心人才之一,他们的能力对企业的发展至关重要。所以企业要关心好、管理好他们,特别对其中的核心关键人员,要建立适合的激励机制,最大限度地激发出他们在企业发展中的力量。

我们合资公司成立后,在技术开发方面争取到了德国、美国公司的支持,合资公司逐项建立先进生产设备和生产线,进一步完善质量管理体系,基本保障了公司的顺利运行,这让销售团队在争取客户项目时如虎添翼。

勤奋好学敬业爱岗

为了适应合资公司发展，增强销售团队的力量，销售部设立了国际部和国内部。国际部选拔和招聘了英语比较好的员工，负责所有国外项目的争取和管理；国内部则负责中国市场的开拓和管理，他们精诚团结，努力工作，在比拼和竞争中，公司业务蒸蒸日上。

两个部门既有分工也有合作，信息互通有无，在某些项目上还能抓住合作的机遇，比如，当得知我们的客户需要国产化零件时，国内部抓住信息，及时主动联系客户，做好沟通。国际部则与美国公司交涉联系，希望美国公司提供技术或者配合项目转移工作。

两个部门这样的合作模式给公司争取了很多项目机会，公司销售额每年以 30％ 的速度递增。在不断增长的业务和工作要求下，销售团队的每一个人都得到了锻炼，我最想讲的是他们个人成长的故事。

国内部销售负责人的成长历程最让我感到欣慰。他本是公司的一名驾驶员，有一天他开车送我外出时，提出想做销售工作的想法。我先是非常诧异，不过还是仔细地问他为何想做销售。他有些激动地说，他不但会开车、修车，而且对车一直都非常感兴趣，所以对各种车型、行情都比较关注和了解。他非常喜欢与人打交道，相信自己有做好销售工作的基础，希望公司给他一个机会。

他简单朴实的理由让我陷入沉思。那时公司成立不久，最需要的就是有能力的销售人员，既然他有这个愿望和工作热情，为何不给双方一个机会呢？于是，经过考评，综合他平日工作表现，我们同意他转岗为销售人员。

他也确实不负众望，很快就从销售团队中脱颖而出，他的销售能力和学习能力得到了大家的认可。合资公司的一位大客户经理离职以后，他就接替上去，也很快上手了，与客户的相关负责人快速建立了联系，而且相处得还不错，为争取国产化项目做出了亮眼的成绩。

拿下一个项目是不容易的，客户管理的环节比较多。他经常带我们的相关领导去拜访客户的相关部门，让项目的取得少走了很多弯路。正是因为他提前做了调研和沟通，所以其他同事工作起来就比较顺利。

不久，他顺利地被提拔为销售部长。担任部长后，他也没有停止学习，经常和客户探讨汽车相关知识，向他们学习质量管理体系的要求。他虚心、诚恳的态度更是取得了客户的信任，客户也更加支持他的工作，所以他的销售工作开展起来就愈发顺利。

其实，勤奋好学、敬业爱岗不只是加班加点、任劳任怨，而是把自己的工作当作一种人生体验。在他的影响下，我们的销售人员依靠团队的力量、集体的智慧，都发挥出了自己最好的一面。

持续的收获就是团队的成长

团队合作是企业获得成功的保证，而团队内每一个人的成长，都与团队成长产生连接。没有好的团队成长氛围，也就不可能有个人的成长。销售部门招聘的应届毕业大学生，在公司创业过程中历练，虚心学习，也一个个成为国际部的销售能手。

这些年轻人就是公司的人才，他们受公司氛围的影响，拼搏敬业，即便有时差问题，也不辞辛苦，下班后与国外客户开会讨论项目问题。作为公司领导，我们深知人才的重要性，所以非常关心他们的成长，也经常提醒他们要注意身体，由于他们工作主动、努力，公司出口业务发展稳定，出口占比逐渐超过了国内销售。

在我看来，传统的管理通常是对员工工作成绩进行管理，只关心员工行为，对工作任务、劳动生产效率的影响，对员工的追求和愿望没有引起足够关心，管理目的在于保证工作能完成。这在一定程度上将员工当作流水线上的消耗品。

我们企业推崇的是将管理从以工作为中心转向以人为中心，关注员工的价值形态，管理的目的在于员工价值的实现。企业要创造一个适宜的环境和条件，员工能自由充分地发挥潜力和才能，这样才是将人本管理真正落到了实处。

后来，美国总部想在中国招聘销售总监，希望我们推荐人才，我们就把国际部表现特别优秀的销售人员推荐给了美国总部。总部接触了推荐人员后，非常欣赏他的品质和能力。一位年轻而工作不久的大学毕业生，就这样被美国公司聘为驻中国的销售总监，待遇自然是提高了不少。他负责管理中国合资公司销售和项目事宜，对我们中美各方的业务合作也起到了推动作用。

我们给总部推荐人才，不设置过多门槛，主要看工作表现。国际部还有一位项目管理者，她长期与法国工厂联系，因工作结缘了法国公司一名质量工程师，并走进了婚姻殿堂。出于对员工的爱护，在我们知悉他们建立恋爱关系后，帮助她调去法国公司工作，如今他们已是四口之家，过得非常幸福。

依据马斯洛的需求层次理论，人类的需要从低级到高级有多个层次，形如金字塔。当低级的生理需要得到满足，高级的心理需求就会突显出来。在工作中，员工的任何一个层次的需求都要有相应的举措来实现。想员工所想，做员工所盼，这样的人文关怀才能够打造一支有凝聚力的队伍。

销售团队的成长，体现了团结拼搏、求实奉献的精神。他们取得的成绩证明了销售团队在搭建公司与客户桥梁方面起到了应有的作用，合资公司销售额逐年增长也证明了人才在集团内的流动为我们创造的价值。

我们公司具备这样一个稳定的平台，既培养人才，又输出了人才。这种乐于分享资源的行为，也得到了美国合作方的赞扬和支持。其实，美国公司把他们原本出口的项目转移给我们进行国产化，支持我们到各个国家的内部公司学习考察，也是对我们最大的回报，双方形成了友好互利的合作模式。

俗话说有舍才有得，培养员工是企业最好的投资，就像 Costco（开市客）总裁辛内加尔所言："只要你对员工好，你就会拥有高素质的员工和较高的生产力。"只有员工进步了，企业的产品和服务才会有进步，才能向前发展。对企业来说，真正持续的收获就是团队的成长，这便是贝尼斯定理：员工培训是企业风险最小，且收益最大的战略型投资。

第八节　企业能够走多远取决于文化

1990 年，我们还在探讨 CI 战略（企业识别战略），而至 1995 年，企业文化就成了企业管理的主题词之一，并一直蔓延至今。大多数经营者愈来愈相信，企业能否取得成功和发展与企业文化是否具有活力有很大的关系。

一个企业的成功都是由创业者的哲学思想所决定的。思想和哲学的高度与深度决定了企业的力量和潜质，也就是说企业文化的思想和高度是决定企业能走多远的一个决定因素。企业要做大做强，走得远，就必须要有一些自己的坚持在里面，这样企业在未来面向挑战和危机时，才能同心同德去战胜困难。

什么是企业文化？在公司经营中，也许我们常会碰到这样的现象：两个企业，他们拥有的资源相同，员工的学历、工作能力也相似，但在绩效上，却有着截然不同的结果。

企业文化能够解释这种现象，即在制度、策略、组织之外，企业内部还存在着一种价值体系和行为模式，它能使员工工作心情愉快,或使员工个性充分发展,从而取得成功。

俗话说:"人生不如意,十事恒八九。"每个创业的过程都不是一帆风顺的,但压力可以变成动力,通过与困难作斗争的过程,我们的心性和能力才得到了磨炼和提高。如果没有任何信念和理念支撑,企业是很脆弱的,也是走不远的。

我们公司的企业文化

文化因素无处不在。企业文化是企业全体员工共有的价值观念和行为准则,包括企业领导和员工的文化素质和文化行为,企业中有关文化建设的措施、组织、制度等。在实践中,落实到每个企业的具体行为上,存在一定差异,比如企业中不成文的习惯、员工的绩效考核、对员工生活上的关怀,以及公司组织的各种形式的员工活动等。

我理解的企业文化是一个公司的精神支柱,特别是创业者处理事情采取的取舍以及奖惩的标准。它包含非常丰富的内容,其核心就是企业的使命、愿景、价值观,时刻把质量和安全放在首位,做好企业品牌,诚信经营思想,以及不断开拓创新的精神。

从创业开始,我们就基本形成了以董事长的思想为导向,推行求实、至善、以人为本的企业文化,向优秀企业学习。特别是我们与美国公司合资以后,学习的目标更为清晰了,即吸取美国方集团公司适用的管理方法,不断壮大自己。

我们的企业文化是推崇"以人为本"的思想;引导员工坚持团结、拼搏、求实、创新的企业精神;做行业内先进技术的产品,追求进步,让企业能持续发展;核心价值就是,诚信经营、坚持产品质量第一、做好客户服务、让客户满意。

企业就像一个磁场,如果创业者以及公司的环境充满了正能量,落后的员工也会慢慢被带动追求进步;如果公司的环境磁场充满了负能量,再好的员工也会慢慢被腐蚀,变为不守规矩的员工,这时员工就会做出相应的选择,要么改变自己,要么离开这个磁场。这个磁场就是企业的文化。

让我感到欣慰的是,公司有部分骨干员工一直跟随我们,即使我们遇到任何困难也不离不弃,这是什么力量能让他们留下来呢?我们企业文化的魅力功不可没。这部分骨干员工,始终对我们保持信任的态度,勇担责任,为公司的发展做出了巨大的贡献。

其实,公司在创业最初几年,提供的工资和福利待遇并不高,特别是在创业的头两年,非常的艰难,工作量大,要经常加班才能完成工作,但是大家秉持和企业共成长的原则,相信领头的创始人能给他们带来更好的未来,骨干员工们坚持了下来,公司也一路走到了今天。

所以,企业文化非常重要,能长期在公司工作的员工,一定是公司文化在起着影响。好的企业文化像一根纽带,一方面能提升企业管理能力、增强企业凝聚力,另一方面给员工带来安全感和归属感。

为什么要重视企业文化

西方学者认为企业文化有一个关键因素:英雄人物。英雄人物作为一种活生生的样板,以生动具体的形象体现本企业文化的精髓,把抽象层面的文化内涵具体化,对企业文化的塑造与强化起着重要的作用。

企业文化不是拿来装点门面,老板文化也不是企业文化。它必须是符合企业持续发展所需要的,是最科学、最合理、具有适合本企业风格的文化。它必须旗帜鲜明地表明企业提倡什么,反对什么,目标是什么。成为企业文化中"英雄人物"的,应该是每个员工。

一个公司规范的管理和制度是极其重要的。我们公司员工从进入大门便有正规的保安迎接和打卡入内,虽是一项小的制度,却给人以正规的印象和安全感;在不同季节,员工按规定穿工作服,也有助于员工很快进入工作状态。

在工作方面,我们是非常强调计划性的。公司有全年预算、月度计划、周计划、日计划,还有按小时计算产出的计划。总之,各部门、各车间、各班组负责人都会按计划管理,员工也非常认同并坚持执行。我发现,越是管理得严格,计划性越是强,越能受到员工的支持。因为它会创造一个良性循环的环境,考核更显公平和透明,对有责任心和努力工作的员工是一种奖励,这样员工在学习和工作上就有了努力的方向。

企业的发展方向一定要很清晰,要让各级员工知道,自己未来会在一个什么样的企业里工作,能学习到什么? 自己要掌握多少技能,才能与之相匹配。这些都是构建企业文化、提升凝聚力非常重要的环节。目标清晰了,公司所有的行事、行为就有了方向,员工也有了学习、追求的方向。

我们公司之所以能够长久发展,也是因为我们推崇的企业文化符合企业发展的规律。以人为本的思想是我们公司一贯坚持的原则,即要尊重员工,又要管好员工,用科学的方法建立起合理有效的评价机制。

企业要行稳致远,就必须重视和鼓励创新,要奖励提出合理化建议的人,无论是公司的工艺改造、生产环节,还是各项管理都要保有以人为本的思想,尽量让员工轻松愉快地工作,又积极地提出整改意见,以创新谋发展,以创新求发展。

为了丰富员工的精神文化生活,我们以工会牵头,加强对员工的关怀,主动为员工着想,关心解决好员工在生活方面的困难,尽量减轻员工生活、精神上的压力,定期开展丰富的企业活动,提升员工的满意度和正能量,从而达到提升企业凝聚力,促进生产力发展的作用。

员工是否愿意跟随企业,跟公司推崇的文化有非常大的关系。它对外展示企业形象,对内增强企业的凝聚力,也彰显企业基本的发展理念。这样,企业的文化和凝聚力一起构建了企业的核心竞争力,让企业稳定地发展。

第六章

危机处理与决策原则

第一节　变动频繁的总部人事，给我们带来危机

上海合资公司已运行了 5 年，在合资双方相互信任的基础上，公司取得了很好的成绩，但就在这个时候，我们发现美国汽车集团总部的高层领导人事变动频繁，这给我们带来了一些危机感。

美国集团公司是一个很强劲的上市公司，他们对各分部的集团总裁都有严格的预算指标考核。其实我们对总部的人事变动了解甚少，只是认为没有很好地完成预算指标而做出人事调整，但人事变动把我们与总部长期友好的关系打乱了，让我们有一种不稳定感。

变动使我们居安思危

企业在经营过程中总会遇到突如其来的事情以及不确定因素，这些都有可能阻碍企业目标实现，特别是管理人员的离职，给企业造成的有可能是经营观念的断层，使企业无法有效地展开工作。所以美国总部高层领导人事变动频繁引起了我们的思考，它对我们未来发展有多大影响呢？ 特别是我们中方董事长非常关注此事。

图 6-1　危机处理与决策能力

中方董事长经常说:"我们不能只想好事,时刻要有居安思危的意识。"其实对创业者而言,危机意识是企业长期稳定发展的保证。这与孟子提倡的"生于忧患,死于安乐"是一样的道理,即要有危机意识。

这种极不稳定的状态也是对企业的考验,虽然那时我们合资公司正处于兴旺的时候,但董事长总是提醒我们要有危机意识。古人云:"满招损,谦受益。"保持谦德之心,不骄不躁,踏实做好自己的工作。

我们非常不希望美国方高层变动频繁,但又不得不接受这个事实。为什么直接负责管理我们的集团领导要频繁变化?我们一直没有很清晰的答案,这让我们也不断地反思,我们真的了解总部意图吗?一个什么样的目的才是他们要的结果?抑或我们的执行力是否有偏差。

由于信息不畅通，我们更多的是依靠博士与美国总部沟通。博士是美国方代表，他既懂外国的文化，又懂中国的文化，非常擅长在合资双方之间沟通，起到桥梁的作用。特别是双方都不了解对方情况的时候，都喜欢与他沟通，他也乐在其中。

我们时常通过博士了解一些情况，但他给我们的信息也是有限的，博士说："总部的事情比较复杂，各种因素都有，预算指标完成不好是主要原因。"不容置疑，合资企业的合作，双方的沟通非常重要。

当时，我们与美国方合作，最大的遗憾是因为语言能力问题，不能与美国方随时直接沟通。再加上总部的人事变动频繁，我们对博士的依赖就更大了，只有通过他才能了解更多的情况。

赫伯特·西蒙曾经提出"没有沟通，管理过程就不会影响个人决定"。即便是在日常管理中，沟通渠道单一、缺乏沟通管理体系和组织结构也会带来信息传递失真、决策效率降低等问题，严重影响企业运转。而在当下不稳定、不确定、复杂、模糊的商业格局中，有效的信息传递是提高企业整体运行能力的保障。

在沟通渠道单一的情况下，如果这个渠道能促成合资双方相互理解和信任，也能起到作为桥梁应有的作用。但从长远来看，靠某个人在中间作为沟通渠道，对合作双方有一定弊端，合作双方如果直接友好沟通，又有很好的中间人协调，更有利于把合资企业的事业做强，所以合资企业一定要搭建好这个沟通的渠道。

第二节　西部成立新的合资公司，给我方带来危机

2006年，全国乘用车的产销量才几百万辆，所以我们合资公

司对接的客户项目是非常有限的。因为汽车零配件行业的各细分领域都有适合自己服务的对象，所以竞争非常激烈。

在这有限的市场范围里，我们合资公司尽可能地抓住美国总部带给我们的机会，公司业务一直发展得比较顺利，还取得了辉煌的成绩。

俗话说："水满则溢，月满则亏。"企业越是兴旺越要有风险意识。就在我们合资公司快速发展的好时期，美国总部又在中国西部与另外一家民营企业成立了一家合资企业，这无疑给我们未来的发展带来了新的挑战。

本来就不大的"蛋糕"被分走了一块

美国方在中国西部新成立合资公司后，加强了对中国事务的管理，增派了一位负责中国事务的总监。据博士介绍，新总监是美国方汽车踏板厂的工程师，也是美籍华人，他是被现任总裁点名聘用的。

本来美国集团公司高层人事变动频繁，已经让我们与美国总部在沟通和支持上受到了一些影响，现在又增加了一位中国事务协调总监，这对我们与美国总部沟通更是增加了障碍。

我当时满脑子的疑问是，对于中国市场，美国总部到底是什么策略？中国合资企业已经有一位博士在负责，为什么还要增加一位协调人？他们的职责范围和关系是什么？我意识到，今后可能有更多不确定的事情发生。

那时，美国集团在中国已经有5家合资公司了，但美国方派来的代表特别频繁访问我们公司，却很少去其他几家企业。在这个问题上，我预感到不是太好，因为我们不是和真正的股东对话，而是与两个协调人对话，稍有不慎，就会造成不好的影响。

我们在公司总经理的引领下，谨慎行事，非常团结。他讲："你们不要想得太多,总部肯定有自己的规划和安排,只需认真做好自己的工作。"他静而不争的态度,像一根定海神针,让我们安心了很多。

博士非常积极地促成了新合资公司的成立,但总部又派来一位代表,这不是给博士新增一个竞争对手吗?我认为做任何事情,都应该适可而止,就是做到适当程度就停下来,才是恰到好处。

新总监是做工程的,博士是做学术研究的,美国总部派一文、一武两个代表来中国,是要大力推动在中国的事业吗?我那时看不清总部真正的意图。

不久,博士被任命为亚太总裁,调往汽车集团在日本伊那的合资公司工作,要在日本住半年。这期间,中国事务方面的协调基本上都是由新总监负责。虽然他临时全面负责中国事务的协调,但他几乎只关心西部新合资公司的事情,很少关心我们上海合资公司的业务发展,与我们沟通甚少。

总监原来是美国踏板厂的工程师,所以他只对我们出口给美国踏板公司的零件感兴趣。为了让新公司尽快地发展起来,他协调让我们多支持西部新公司,他希望我们把踏板项目转给新公司,还希望我们把重庆福特的业务也转给新公司。

为了让新公司尽快发展,他们硬把本不大的蛋糕分走一块。其实,对已经争取到的出口项目和重庆福特项目,我们团队特别有成就感,突然让我们转出去,我们的销售团队和员工肯定是很有意见的。

业务项目是制造企业发展的基础,是股东双方的利益,这样的调整,使我们合资公司项目遭受了出乎意料的损失,给我们在经营过程中带来了很多负面的影响,甚至让我们有一种危机感。这时,我们非常希望能与外方股东直接沟通,但我们又意识到与美国方沟通存在很多阻力,所以我们只能选择先冷静下来,去解决眼前最迫切的难题。

在危机中坚持初心赢得支持

美国公司在中国西部设立新合资公司,已打乱了我们扩张西部市场的步伐。在这错综复杂的情况下,总经理的定力让我佩服不已。他说:"良好的企业形象是企业安身立命之本。"他沉着冷静,果断采取了措施,为了不影响公司其他工作和信誉,他派我到西部新公司去洽谈转让事宜。

我去了西部新合资公司总经理的办公室,新总监当时也在场,他们非常希望我能签下这个转让协议。他们表示福特的项目还是由上海合资公司做,由新公司对接客户和负责物流,也就是说,我们把产品提供给新公司,新公司再供给客户。我知道,这种"游戏"规则会让我们失去市场的。

此时我们与外方股东良好沟通的桥梁已被暂时中断了,我们不想被这些事情所干扰,只想集中精力做好自己公司的事业发展。其实,帮助一下西部新公司又何妨,所以我代表公司很快就把协议签了。

同时我也在想,一个企业做好了固然是好事,但是也会引来很多麻烦,这是我们要思考和注意的。那时我们员工很不理解,特别是销售部门,所以我们还要做好他们的思想工作,教育员工也要向德国公司学习,正是他们帮助了我们成长,所以我们也要帮助他人。

此时,我们公司正处在欣欣向荣的时期,在很多项目上都有出口产品,国内市场每年都有新的项目在开发,也需要总部的支持。所以我们要求全体员工尽快调整好心态,把现有的业务工作抓好,做好成本控制和质量管理,增强市场竞争能力,让我们的国内外客户满意。

对于新成立的西部合资公司，我们抱着在竞争中合作的态度，做出了一些"牺牲"，放弃了部分市场，最后，新的合资公司在大家的支持下，也有了一片"蓝天"。半年后博士从日本回来，新公司的业务已有了很大的起色，他们两位代表也经常去新公司访问指导。在我看来，对于这样的局面，两个代表是满意的，因为他们在总部也有成绩可以汇报了。

从这次危机中，我们清楚地知道，根本不可能阻挡美国总部的决策。他们把博士调离，又调来一位新人协调，我们都无法左右这些安排。不过由于我们没有因此自乱阵脚，继续保持了在美国总部那里的良好形象，除西部项目有点儿损失外，其他出口项目没有受到任何损失，而且外方还加大了对我们的支持。

在这种情况下，公司整个团队的团结、诚信是最重要的，我们以乐观的态度，一如既往地与总部保持高频的沟通，美国总部也会客观对比各个公司的管理和业绩情况。在我们团队共同努力下，美国总部还是一直看好上海合资公司的发展。

因为我们有多国的客户关系，发展的市场和产品空间也是多元的，我们公司既能很好地发展自己，又能顾全大局、实事求是地与总部保持良好的关系，所以最终还是赢得了美国总部的大力支持，使我们合资公司得以稳定地发展。其实危机能使企业变得更加成熟，同时也是一次思维提升和自我突破。

第三节　我们被美国方"卖了"，公司面临重大抉择

2006年年底，合资公司的业务发展到历史最好水平，公司的一切工作都在顺风顺水地稳步运行，无论哪方面的进展都非常好。我们与美国方合资的两个公司正大踏步地稳定前行，全年销售额

已达到了预期,其中出口项目也非常稳定。

两个合资公司的团队都信心百倍,工作努力向上,但就在这个时候,不幸的事情发生了,美国总部换了新的总裁,开始频繁地人事调整,让我们感到不安。

新上任的领导不像是做经营管理的人才,更像是做思想工作的。因为新领导到了上海合资公司后,喜欢与相关人交换意见。当时美国总部在中国的代表已经非常多了,有博士、有财务总监、有技术中心、有销售总负责,新的领导不关心公司具体项目和管理,更多的是了解公司情况。

有的信息只会让他的代表们先知道,我们的角色是做好工厂内部的事,所以我们关心的是项目,是企业未来的发展问题。他截然不同的访问方式,让我们有些惴惴不安。不过我们还是尽量调整好自己的情绪,积极工作,不想让公司员工受到影响。

不能接受合资公司要被卖

美国总部有些异常的行为,让我预感可能又有大的动作了,我非常希望这样的日子能够尽快过去,让公司的一切能回到正常运作的轨道。在这不寻常的日子里,我能感觉到公司总经理和博士也都心事重重。总经理还特别请博士多与美国公司保持沟通,以便及时了解情况,博士也答应会及时跟进。

不久,中国几家合资公司的总经理都被邀请到美国总部开会。当他们回国后,总经理告诉我们,美国集团公司召集的会议内容非常简单,就是了解一下各公司的经营情况,会后还给每位总经理分别送了一个奇特的礼品。

为什么说奇特呢?原来美国集团的董事长给每位总经理送了一个手铐。我们对美国方赠送这样奇怪的礼物都感到不可思议。之后不久,我们接到美国集团的董事长要到中国来考察的消息。

实际上,我们合资几年了,美国股东方的大老板还是第一次来中国,这让我们感到极为不正常。

紧接着在 2007 年年初,一个始料不及的信息来了,美国方传来通知:因为大集团要转型到新业务,美国集团董事会决定把整个汽车集团打包出售。我们听到这个信息,就好比遭到晴天霹雳一样,都不愿相信。难道那个奇特的礼物就是提醒汽车集团在世界各国的总经理接受这个被售卖的事实,不要搞破坏?

我和总经理依然接受不了这个决定,不相信这个信息,于是总经理赶紧给另外几个公司总经理打电话询问情况,对方都回答说从总部收到了同样的信息。他们跟我们的心情一样,都有点儿接受不了,也都想了解其背后的原因。

中国合资企业的几个总经理就推荐由我们公司总经理牵头,一起与美国方洽谈。通过博士的沟通,美国方派代表来到中国,并要求几个公司的总经理到上海来一起当面沟通。

博士按美国方的意见在上海一家酒店预订了会议室,参加人员有各公司总经理,我也全程参与了。各公司总经理与美国方代表交流了很长时间,交流明显不像平日那样和谐,会议气氛比较紧张。

交流的总体结论是,美国方很肯定:"我们董事会已经决定了,要卖掉汽车集团。如果你们想好了,可以跟我们美国方商谈,你们在合资公司的股份可以先卖给我们美国方;如果不同意,就同汽车集团一起卖给下家。给大家的考虑期是有时间期限的。"

总经理们在交流会议上还问了很多问题,美国方都做了解答。我听了双方的提问和回答,认为美国方的意见是非常明确的,我们只能在给出的选项中做出抉择。

我们与美国方签署的是 20 年的合同,合作才 7 年,我们还在蜜月期,突然要分离了,真让大家不能接受。但是,我们从内心还是非常感谢美国公司一直对我们的信任，让彼此都有了沟通的条件，双方关系和谐，让我们在那几年增长了见识，学习了很多知识，投资也得到了增值，在这一点上我们又是幸运者。

调整心态同意卖出股权

中国几个合资公司的总经理都意识到，与美国方再谈下去也没意义，就各自回到自己公司，考虑接下来的打算。这期间美国方代表一直住在上海，他们更多的时间是在做我们的工作，因为我们是几个合资企业中最有代表性的。

我们在上海有两个合资公司，美国方的代表最希望我们与他们协商好后就立即签署协议，美国方代表建议我们找律师和会计师事务所。于是我们一面请会计师事务所为我们评估企业的价值和未分配利润，另一面我们自己也在评估各种选项的利弊。

我们分析下来，如果不卖股份，现在的市场很难深度发展，因为好多市场都与美国公司的关系连在一起，没有他们的支持，我们很难保证能有稳定的市场。我们不清楚新东家的市场情况，更不清楚他们是否还像美国方那样一直信任、支持我们。

我们创业成立公司的初衷就是求发展，不只是合资企业的发展，还有自身的发展，现在虽然被美国方逼着卖合资企业股份，从我们中方公司长远的发展来看不一定是坏事，或许它也给了我们重新调整战略目标的机会。

通过我们中方董事会的充分讨论和分析，董事长说："如果不卖，我们未来市场发展不明朗，还很有可能萎缩，骨干团队人员的前途更不明确。"大家表示同意，同时也意识到：我们又要面临重新创业了。

董事长总是比大伙儿站得高、看得远，他语重心长却又铿锵有力地说："一个公司需要致力于不断提高自己，有时候甚至需要彻底的改变,如果做不到这一点,就有可能被淘汰。再好的目标在实际操作过程中,都会有许多难以预料的情况发生,但是,我们要把坏事变成好事,重新调整未来的目标,让公司更稳定的发展。"

在董事长的分析指引下,经过商议,董事会成员一致决议将我们中方的股份卖给美国方。美国方代表得知我们的决定后非常高兴,立即给美国集团公司的董事长打电话,转告我们的决定。美国总部非常赞扬代表们在中国取得的成绩,毕竟这是他们想要的结果,是符合他们战略方向的。

这样我们就与美国方代表正式步入买卖谈判过程。双方通过友好洽谈,达成了认可的价格,很快就签订了协议文件。

代表们把双方的意见带回美国让律师整理成一本很厚的正式协议文件,双方签好字后,我们就把股权正式卖给了美国方。不久,美国方就把汽车集团公司卖给了一家欧洲的公司。

在我看来,我们与美国合资的 7 年是成功的,最主要的原因是以相互信任为前提,我们虽然是小股东,但是美国方在经营方面非常信任我们,这是我们最大的工作动力。我们能在几年内让合资公司取得辉煌的成绩是美国方的信任和支持的结果。

我们与美国合资合作虽然有遗憾,但是美国方让我们中方公司成功地完成了第一次创业,让我们团队得以快速地进步和成长。我们非常感恩与美国公司的这次合作,它激励我们不断学习和改变自己。如果我们机械地重复那些曾给我们带来成功的事情,就不能创造今天的成绩。

第四节　含泪离开亲手培养的公司

美国集团公司成功收购了我们股份后,很快就把汽车集团卖给了欧洲的一家集团公司。接下来,我们公司内部也召开了各层级的员工会议,向大家说明公司将要发生的变化和原因,让大家有思想准备,确保公司移交顺利进行。

员工了解事情原委后都议论纷纷,惊讶之余,未来的不确定性让人忐忑,最担心的就是随着股权变更,他们会不会因被辞退而丢掉工作。由于是企业股东变化,新的股东也没有与我们直接沟通过此事,他们将以怎样的政策来接纳或处置原有的员工,我们也难以预测。

我们能做的就是安抚好员工情绪,做好思想工作,尽量减少对未知的恐慌,确保股权交易、工作移交在公司正常的经营生产活动中顺利进行。于是我们向员工耐心解释,因为企业是打包出售,公司转卖后,暂时不会改变生产的产品和经营业务,相信各环节的员工同以前一样认真对待工作是不会被辞退的。

我们还提醒员工,如果今后新管理班子会辞退一些员工,大家也要站好最后一班岗,要有职业道德,有了好的口碑,今后到其他公司应聘工作,才有可能被接收。

新的股东按自己的方式接管了公司

随着股权交易协议的签署,我们的身份发生了转变,不再是合资公司的股东,而是作为职业经理人暂时在公司工作。美国方总部可能考虑到交接的原因,就让我们的总经理,也是中方合伙人代表辞去职务,当时,我们为了稳定员工情绪,暂时没有向员工宣布。

总经理的离任事实上是给新的集团公司让位,他们很快就安排接管人员到达公司,直接接管了总经理的职责。他们接手后,立刻对我们的员工进行了摸底调查,整理好名单后分批辞退。他们行动迅速,没有与我们原有管理团队做任何沟通,只是每天通知人员到会议室面谈辞退事宜。

新股东的这些策略和行动，很明显是对我们原中方股东和管理团队的不信任，把我们放在了对立面，更不会与我们沟通相关的事情，武断地处理员工的去留。他们这种极其不负责任的、错误的做法让我非常心痛，因为这一定会造成公司内部的恐慌情绪，让员工和客户都没有安全感，对公司的稳定经营十分不利。

我认为员工的心态很重要，这是作为管理者应当要了解的，当企业的前景和发展方向不明朗时，单向的沟通、简单的自上而下的决策，会损害双方的信任、团队的凝聚力，降低员工对企业的忠诚度。

公司原总经理辞职后，我也是他们希望能尽快让位的人员，那是一个周二的早上，我还是正常到公司上班，刚到办公室不久，新的股东方代表就找我了，我心里知道这一天迟早会来的，虽然已经做好了思想准备，还是有些舍不得离开自己建立起来的公司和熟悉的环境。特别是同事之间有说有笑的场景时时浮现在眼前，让我感到特别的难受，这里的一切都让我非常的留恋。我含泪离开了公司，离开自己倾尽心力亲手培养起来的公司。在这之前，我从来都没有想过会以这种方式离开。

我们大部分员工都没有经历过这种"国际惯例"的裁人方式，每天都有人被毫不留情地通知到会议室谈话，然后必须马上离开公司，还没有被通知的人则心神不定，不知道明天"另外一只鞋"会不会就砸到了自己的头上，大家都忐忑不安。

以前的公司，全员上下是那样和谐、团结的一个集体，现在怎么一下就变成了无情、又令人恐慌的了呢？员工们非常不理解新股东的行为。

欧洲新股东派来的领导小组，工作"效率"非常高，在辞退策略上还动了心思，比如，巧妙地先辞退工会主席，接下来就是各部门的负责人，基本上所有的部长级别的员工都被辞退，这样就没有人能替员工们发言或者主张权益了。

通过观察和思考，我认为新股东接管团队、解决问题的方法跟美国人完全不一样。美国公司与我们合作首先采取的是信任，我们内心也想让他们坚信他们的信赖是没有错的，所以公司在我们的管理下，做得非常好。

而新的股东首先采取的是不信任态度，所以他们内心就没有打算与我们建立一个信赖关系，他们派来的人只知道辞退员工，不知道还有一条很好的沟通路让他们更顺利地接手公司。他们态度傲慢，压根不想了解我们之前的管理情况，更不想去搞懂，只想快速地把他们自己的一套方法直接搬过来使用。我对这种糟糕的处理方法感到特别的伤心和遗憾，这样的后果是独断专行、自以为是。

相互信赖是沟通和解决问题的基础

其实，我们转让股份给美国方，是我们自己决定的，与新的股东没有一点儿关系，我们没有理由不配合新股东来接管我们的公司。配合得好，对我们留下来的员工是有利的，只是他们没有给我们任何机会。

他们要精简人员，更换管理层，我们完全可以理解，为什么我们之间就不能建立起相互信赖的关系呢？而他们采取舍近求远的办法极大地伤害到了客户和员工，很多员工和客户并不完全知道真相，我们的信誉也同样受到了影响。

新的股东接管公司后，"空降"到公司的这批管理团队快速辞退员工导致人心不稳，这给他们自己留下了隐患，同时也给我们制造了很大麻烦。我们之前完全没有预料到他们这样的处理方法，所以我们没有做好足够的思想准备来应对。

我们承认，许多"空降兵"都受过较高的教育，有先进的管理理论与方法，然而事物具有特殊性，这些理论和方法并不完全适用，不做出相应调整和改良，企业发展状况可能会更加糟糕。

任何企业变革，员工不可避免面临着转岗或者被辞退的境地。正如飞机降落时如果没有安全的环境就有可能发生悲剧，在企业变革时没有适宜的工作环境、信任和支持，是很难安然度过磨合期的。

当我还陷在惊愕中，又被那突如其来的大量辞退员工问题所惊扰。我立刻打起精神，迎接新的工作。我们对被辞退的员工进行安抚，有的已到退休年龄，就清算回家了，给予一些照顾；有的还年轻又愿意跟随我们再创业的，就暂时协调到其他公司工作。

新的股东方还在辞退人员，正在这个时候合资公司员工因加班费用不公闹罢工了。无论怎么劝，员工也不肯回去上班，我们知

道后认为这样不好，会直接影响供货。这些客户都是我们建立起来，非常有感情，虽然我们离开了，但为客户服务的心永远不会变。

新的股东方实在没有办法了，就请我们总经理去帮助解决员工罢工的事情。这些员工对我们的总经理非常尊重，总经理给大家做了思想工作，才把这个事情解决了。

其实稳定员工是非常重要的，我们非常希望他们以信任的态度与我们沟通，这样才能真正地帮助他们，可是他们非但不与我们直接沟通，一旦被客户抱怨了，就拿我们当借口，客户开始还信，时间长了自然也清楚了。

他们只是买下了美国的公司，但是没有学到美国公司的管理方法。如果不了解美国公司的管理模式，就很难把买来的公司成功经营下去，事实上，美国公司是非常有管理能力的，把全球几十家企业管理得像一个公司一样，对此我们深有体会。

在美国总部协调下，我们去过美国方在各个国家的公司，那些公司由当地人管理，经营良好，对集团内的兄弟公司也给予大力支

持。可见美国股东方对当地合作伙伴的信任和管理方法是成功的,关键是美国集团公司有良好的沟通能力以及高水平的管理办法,很容易理清思路,解决问题。

这实际上是公司经营管理中的一种"德",古人云:"人所以立,信、知、勇也""人而无信,不知其可也""言不信者行不果"。企业和人一样,是靠信用、智慧、勇敢立足于社会,如果不讲信用,不知怎么立身处世,是无法取得好的结果的。

企业的发展绝对不可能凭借一个人的力量完成,它需要的是集体的智慧,而作为企业的领导者,就要成为集体智慧的开发者,让每一个有才能的人实现价值最大化。企业是靠良好的品德而非以势压人的霸道立于天下,在全球化的时代,超越人种、语言、历史和文化的障碍,才能打动不同国家的人心,才能获得信任和尊敬。

含泪离开我们亲手培养的公司

当我们在签字卖出公司股份前,我们做了很多的分析对比,我认为已做好了放下一切的准备,但当面临这残酷裁员的现实,我的心情既难受又无奈。我对公司的感情太深了,有太多的不舍、有太多值得回忆的奋斗历程。公司从无到有直到取得辉煌成绩,这一路我们付出了太多……

这个合资企业的成功发展是全体员工的骄傲,更是我们的骄傲,大家团结一致,不分昼夜地工作,使合资公司取得了非常好的成绩,所以,我们的员工都非常热爱公司,而大部分员工从创办公司的那一天起就加入,工作表现也非常好,从没有考虑过要离开公司。

面对突然被辞退离开,他们那诚惶诚恐的样子,我感到非常难堪和不忍。我们精心建立起来的国内外客户关系就这样失去了。

为了那些项目能成功，整个项目团队都是拼了命做事，现在却在一夜之间不得不全部放弃。

我那时不完全清楚离开深爱的合资公司会怎样，有很多客户、供应商和员工都认为，放弃这么好的公司是冲动，有人说："美国方在中国的另外几个合资公司都没有签字出售股权。"话中似乎饱含对我们的失望和埋怨之意。所以大多数的人在当时并不理解我们放弃合资公司的选择。

我们只能解释："我们公司的情况不同于其他几个合资公司，我们只能这样选择，对大家都好。"但是从情感上讲，面临离开自己亲手建立起来的公司，我们是真的万分不舍，还是伤心地流下了眼泪。

难道我们真的做错了吗？事实上，中国另外两个同样命运的合资公司也没有坚持多久就与新的股东分手了。我认为不是新股东不够好，合作就好比婚姻，选择适合自己的对象，才能和谐相处，共同发展进步。两颗同频共振的心才可以走得更远。

君子之道，企业之道，当守"仁和"。仁，是心怀善意，凡事从善良出发；和，即和睦、谦和。己欲立而立人，己欲达而达人。从集体利益的角度考虑问题，推己及人，同舟共济，才能实现创业的和谐氛围，就像一把琴上的不同琴弦，在同一旋律中震动，但彼此又保持独立。

创业这条路要有长期主义的思想，需要我们坚持，在与美国方合资的短短7年里，我们是幸运的、是成功的。所以，从客观和理性的角度看，我们的决定是正确的，所以，我们要做的是立刻打起精神思考我们集团公司未来长远的规划，安置好被辞退又愿意继续跟随我们的员工，未来我们会继续沿着正确的道路发展我们的公司。

第五节　把企业如商品运作刷新了我的认知

改革开放前,中国企业的运营模式是一种单纯的产品生产模式,挣的是"汗水钱";改革开放后,建立了商品生产运行模式,既抓生产又抓经营,挣的是"生意钱";而如今,我们见到了跨国经营中的资本运营思维——"钱生钱"。按照资本运营的思想,企业本身就是资本,资本运营质量成为决定企业竞争能力的显著标志。

在经营战略的选择上,企业必须按照市场的变化情况,由运营产品转向运营资本;由单纯靠产品保护企业安全转向多元产业保护;由多方寻求增加信贷资金转向首要解决资产闲置和三项资金运转滞缓问题;从寻求技术的尖端性及扩大技改投入转向提高资本流动的回报率;从"小而全"的生产组织转向社会寻求规模协作等,从而使生产要素组合最佳、产出最大、收益最丰。

把企业如商品运作带给我的思考

美国合作方把他们全球的汽车集团公司全部打包出售,引起了我的好奇和思考,或许也可以说是幸运,我亲身经历了这个过程。在当时的我看来,他们把全球那么多优秀的企业都卖了包括有他们创业时建立起来的公司和产品,有多年来一直跟随他们的优秀员工,特别是美国公司的老员工,真让人感到遗憾。

与此同时,随着美国汽车集团公司股权易主,我仿佛目睹到那些被一并出售的各企业的员工,昨天还属于美国企业,完成"签字"的那瞬间,就成为另一个国籍企业的员工了。所有被出售企业的关联员工,都会面临选择和被选择的问题。

现在回头看,新股东进入企业,员工就要快速融入新的管理理念和企业文化，适应新的方法和要求。与新的文化理念不相融的人选择离开，不失为一种好的选择，我现在已经可以完全理解了。

那时，美国方把公司当作商品运作，让我大开眼界，而他们在运作剥离汽车集团资产的同时，又用更多的资金收购兼并了一家医疗集团的资产，战略方向是把主推的医疗事业做大做强。事实上，也是无意中，借由这次股权变化，我们中方也和美国方一样，实现了一次股权的资本运作。后来我们体会到，我们这样顺势而为的操作特别明智。

什么是资本运作呢？就是把自身的各项资本进行科学性调动，使之创造新的财富，从而获得更大的资本增值或收益。之前我还纳闷，为什么在打包出售之前，他们反而积极地在中国成立新公司。现在我明白了，那就是让资本科学地运转起来，达到增值的目的。

亲身经历加上观察思考，美国方的这些运作，让我们在实践中学习到了相关的知识，同时也从中受益匪浅。在这之前，我们只想单纯地把一个公司做到最好、最辉煌，而美国方选择把部分公司在最辉煌时期出售，这使我看到了长盛不衰的公司是如何不断蜕变成功的。但是，真正成功运作却并非易事，这必须要有真正的实力，以及对全球经济准确的预判能力。

我们合作的美国方，不愧是全球化运作的大型集团上市公司，凡事高瞻远瞩。为了使集团公司资本增值，全方位掌握全球的金融和科技发展动态非常关键。他们在 2007 年运作完成汽车集团的出售，2008 年就发生了全球金融风暴。他们不但预测到汽车行业会因金融风暴受到影响，还预测到医疗行业的高科技项目会蓬勃发展，他们精准的预测能力可见一斑。

对创业者来说，最常思考的问题一定是"企业如何能做得更好"。这是一个没有止境的问题，既然我们能生产出一种受大众欢迎、持久盈利的畅销产品，为何不能用同样的思维去经营企业？

在这之前，我们对资本运作没有过多思考，只是在企业经营业绩方面"埋头拉车"，美国方的这一做法让我们受到了启发。虽然企业的目标是增强核心竞争力、发展壮大，但如果不具备资本运营的能力，在长期竞争中难免会处于不利地位。

所以，我们也需要重视资本的运作和管理，使企业在变化的社会经济环境中更具有生命力。资本健康长远地发展和增值，才是企业持续稳定发展的根本前提。

必要的资本运作能让企业获得新的活力

回忆与美国方合作的过往，我深深留恋那段被信任的、可以大刀阔斧干事业的日子。在美国集团总体规划下，我们可以根据需要参观各国的内部公司，还可以最大限度地与这些公司合作和发展业务。

在全球化经济蓬勃发展的时代，美国企业的自信让他们不由自主地散发出一种"霸气"。他们确实有优秀的经营模式和领导力，加上和我们中方团队互信互利的合作，都构成了我们快速发展的因素。在合作期间，只要是他们同意，我们在访问的工厂都受到了热情的接待，也收获到各公司实实在在的帮助。

我在想，当初我们的合资企业也在美国方打包出售的范围内，如果合作方变成了欧洲的新股东，我们是否还能获得那样深度的信任？我们是否还能参与合资公司的长远发展活动？没有谁能给我们一个肯定的答案。所以，我们认为转让合资企业的股权是稳妥的选择，最后事实也证明我们的选择是正确的。

其实，我之前经历过一次企业资本运作，那是我所工作的深圳公司被重庆公司并购了，因为我不是投资人，所以不完全清楚整个运作过程。

而这次，美国方带着我们实践了整个资本运作过程，我们从投资、组建、经营合资公司，到被迫选择卖出合资公司的股权。整个过程我们全部都参与其中，自然有完全不同的体会。

与美国方合作的这段经历，我们不但学到了技术、项目管理和市场开发等，还争取了去很多海外企业考察和学习的机会，又体验了企业资本运作过程，确实受益和成长不少。再回顾美国方近两年的资本运作过程，这期间涉及的人、事和各种谈判、各种抉择的思量纠结，感觉好比看电影一样，跌宕起伏而又精彩纷呈。

在经历 2008 年金融风暴时，美国方的股票不仅没有受到大盘下挫的影响，反而更显强劲，事实证明他们的运作是成功的。我们总是生活在充满矛盾的社会中，要突破固有的框架是困难的，甚至挑战原有的定义和认知更是困难，是美国方的这次运作宛如一声惊雷在头顶作响，使我们在认知方面有了新的突破和增强。

正如马克思所说："假如必须等待积累使某些单个资本增长到能够修建铁路的程度，那么恐怕直到今天世界上还没有铁路。但是，集中通过股份公司转瞬之间就把这件事完成了。"所以，必要的资本运作，能够让企业获得新的活力。

第二部分

大升级：

二次创业的第二个 10 年

第七章

寻找第二曲线

第一节　与跨国文化相伴而行成就了我的蜕变

合资经营的那 7 年,是我与跨国文化相伴而行的 7 年,也是我成长和蜕变的 7 年。在合资过程中,我全方位参与了公司的经营工作,这些经历让我在成长的路上抓住了很多机遇,让我在不断蜕变的过程中,有机会学习和反省自己,思想得到解放和进步。

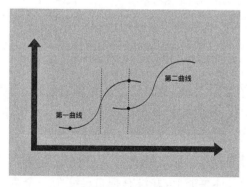

图 7-1　要有居安思危的理念,寻找第二
曲线

我本是一个做财务管理和财务分析的专业人员，是合资公司及外方管理理念的影响让我了解了更多的管理方法，外方先进的管理流程、技术、软件不断地刷新我的思想，使我的底层逻辑得到了提升，最终成了一个合格的企业管理者。

在提升过程中，我的体悟是作为管理者不但要有能力，还要有自信心。为了增强自信心就要多学习、多帮助他人，还要有自我管理的能力，作为管理者，维护好公司的各项管理制度是极其重要的。

在渴望蜕变中争取机会做取舍

我在财务专业领域一干就是 20 多年，我非常热爱这个专业，并取得了会计师中级职称。为了了解更多的专业知识，我喜欢与会计师事务所、税务机构、银行的老师沟通和学习，经常向他们请教相关法律法规和审计知识。

1993 年，全国还没有普及财务软件，我为了减轻工作量开始使用软件，而且还会运用软件编制相关的报表。我非常喜欢在财务管理、财务分析方面思考和下功夫。我采用一系列的分析方法获得准确数据，用数据评价公司的运营情况，预测未来的盈利能力，为总经理做出决策提供准确的信息依据，同时对公司管理也起到了很好的帮助。

其实，在创业之前，我早已是公司副总经理，但我还是兼任财务上很多工作，那时我对管理工作是被动性的，领导安排什么，就干什么。

我记得那时每天晚上都是 11 点才回宿舍，我把大部分精力放在了财务的具体事务上，并没有把自己变为一个真正的企业管理者。我也时常在思考，如何让自己成为合格的管理者呢？正在这时，深圳公司重组了，也给我带来了蜕变的机遇。

从 1999 年与合伙人一起创业开始，我就在思考，不能再像以前一样兼顾财务方面的具体工作了。我要学习更多的管理知识，全方位提升自己的管理能力，让自己尽快蜕变为一个真正的企业管理者。

创业开始，财务方面的工作相当多，要建立财务管理制度和管理流程，要与银行、税务机构和会计师事务所等方面联系，还要做财务预算和分析。我如果同时做两个岗位的具体工作，有可能会耽误公司管理方面的事情。

所以我就向总经理提出，要招聘一个财务部长。这个人必须是能独当一面的财务管理人员，既要懂得法律法规又能实干，还要有很强的执行力。

总经理开始不同意，我继续解释，现在是我们自己在创业，很多管理知识我都需要学习，很多项目都要花时间去开拓。现有财务人员有的太年轻，缺乏经验；有的快到退休年龄，不适应使用财务软件和管理软件的要求，如果有银行、税务机构、会计师事务所方面的问题，还需要我去处理，这样我就无法从具体的财务工作中分身出来去打"硬仗"了，这样只会是两边的工作都做得不细致。

经过多次的沟通，总经理终于答应招聘一名财务部长，我非常开心。如此一来，我就有更多的时间学习和开拓市场了。我下决心一定要把握好机会，努力成为一个合格的管理者。

为了聚焦管理寻找财务接班人

在招聘财务部长时，我想到一个人，她是我原来一起工作、一起参加会计班学习的同事和同学。我们分开十几年了，当时她在海南做财务管理工作，很多办公室的工作也都兼任。

我想她在沿海城市做财务管理，应该比较适合我们创业公司工作的强度，而且有接受新知识的基础。于是我向总经理提出找她了解情况,在总经理同意下,我专程飞往重庆找她,了解到她从海南那家公司辞职不久,刚被重庆一家大公司聘为酒店经理。

与家人商量后,她答应到上海来担任财务部长。上任后,我对她说:"财务方面的事就交给你了。"她直接表态说:"财务方面的事情你不用操心。"事实上这也是我最希望看到的。

我们这个团队大部分都是原来的老同事,大家彼此了解,但财务部门是企业的敏感部门,突然间来了一位大家不了解的陌生人,内部的和谐气氛自然就受到了一些影响。有的人直接向我表示,不应该招聘自己的同学做财务部长。

我跟大家坦诚地交流了这件事,首先承认了错误,我考虑不全面,不应擅自定下人选,忽略了其他人的意见。我诚恳地表达了,愿意在工作上接受他们的监督和考核。

我继续与他们沟通,我只希望新来的财务部长既能把财务管理工作全部担当起来,又能按公司董事会要求按时完成任务,希望大家支持她。我也希望大家对财务部长进行监督和考核。

其实我在内心深处一直在检讨自己,我太想尽快脱手财务方面的具体工作了,所以急着找个放心的人来接替工作,当然并没有利用关系的想法。但从公司团结考虑,又必须要尽快解决好这些问题,让大家和谐相处。

新的财务部长刚到公司时与大家相处不是很和谐,工作环境不同了,她没有主动适应环境,而是让大家来适应她的处事风格,所以很多人向我抱怨非常不适应她的风格。为此我和总经理同她交流过,她也意识到了这方面的问题,所以做了一些改变。

她确实担当起了财务方面的工作,特别是公司合资以后,她按美国方上市公司的要求做事,也学习了很多预算管理方面的知识,同时她与大家共事也改变了很多,这对公司推广 ERP 系统也起到了积极作用。

其实，所处的地理环境和社会环境发生了变化，个人观念和思想就要随之改变，以适应新的环境，不然就可能被社会淘汰。一个没有学会在人生长河中"游泳"的人，即使他学到了很多其他东西，也是无法生存下来的。

当我从财务具体事务中解脱出来以后，就逐步聚焦在管理上了。在深度地了解各部门的情况后，我发现各部门在管理方面都有不同程度的问题，如何让各部门相互支持、相互配合，如何提高部门内部的工作效率，使整个公司能够良好地、有效地运转，这是我接下来要着重思考的问题，也是我要加强学习的地方。

参加总裁班系统学习管理知识

我渐渐感到自己有很多事情要做，同时也发现自己的管理能力跟不上，有些道理明明脑海里有概念，但就是无法用语言表达出来。我意识到管理是一门有规律可循的科学，也是一门需要学习的技术，仅仅靠一点儿财务管理知识是不够的。

所以，在上海合资公司工作步入正轨后，我在2003年报名参加了复旦大学"天行健"总裁高级研修班。为了加强对管理知识的掌握，连续两年我都参加了总裁班的学习。公司总经理非常支持，他也报名参加了总裁研修班。我发现这样的学习，不但没有耽误工作，而且还得到了员工的尊重。

我以前是学财务管理的，主攻方向是与财务有关的管理，所以管理企业的思维模式就有些狭隘，通过总裁班的系统学习，我对管理的认识提升了很多。

比如，我们在学习中会学营销管理、人事管理、如何当好总经理、如何搭建公司各种形式的组织架构，还会学经典著作，如《易经》《孙子兵法》等，好多课程都是我以前没有学习过的。

这大大地丰富了我的知识面，使我在管理理念上有了很大的提升。在管理公司方面,我不会仅用财务管理理念指导工作,而是更加全面地思考问题,更多考虑做利他的事情,把领导当作为员工服务,充分发挥员工的力量,让员工热爱公司、热爱工作。

那一刻我明白,要想他人一直与你并肩战斗,你必须带动他一起学习,一起进步。很多中层干部看见领导在那么忙的情况下还坚持学习,触动也很大,他们一方面佩服领导的坚持,另一方面也积极参加相关的培训学习,以达到相互协助、相互帮助和提高管理能力的目标。

我一直在追求学习,因为作为管理者,必须要有管理能力,能力所在就是要有足够的信心、知识和能量,这样才能帮助他人进步,激发员工自我管理,帮助员工实现自己的事业和理想。

要当好企业管理者,要先学会做好自己。由于我热爱企业管理工作,后来我还参加了由清华大学组织的为期3年总裁班。我一直边工作边学习,使自己在思想上得到了升华,在管理能力上有了很大的提高。

为了让自己真正地蜕变为一个合格的管理者,我还严格要求自己参加一些内部培训,比如质量体系、管理软件、项目管理等方面,通过学习和与各部门同事沟通,摸索出了更加合适的管理办法,提出了更有效的管理要求,也及时解决了员工的问题,做到了全方位为董事长分忧,同时也增强了独立管理的能力。

特别在市场开拓方面,我与销售团队和技术团队一起考察学习,拜访了很多国家的工厂,在美国、德国、法国、日本学习到了很多先进的管理方法和理念,为公司的发展起到了应有的作用。

我们与美国方合资了7年,这7年我们团队成长了,我也得到了重生。在这几年里,我们经常与各个国家的人交流,了解和学习不同国家的文化和管理知识,使我学会了倾听他人、倾听客户和利益相关者。

合资合作的关键是要统一目标，求同存异，相互尊重，平等对话。比如，中国人在和外国人沟通时，不能一味地讲客气，应该清晰地表达自己的立场和观点，这样才能友好的相处。这7年是我们公司发展的7年，也是我蜕变的7年，我非常感恩这个过程对我的磨炼。

学习是无止境的，学习新知识也是推动企业发展的动力。作为一个管理者，要使自己的事业不断取得成功，就要加强自身修养，不断掌握新的知识，努力使自己成为更全面的管理者，如果让团队中的每个人都能发挥最高效率，我们就能更好地实现企业的总目标了。

第二节　在挑战中开启二次创业

从1992年以来，多种所有制经济高速发展，全国私营企业户数从1992年的13.9万户发展到1997年的96.1万户、1999年的150多万户。至1999年底，民营企业投资已占全国投资比重的35％，对GDP增长的贡献率达60％以上。

但大部分民营企业并没有完成原始积累，依然处于自生自灭阶段，管理水平仍然没有超越企业家个人经验，管理方式始终未能上升到科学化、制度化的层面。资金短缺、缺乏足够的融资能力、产品技术更新困难等依然是困扰企业的难题。

这些问题在经济高速增长时期通常都会被忽略，民营企业可以充分利用政策机会迅速地发展起来，逐渐形成一定的规模。但其固有的结构性问题从一开始就潜伏着，只不过被经济的高速增长掩盖了。

经济萧条、市场疲软是企业的试金石，结构不合理、基本素质低的企业,就面临被淘汰的风险;那些已经形成一定规模的企业,则可以充分利用时间顺势而为,不断增强竞争力,这也是许多企业进行二次创业的机会和挑战。

寻求发展的方向准备二次创业

回顾我们的第一次创业,那时我们以合资合作为前提,重点工作就是服务合资公司,所以我们是以 20 年的合资期限规划未来前景,没想到美国合作方中途违约,在短短的 7 年时间就结束了合作。由于我们没有提前准备其他项目,整个团队都处于始料未及的状态。

不过,第一次创业的挫折对我们来说不完全是坏事,也给我们带来了新的思考和机遇。在 2008 年的金融危机前期,我们转让了合资企业的股权,完成了第一次积累,因此金融危机爆发后,我们没有惊慌失措,反而有底气寻求新的发展方向,开启第二次创业。可谓是危机与机遇同在。

如何抓住这次机遇,让我们二次创业的公司持续发展,是我们要思考的事情,这既是动力也是压力。为此,公司召开了董事会,在会上,大家进行了激烈的讨论,讨论的内容基本上都是围绕公司未来的发展战略。大家的建议非常多,有的建议买地建厂房,有的建议继续找项目重新组建合资企业,还有的建议回重庆创业。

特别说到回重庆投资时,大家纷纷赞同,还分析了回去的理由。自 1999 年国家提出西部大开发战略已过去十年了,这期间一直强调要重点发展西部,所以大家认为重庆的投资环境比以前更好了,回去创业是个不错的选择。

董事长认为这些意见都很好,不过我们目前还面临一个很严峻的问题:整个团队大部分骨干都被新股东的合资公司辞退了,我们要想办法给大家安排好工作,而且还要让他们知道,目前的困难是暂时的,只要大家团结一致,困难是可以战胜的,也就是说,我们要有第二次创业的思想准备。

谋定而后动,布局二次创业

创业初期,组建团队最为重要,组建一批有经验、有理想的人才队伍更为重要。我们现有一批充满激情与活力的团队,就是再创业的最好理由。

于是,我们认真地讨论和研究解决员工工作的方案。首先对现有的内资公司管理层进行调整,争取先安排一些被合资企业辞退的优秀员工到合适的岗位,让他们去发挥作用。同时争取先收购几家重庆的小公司,这样也可以解决一部分想回重庆的员工的工作。

董事会会议的总体意见是,把所有的资金都用在创业上,创业的地点重点放在重庆、上海、深圳。通过讨论,明确了目标和未来发展的方向,我们又启动了第二次创业的"机器"。

根据从重庆来上海招商的政府信息反馈,重庆很多地方都在招商引资,还有很多优惠政策。于是,我们非常兴奋地在重庆选择了投资地点,准备修建厂房。

大家非常庆幸地回忆说,1992年我们去深圳工作,是赶上了邓小平同志南方谈话以后深圳大发展之路;1999年我们在上海创业,又赶上了浦东大开发大发展之路;2008年,我们又赶上了西部大开发大发展之路。我们企业的发展一直顺应国家历史发展潮流和大政方针,我们的自豪感和幸运感油然而生。所以,我们觉得这次应该朝西部发展,把部分资金投到重庆。

上海和深圳地区是我们一直要固守的,所以,一部分资金就投资到了上海和深圳的新项目,我们准备在上海修建一个工业园。这样我们把所有的资金都投到了新的项目和工业园区的建设上,为二次创业公司的发展打好基础，为那些愿意跟随我们又努力奋斗的员工搭建好平台。

在我看来，有了前几年与外方合资的经验，我们企业经营管理更加国际化，视野更开阔，经营项目的眼光更长远了，所以，我们对二次创业更有底气了，公司朝着多元化平台发展。虽然第一次创业提前结束，让我们有些措手不及，但是它带给我们的收获远超出我们的预想，我们再创业有了更好的基础。

我非常坚信我们的二次创业会做得更好，因为我们有一支实战经验丰富的优秀团队，有愿意跟随我们的员工，我们有共同的目标，我们愿意一起努力奋斗。

二次创业是一个充满机遇和挑战的过程，需要管理者全面、科学地进行规划和实施。它是企业管理者汇集第一次创业的全部资源，利用知识在生产系统中的运用，通过自身可调控的资源与企业经营环境中可供利用资源之间的匹配与整合，以此促进企业二次发展的过程；它是在新的高度和起点上，对企业原有的制度缺陷和生产弊端，进行重新治理与优化，达到事业可持续发展的过程。

第三节　二次创业开辟了重庆园区

我们二次创业规划在西部的重庆发展，因此，工业园区就是我们要思考的事情。因为工业园区能达到集约化管理模式，帮助企业降低成本，增强企业的核心竞争力，为我们在重庆地区发展注入新的活力。

我们正思考在重庆什么地方发展时，重庆一家工业园区的招商部门主任就来到上海，通过商会找到了我们，向我们介绍重庆的发展情况、园区的功能以及他们是如何服务企业的。

招商办主任说:"我们离主城区 40 多公里,园区条件好,土地价格实惠,享受国家的优惠政策多,也享受重庆三峡库区的优惠政策,我们政府的服务非常好,希望你们回重庆投资,也非常欢迎你们来考察。"

不久董事长就派我和财务总监一起去重庆考察,正如招商办主任介绍的那样,园区的土地价格比市区便宜很多,管理非常完善,功能上有化工园区、汽车配件及加工零件区,配套设施齐全。

我们都认为这家工业园区的功能非常适合我们发展,因为我们正在谈新材料项目,如果这个项目能够成功,那么在这个园区生产是最符合条件的,环境审批上要容易些。我们刚兼并的两家小公司也接受这个地方。但是不理想的地方是距离市区比较远,还要收取高速路费。

我们对招商主任说,员工每天往返会增加公司成本,所以,我们有些犹豫。招商主任告诉我们,以后还要修一条到市区的新路,比现在要近一点儿,这个费用会大大降低,可能还会取消路费。

我和财务总监回上海与董事长汇报了考察情况,大家进行了讨论,根据综合意见,最后董事会决定就选择这家园区作为我们在重庆发展的根据地,同时决定在重庆组建管理团队。

因为我们离开重庆太久了,对重庆的政策不完全了解,所以,我们在招聘团队负责人时还特别考虑了这个因素。我们聘请了一位在国有集团公司有工作经验的人负责管理重庆的所有项目,牵头组建重庆管理团队。

在购买土地时,我们要考虑重庆园区的项目构成,以可行性报告形式反映出来。经董事会讨论决定,我们把正在谈判的新材料科技项目添加进去,另外又把汽车零件厂和汽车橡胶件厂也纳入项目一起发展。根据这些项目需求,我们购买了土地,准备建造 3

万多平方米的厂房。

一年内,重庆工业园区的厂房在重庆总监的负责下顺利建成。当厂房建造好之后,我们才意识到,在购地建厂房的方案和思路上出现了问题,不应该修建3层的高楼厂房,实用性比较差,而且离市区远的多层厂房不易转让,使用单位大多只需要底层,高层空缺较多,无法产生价值。修建厂房超出了我们的投资预算,流动资金受到了影响,我们不得不向银行进行贷款。

这个投资总额的控制失误,给我们此后的流动资金带来了一些麻烦。从这以后,我们吸取了经验,不能盲目地只考虑多层楼,因为这里不是沿海城市,要综合考虑环境和投资回报问题。

不久,我们规划的公司都如期地搬进了园区。这几家公司还分别解决了一些从上海回重庆的员工的工作问题。重庆园区的建成使我们又多了一个地区的规划和管理,它标志着我们在西部有了发展的基地和空间。从此,我们开启了西部创业之路。

第四节　企业在逆境中展现出社会责任

2007年是我们公司极不平凡的一年,原上海合资公司的员工突然被新股东辞退,辞退数量远远超出了我们的预期,但作为原上海合资公司的中方股东,我们最基本的责任就是对被辞退的所有员工负起责任来,安排好每一个员工的工作。

这种社会责任感不是走走过场,而是真心实意地帮助他们解决问题。社会责任感是一个人或一个组织的基本品质,我们应尽最大努力去担起社会责任,帮助好身边的人,才能促进社会的和谐稳定。

想尽办法安排好被辞退的员工

面对大量员工被合资公司新股东辞退的问题，我们及时采取了措施，同时我们也尊重员工的选择，只要员工有意愿，我们就会尽最大努力帮助他们解决好工作，做到不让任何一个员工有生活上的困难，保证他们能够有一定的收入。

我们的诚意得到了员工们的理解，他们对我们的工作也给予了支持。对他们来说，公司及时安排工作也安抚了他们恐慌的心情。当然在这过程中，如何留住核心员工，是对我们工作的一种考验。在变化不定的情况下他们特别需要我们，我们也需要他们，与此同时他们也在观望我们。

在创业阶段，员工是企业最重要的资产，在公司发展中起重要作用，所以当员工面临失业危机时，我们毫不犹豫地承担起了社会责任，为他们排忧解难，尽量给他们能展示自己"舞台"的岗位，让他们在新的事业里发光发热。

社会责任是构建企业和社会和谐关系的基本思想。早期的传统企业以企业利润最大化、股东利润最大化为目标，随着现代社会发展和企业财富增长，企业的商业活动对教育、公共健康、就业、福利、住房、环境保护、职工家庭等社会各个方面都产生了巨大影响。

也许我们还没有能力关注到更宏大的社会议题，但承担对员工的责任是力所能及的，而且是基础工作。就目前而言，员工对企业的生存和发展注入了一定的"特殊投资"，他们或是分担了一定的企业经营风险，或是为企业的经营活动有所付出，因此我们的经营决策必须要考虑他们的利益，并给予相应的报酬和补偿。

当时上海有一家初具规模的塑料配件公司，已经有一定的产量，公司正需要在管理上升级，我们认为这时正是帮助他们转型的时候，让这个公司的各项管理都上一个台阶，达到国际认可的质量管理体系要求,可以争取做更多国内外的项目。于是我们就协调了部分人去那里工作。这家公司开始是作坊式的生产管理,缺少专业团队,正好我们可以让部分管理人才去那里发挥作用。

要让公司做强,就要从组织结构上着手抓,所以,我们首先帮助他们调整管理结构,给各个部门配有经验丰富的干部和员工,同时要求他们尽快熟悉工厂的业务,进入到新角色中去施展其作用。这样,通过对该公司各项管理的整理整顿,帮助他们制定三年规划,完善财务预算制度和员工培训制度,各部门都有了明确的目标和工作的方向。

面临逆境能心怀社会责任

这时候的塑料配件公司人才济济,各部门都配备了相关的人才,各自都按照计划行动起来了,不管是市场扩展,内部质量体系管理提升,还是管理软件推行,各项工作都在全面开展。销售部门的任务尤其重大,因为塑料配件公司有一部分业务是给合资公司供货,但现在合资公司更换了新股东,该如何应对呢?

面对这个问题,销售团队就问我:"我们业务还继续做吗?"我说:"当然要继续做,不但要做,还要做好,争取更多的业务。"事实上这也是我们董事会的意见。

我们是这样考虑的,只要合资公司的新股东不取消塑料配件厂的业务,我们就要积极争取多做。我们现在与他们属于客户关系了,我们要立即调整好心态,还要维护好客户关系。我鼓励销售团队要多与他们联系和沟通,减少误会。

其实在转让股权后,我们一直在调整自己的心态,因为原来的美国合资公司已经不存在了,不属于我们的了,新的股东怎么做我们都得接受。我们只有调整好自己,才能发展好自己。

我们现在人多项目少,只想多争取业务,渡过眼前的困难,所以鼓励销售团队与新股东多接触，一是保住原来的项目，二是争取多拿些订单。如果新股东客户在配套上跟不上的，可以找我们，我们帮助他们解决问题，实际上也是在帮助自己。

经过销售团队的沟通，我们得知他们不但不会马上撤走这些项目，还希望塑料配件公司继续做好他们的项目。我们知道后都非常高兴，这样大家暂时有事情做了，对塑料配件公司的管理和培训就可以同步进行，这也给塑料配件公司提升自己的内部管理，提供了机会。

在大家的共同努力下，塑料配件公司和合资公司新股东合作了3年多，争取了很多订单，帮助新股东度过了适应期，也帮助自己的业务发展，使我们度过了尴尬时期。这种互利共赢的思维，让塑料配件公司得以进一步发展。

塑料配件公司在短短3年间突飞猛进，各项业务都发展得非常好，销售额是以前的好几倍。一个管理者在条件极其不利的情况下，特别要注意冷静思考，切莫冲动，注重细节，充分了解各方的需求。想要生存必须要知己知彼，而后获得发展的空间。

企业的命运和员工的命运是不可分隔地交织在一起的，从这个角度上来说，企业是一种"人格化"的组织，应当具有各种意志品格和道德品质，不仅知道怎么赚钱，还知道什么是应该做的事和正确的事。当我们处于顺境时，承担社会责任是一种举手之劳的余力；但当我们面临逆境，仍能心怀社会责任，才可以称之为真正的有担当。

第五节　建立集团化管理模式

为了保证企业可持续发展，我们经过了两年多的调整，从

2008 年开始向新的目标发起了挑战。这是一个追求速度的年代，市场的竞争就是一场速度制胜的游戏。我们必须快速掌握市场动向，抓住机会尽快投入进去，二次创业才能取得成功。

第二次创业不同于第一次，整个团队更加成熟，激情更高涨，因为是站在第一次创业成功的基础上前行，团队创新的勇气增强了，表现出自信、积极、乐观、无所畏惧、勇往直前的精神面貌。

以集团总部为中心培训团队

根据董事会意见，我们把上海、重庆、深圳作为了二次创业的出发点，公司在这几个地区陆续都有了投资项目，为了更快更好地管理投资项目，我们一直在思考公司总部应该放在哪个地区？哪里是我们的中心发展区？

为此，董事会进行了专门讨论，一致认为上海是世界级汽车产业中心，是改革开放的前沿阵地，我们的中心还是要放在上海。它足够大，容得下我们的奇思妙想。它足够新，能让我们更快感受到国际形势变化的情况，使我们的头脑时刻都受到新思潮的冲击，可以贴近世界经济形势变化和发展趋势。

当我们确立把上海作为我们集团公司的发展中心，建立总部管理模式时，我们就立即行动起来，只要是董事会讨论认可的项目，我们就大胆地投入。而且在投入过程中，我们还充分考虑了员工工作和培训问题，鼓励部分有组织能力、有责任心的骨干寻求多样化发展机会，组建团队，成立公司，走创业的道路。

因此整个团队的向心力强、积极性高，我们很快在上海、重庆、深圳分别成立和兼并了很多公司，让团队成员在创业过程中体验到了不一样的人生。

为了更好地管理各个公司及相关项目，我们借鉴了当初美国集团管理我们的方法，通过集团化管理的力量，对各个公司的管理团队培训。

在培训方面我们采取了很多办法，有的是把老师请进来，让各地的管理人员集中到上海培训；有的是送出去，到当地有名的大学、专业培训机构进行培训；有的是集团内部自己组织的培训。

这种多样化的培训策略，让团队内不同职能的员工充分掌握了制定计划、协调工作、管理项目等能力，使团队内各层级的员工都得到不同程度的提高。让我们感到非常欣慰的是，我们有好几个公司总经理是自己集团公司培训出来的，而且还做得很好，帮助公司取得了很好的成绩。

其实，一方面各公司管理需要，另一方面，我们还要迎接新的项目。因为董事会已决定同意和国外有先进技术的汽车配件公司合资合作。为此，为了更好地服务客户，掌握最先进的技术和管理知识，员工非常愿意参加相关培训，以适应未来合资公司管理的需要，大家随时准备迎接新的合资企业到来。

我一再强调和重复的是，一个企业的成长，关键是对员工的重视与使用。在激烈的竞争环境中，企业的发展离不开掌握专业技能、从事管理和操作的员工。他们是企业的资产，作为企业管理者有责任尽一切力量发展员工的能力，提高他们的素质。

以集团化的管理模式经营总部

集团化管理是一项系统工程，在内部管理中，总部整理了一系列行之有效的报告模板、标准化的预算管理流程，还制定了相应的管理制度为此保驾护航。这样的管理体系，可以方便公司各个层级的管理人员在实践中学习和进步，给工作带来了便利，减轻了工作量。

比如，我们制定的总经理报告模式和报告内容，有不清楚的，我们还会一对一指导。各个负责人通过培训和实践运行，就能充分了解到自己的工作职责以及工作重点，也了解到报告的重要性，实际上也提升了管理能力。

在财务预算管理方面,我们推行了美国公司使用的平衡计分卡概念,它打破了传统的单一使用财务指标衡量业绩的方法。我们在财务指标上加入了未来驱动因素,即客户、质量、供应商、员工、组织流程、技术创新等方面的投资和支出指标,通过制定财务预算,可全面获知企业经营发展状况。

我们采取的这一系列管理方法,对各公司管理者非常有帮助,他们在执行过程中,根据自己公司的情况,对这些管理方法加以优化,使公司快速进入了正规的管理流程,管理团队就更加容易了。

我们这套体系不但对内有用,对外合作也很适用,得到合作方的认同,比如在财务预算报表和财务报告方面,合作方基本采纳我们提供的模式。

它还有助于公司的业绩评价趋于平衡和完善,从而使公司迈向更远的未来。财务预算工作的推进有助于逐步完善对员工的绩效管理、销售绩效管理等,使业绩评价趋于合理性。

总之,在集团公司一系列总体规划下,以集团化的管理模式经营总部已初步形成。这样,我们对总体战略目标管理就有了依据。因为战略目标的制定必须以实事求是为基础,所以通过投资可行性分析和财务预算管理,集团总部对各公司的目标管理更清晰了。

集团化管理可以整合内部资源,避免重复投入,企业可以高效地利用各项资源,降低经营成本,提高企业竞争力。第二次创业让我体会到我们的组织更完善,更有开拓性。

与此同时,为了尽量避免集团化管理带来的不利因素,总部协调能力至关重要,应给予集团内部的公司一定的独立性,比如,在总部协调管理下,先进的管理方法、好人好事可以迅速推广,使整个团队充分受益。有了总部管理的力量,我们在事业推进上更加顺利了。

第六节　自建工业园区带来无形的吸引力

与美国方合作伙伴和平"分手"后，虽然我们不再是股东方，但按照原租赁合同，我们自建的厂房仍将续签给新股东继续经营。这样，本来有"家"的我们变得无"家"可归，反而得去租赁厂房和办公室。

由于是租赁场地，不方便在基础设施和环境方面做长期投入，势必会带来各种不便，我们想给员工提供好的工作和生活环境的初心就受到了限制。

在这种情况下，有的员工不理解，我们中方老板自建的厂房为什么不收回来自己用呢？我们当时能做到的就是尽量给员工创造更好的工作条件，以安抚员工的情绪。

其实，我们也想尽快搬回我们原来的"家"。大部分员工都很留恋以前的厂房，有稳定的办公地点，有一个固定的地方生产，大家感觉心里比较踏实，特别是一日三餐能得到安全的保证。

那之后不久，经过我们团队不断地努力，上海的项目越来越多了。而且，我们还与一家德国企业建立了联系，并有意向与他们在上海合资合作。在与他们洽谈中，他们也提到未来合资企业厂房的问题。这时，新建工业园的问题便又提上了议事日程。

若是我们没有一个稳定的生产场所，经常搬家，不仅影响生产计划，而且搬家的费用也高。如果我们拥有自己的厂房，能够给顾客一个持续、长久和稳定的商业运作形象，客户感到企业的产品是稳定且可靠的，会进一步帮助我们扩展业务需求。

经过董事会讨论，大家一致同意重新找地方修建工业园，这样对未来的合资公司发展和招聘员工都是一个有利的条件，而且作为集团的总部，也需要有一个稳定场所。就这样，经过大家的努力，公司发展中心的落脚点终于选定了。

这个新的工业园，既要方便业务伙伴来访，又要有利于员工招聘和团队稳定，所以在选址时，我们综合考虑了员工生活便利性和大致的生活成本、员工置房和租房的价格、交通等各方面因素。最终，我们在上海选择了一个离主城区和机场大概在40分钟车程的地方，交通也比较方便，总体上符合我们的需求。

通过招投标，我们购买了十几亩土地。由于土地面积不是很大，只能优先考虑总部与德国合资合作的项目入住，所以生产厂房的设计和装修在征求了德国合作方的意见后，在标准厂房的基础上做了一些调整，尽量满足今后产品生产的条件和环境要求。

由于合作项目的时间进度需要，再加上我们已有一些建造工业园的经验，不到一年的时间，我们就建造好了1万多平方米的厂房和办公楼，并经过安全、环保一系列审批流程。不久，与德国合资合作的公司也注册成立，顺利入住新的上海园区。大家辛苦几年，终于又有了结果，建立了一个新的创业之家，开始了我们第二次创业的发展之旅。

有了稳定的总部和生产场所，减轻了供应商和客户对场地变动的担忧，对项目和质量管理起到了积极作用和保障，促进了研发和创新，更能稳定集团的发展。对企业生产而言，自有厂房具有更大程度的管控能力，我们可以根据市场和自身的需求对厂房进行灵活改造和利用。

工业园区作为生产企业的基础设施，是最为重要的硬件之一，还能作为急需流动资金时的信贷支持，特别是对公司长期稳定发展起到积极作用。它作为展示公司精神面貌的载体，我们可以按自己需要修建、装修，而不必担心投入的装修成本因租赁变动遭受损失，对稳定员工队伍形成了无形的吸引力。

第八章

多元化投入与核心竞争力

第一节　与博士董事长过山车式的合作历程

为了让重庆的项目更好更快地发展，董事会就公司在重庆的发展方向进行了讨论，大家一致同意除汽车行业的项目外，还应开拓一项不局限于汽车行业的科技项目。所以，我们在建设重庆工业园区时就一直在洽谈新材料项目的合作，大家都非常希望能有一个新项目入驻园区。

和我们一样抱着跨界想法的企业家并不少见，今天，企业跨界经营成功的案例屡见不鲜，尤其在互联网经济时代，互联网企业通过其强大的技术转移能力对多领域进行跨界，如腾讯通过技术搭建起线上平台，从而衍生了诸如社交、娱乐和交通等领域的跨界经营。当然，企业跨界失败的案例也比比皆是，就像近年来兴起的跨界新能源汽车行业的现象，但多数企业至今仍未能实现在新领域的良性经营。

企业的跨界是跨越行业边界、寻找新市场机会和突破原有经营范畴的行为，有助于提高企业创新水平和经营效率，提升企业绩效。企业嵌入其所在的环境，不断与外界交换信息，从而不断对企业发展所需知识进行更新迭代,促进了跨界的发生。

隔行如隔山,我们这一次的跨界从最终结果来说是失败的。现在回想起来,那时我们太急于求成,总体上还是思想上出了问题,对一个陌生的行业没有足够的了解也敢大胆地投入。

我们当时对新材料的市场情况了解甚少,过于相信合作方的实力,没有通过董事会把合作项目的每一个目标具体化,就投入新材料项目上去了。成立的新材料公司虽然起伏式地苦苦撑了10年,最后还是未能成功。

寻找项目却遇见了一位博士

我们十几年没有在重庆生活了,所以对重庆的发展情况和环境不是很了解,于是经朋友介绍,我们就去了重庆市发展和改革委员会咨询,了解一些重庆市经济发展方向和政府支持项目的相关政策。通过他们介绍,我们认识了一家位于上海的世界500强企业的总经理。这是一家高科技企业,有很多项目可以合作。

这位总经理是一位美籍华人,听说他15岁就进入清华大学学习,有人说他是一位天才,他带领的团队专门研究新的科技项目。当见到他的时候,他并不是我想象当中的高大魁梧,而是偏瘦,身高在一米七左右,与我们说话很简短,但还是表达了欢迎我们回上海后再会面的意愿。

由于迫切想争取新项目合作,所以我们回到上海就与他取得了联系,他也很快安排我们去公司参观。第一次到他们公司,我们就被漂亮的科技大楼吸引,对他们公司留下了很好的印象。我们在公司门口刚刚登记完,他就安排人来接待了我们。

他安排员工带领我们参观公司时,感觉好多东西都十分新奇,我们心里觉得自己太落后了。他们做研究项目的工程师大多是从国外回来的博士,我们认识的总经理也是博士。通过介绍,我们了解到他们研发的产品非常多，有些先进的项目我们还是第一次听说。有的产品研发出来就由他们自己公司生产，然后直接推向市场；有的项目会与相关企业合作生产。

有的项目研发出来后，市场竞争力不强，就不再投放生产，而是先保存下来。他们推到市场的是技术顶尖、竞争力强、效益好的产品。

参观完回到会议室，那位博士总经理才加入我们的会议，并总体介绍了公司情况。他的介绍让我们感觉他做的工作很神秘，掌握了很多先进的技术。这让我们对他顿生好感，毕竟他领导这么多优秀的科研人员，是让人心生敬佩和信任的。

后来，他还给我们引荐了几位博士工程师。这些博士工程师待人非常友好，给我们介绍了好多项目的情况。博士总经理的精心安排，让我们感到他是在认真对待我们，而且也有合作的意愿。

通过参观、考察、介绍和沟通，我们进一步了解了博士总经理和其团队的情况以及他们公司的情况。其实我们主要是想更多地了解博士总经理本人，因为需要他指点我们在重庆应该寻找什么样的项目合作，所以我们对博士总经理抱有非常大的期望。

与博士的代言人洽谈项目

我们与博士总经理谈到项目时，他给我们介绍了一个人。于是，按其提供的地址，我们找到了这个人，他是一名律师。据他本人介绍，他在上海陆家嘴的一栋大楼里开了一家律师事务所。他是在办公室接待我们的，给我的印象是胖胖的，说话速度很快。

我们惊讶地发现，他的律师事务所非常大，办公室装修得也很漂亮。他介绍说，这家律师事务所是他自己开的，主要负责项目合作和企业上市，具体工作是同事在做。

出于对博士总经理的信任，我们没有再去调查律师身份，也没关注这家律师事务所是谁开的。他给我们介绍了很多可以合作的科技项目，其中有一个改性塑料项目，我们颇感兴趣。

因为我们的塑料件生产需要大量使用这方面的原材料，我们顺理成章地认为对这个项目还有点儿熟悉，所以建议他给我们介绍新材料项目。他看我们对这个项目感兴趣，就开始着重介绍。

真是隔行如隔山。那时我们也没有找一个懂行的人去询问了解，只听他给我们介绍了很多新材料的配方，有 PA66、PA6、PPO、PC、PP、AS、ABS、PBT&PET 等几十种，看得我们眼花缭乱。他们还强调可以保证几十个项目的配方都给公司保存。这些配方都可以拿去评估真伪，保证项目配方的真实性。

其实，我们相信的是博士总经理，所以不管这位代言人说什么，我们都认为是博士总经理安排的。他还保证他就是博士总经理的全权代理人，他们在重庆有一家科技公司，如果我方有认可的项目可以与这家公司合作。

他提出他们负责技术开发和市场开发，以技术入股，占股比50%。我们认为他们占股比太多了，当问到这个项目需要多少流动资金时，他停顿了一会儿说大概要 2 000 万元人民币，但是不需要一次性投入那么多钱，可以等项目做起来了再追投。在这一点上我们认为比较合理，等项目有希望了再逐步投入。

我们与他谈了很多细节方面的事宜，认为还是有机会合作的，于是我们就把沟通的内容向董事长进行了全面汇报。董事会做了专门研究，认为如果要投这个项目，那么前期的启动资金就需要几百万。

为此，我们基于他们提供的市场报告，详细地做了可行性的投资回报分析。大家再三讨论，其中最吸引我们的是，技术上有强大的"背景"支持，市场上他们也承诺会负责，而且这些内容全写在合作协议里。如果项目成功了，我们又多了一个行业的业务，对未来整个西部事业的发展是有利的，所以董事会决议投资新材料项目。

新材料公司正式入驻园区

合作方得知我们同意投资这个项目非常高兴，每一个项目相关人员也都积极行动起来，快速地推进这个项目。他们这种重视的态度给了我们很大的信心，也让我们感到投资这个项目是正确的。

我们对成立新材料公司非常重视，还专门请了律师参与起草和审核合作协议。由于合作方是以无形资产入股，我们要求把合作方承诺的技术、配方、市场都写入协议里，若有违约，也有相应的条款处理，目的还是希望双方能很好地合作。

我们的合作方重庆科技公司的法定代表人本来就是律师。在成立公司时，他们在重庆找了一家会计师事务所，对其无形资产进行了评估。他们提供的几十个配方和承诺的事宜都取得了无形资产的评估报告。

在双方共同努力下，我们签署了合作协议，不久合资合作公司就顺利成立并正式入驻重庆工业园区。同时他们提供的几十个配方也送到了公司，但是他们要提供一个技术支持者到公司工作的承诺没有兑现。仅有配方没有工程师是没有用的，因为每一个项目都需要根据客户需求对配方进行调整，没有工程师等于没有技术支持。

合作前，他们介绍了一位美国留学回来的博士工程师来公司工作。我们也与那位博士工程师交流过，非常看好他，正是因为看好他才有勇气合作。

结果这位博士工程师不愿意来新公司工作，这对我们是一个沉重的打击。我找到博士总经理了解情况，他说工程师不愿意去重庆工作，但是不会放弃对公司的支持，随时都可以解决公司提出的问题。

　　我还是不放心，又和那位博士工程师进行了沟通，确实如博士总经理所说，这样我们心安了一些。但是毕竟他们违约了，于是我们打算找那家给他们做无形资产评估的律师事务所咨询，结果那家律师事务所"关门"了。

　　我们又去咨询了我们的律师。律师说他们这样不算违法，只是有违约行为，是否继续合作，我们可以选择。合作方一开始是不参与具体管理的，具体工作由我们团队负责，园区政府也知道这个情况，所以我们的选择有点儿犹豫。

　　这时博士工程师又明确表态会积极参与项目开发，可以与他随时保持联系，而且还推荐了一位工艺工程师到公司工作，这对我们是一个安慰。我们做事情虽然比较认真，但缺乏经验，容易相信别人，特别在识别对方是否有诚信方面，容易因为心太急了，只往好处去想，忽略了坏的可能性。

没有"刹车"选择继续合作

　　公司还没有正式运营，合作方就已经有违约行为了，我们没有及时"刹车"，而是选择继续合作。因为我们急于想要通过新项目来稳定员工以及促进园区发展，所以还是希望再搏一把。

　　新公司有一部分是我们上海公司的员工，他们也非常希望公司能发展起来，所以拼命工作，积极配合公司开展好各项工作。我们也敦促对方尽快解决市场和技术问题。博士总经理解释说，我们接触的一家上海500强企业计划让我们代工生产改性材料，每年需求量为5 000吨，但由于种种原因还没有落实好。

　　为了争取到这个项目，我们积极开展质量体系认证工作，建立各项基础管理流程，尽量能通过对方公司的审核。

　　在双方共同努力下，最终我们取得了这个项目的代工权，但订单只有每年几百吨，而且代工的价格非常低，基本上没有利润，但是因为整个操作流程要符合国际标准，员工能够得到学习和提升。

与此同时，新公司也一直在开发市场。销售部门提供了太阳能项目的信息，据反馈这个项目的产品出口需求量大，而目前原材料大量是进口的，如果我们能替代进口材料，就是一个很好的发展方向。

我们股东双方都同意开发此项目。因为开发太阳能零件的原材料是有难度的，所以公司请博士工程师一起研发这个配方。配方很快就研发出来了，但是不能推向市场，因为市场用的原材料必须要拿到美国第三方认证，取得合格证书。于是博士工程师和工厂的工程师们一起努力，首先获得了中国第三方认证机构的审批，然后把材料样片拿到美国认证。

不久，我们就取得了美国的合格证书。全公司为此感到非常高兴，公司终于有一项技术较高的产品可以推向市场了。当我们把产品推向市场时，太阳能零件产品出口行业却遭到欧美国家的打压，市场需求量一下就降下来了。虽然我们开发出了太阳能零件材料，但是市场没有了。

那时，国内市场对这种材料的需求量比较少，我们本想通过这个项目让公司有一点儿起色，结果又回到了原点。不过，通过这个项目让我们看到了合作方的努力，虽然他们没能完全兑现市场支持的承诺，但为了公司，他们也一直在积极想办法，还一起攻克了新的材料项目。

由于我方对新材料市场不太熟悉，完全是边干边学习，在技术上我们只能依靠合作方。我们选择抓好团队，做好管理，继续朝前走，再寻求新的项目机会。

共同努力赢来风投公司

有一天我们合作方的律师代表（也是股东之一）打来电话，提议我们股东双方召开股东会会议，讨论一个重要的事情。于是新材料公司股东、董事们都准时聚在了一起。律师代表说，他准备介绍一家美国的风险投资公司来投资我们公司，问大家意见如何。

这时我突然想起我们与律师代表初次相见时，他自我介绍说他主要是找项目、找合作者、找资金，我当时对这些没有触动。现在再次听他介绍要引进投资公司的事情，顿时对他的工作来了兴趣。

我们非常支持引进资金，公司要发展只靠我们一家投入资金是不行的，这对于当下正在为资金犯愁的我们来说无疑是个喜讯，博士总经理也非常支持。于是大家就达成了一致意见，并就如何推进此项工作做了细节上的讨论。

为了引进资金，需要公司的管理、技术实力等方面得到投资公司的认可，为此，我们在新材料公司召开了动员会议，要求每个部门都行动起来做好基础管理工作，各项工作都要符合发展的需要。

在之后的一年里，公司做了大量的工作，各方面得到较大提升：申请专利和实用性专利近 10 个，也在申请科技型公司；通过了汽车行业 ISO/TS16949 质量体系认证；业务方面，在市场推销的产品有给汽车行业供货的，也有给太阳能行业供货的，还有给电器行业供货的。这一年内合作双方以及公司全体员工都很认真地做一件事情，就是为企业未来发展做好准备。

不久，投资公司代表就到我们新材料公司考察，他们对我们之前做的工作给予了肯定。通过分析财务报表，他们认为虽然我们前期经营情况亏损，但看好我们合作双方的团队和公司的未来。

投资公司是否会投资我们呢？不久，律师代表又通知我们与投资公司代表开一个见面会议。投资公司通过前期的各种考察和分析，他们有意向投资我们了，但是他们有一个条件，这个条件就是要博士总经理担任公司董事长和法定代表人。

公司要发展,首先要有人才,投资公司看好的也是这一点。博士总经理是他们看好的人才,希望他把这个公司发展起来,正如他自己介绍的那样去做。我们这次见面会议用了很短的时间,投资公司直接提出了这个条件。

经过充分地考虑斟酌,博士总经理就答应了投资公司的要求,辞去了原来科技公司的工作。在我们的合作事业中,他从幕后走到了前台。我明白,投资公司不仅仅是看好企业的未来,同时也是投资博士总经理这个人才。其实投资公司的这个意见我方也非常赞同,非常希望博士总经理全力以赴为公司发展出力,这样公司才有救。

成功引进风投资金后的变化

博士总经理正式成为新材料公司董事长后,投资公司让他在香港成立一家公司,然后把资金投给香港公司,香港公司再投给我们公司。根据双方签订的对赌协议,香港公司给我们重庆公司投资 4 000 万元人民币。

协议里最主要的部分是要求公司在 3 年之内达到他们提出的利润条件,如果达不到,他们要求回购公司的股份至 49%。投资公司提出的所有要求我们合作双方都同意签字了,于是资金很快就到位了。

全体员工通过一年多的努力,最终看到了结果,大家非常高兴,我们也得救了,因为之前只有我们一家投入资金,合作方的投资为无形资产,如果再不来资金,我们的资金链也快支持不住了。

然而这时的博士董事长狭义地认为这是他以个人名义换来的投资资金,所以他像变了一个人似的,开始插手企业的经营管理,但又没有更好的策略落地。其实新材料公司不缺管理,缺的是技术和市场,我们本希望他能把精力放在开拓市场上。但他没有按我们预想的那样潜心经营公司,却把精力放在了其他地方。他与投资公司又另外启动了一个新项目,成立了一家公司,而且他对那家公司更感兴趣,对我们这边反而没有像以前那样尽心了。

看到这样的情形,我非常担心公司的发展,每次找博士董事长聊到市场问题时,他总是给我讲一个又一个"故事",他总会和我讲不同的客户需求。一旦我问得具体了,他便会说某个公司的负责人是他的好朋友,已经承诺了要帮助我们;或是有一个项目特别适合我们生产,需求量很大,现在他已经在进一步跟进,了解一些相关细节,总是让我们抱有一丝希望。于是我们就一直等他的好消息,结果每次他都在解释市场没有得到的原因。但他是投资公司的关键人物,大家对他抱有非常大的希望,所以只好选择相信他。

他之前没有参与公司管理,我们不太了解他的管理方法,此时才发现他非常独断,在有些方面我们产生了分歧,但是没有办法,因为他既是董事长,又是投资公司的代表。他现在基本上没有耐心听我们说话,每次董事会会议他发完言,会议就基本结束了。我认为博士董事长这种独断专行的表现,对公司发展非常不利。

3年很快过去了,公司除了引进了风投资金,依然没有得到合作方的技术和市场支持。博士董事长整天忙着他自己新启动的公司,又是圈地,又是在建厂房,就是看不到给我们新材料公司的市场支持。

公司没有多大起色,每年的销售额没有达到目标,公司一直处于亏损边缘。这样,投资公司按协议回购了我们的部分股权。我们意识到,博士董事长作为合伙方已经严重违约了。

其实我们这时应该选择退出,可当时我们又一次错误地选择继续跟进这个项目,原因是风投资金没有退出,所以我们总想再寻求机会。这就像是一种路径依赖,企业的非线性动态系统一旦被某种偶然事件影响且产生了企业的正反馈效应,比如之前成功地开发了太阳能零件、引进了风投资金，之后企业就会沿着固定的轨迹演化。

企业的轨迹演化具有依赖性，即使在企业后续发展中出现了更好的行动方案，给企业带来较大发展前景的可能性，企业也会沿着原定的轨迹继续发展。这种路径依赖有一种锁定趋势，历史技术能力形成了既定路径，企业沿着已验证的路径进行自我强化，很难放弃已有路径，反而会形成强大的内部惯性。

后来我认识到，选择投资没有错，但是市场环境变幻莫测，要知道有进有退，要善于借鉴和学习，还要善于做出撤退的决定，这才能使企业基业永在。高管人员是最先对企业的创新机会进行识别的人，管理者对企业内部资源状况形成的资源认知和对机会的识别越高，越会做出跨界的判断。

但我认为这种判断是双向的，既要有进军新行业的果断，也要有敢于放弃沉没成本、退出新市场的智慧。做出明智的决策是每个层级管理者至关重要的关键技能，一次及时的撤退应和一次伟大的胜利一样受到奖赏。

我们失去了核心管理权

新材料公司由于没有完成投资公司的预期利润，我们的股份就被稀释了，投资公司成了大股东，但是我感受不到他们的监督，他们把董事长包装成了投资人，处处依靠他。

这时我们已经很难有机会与博士董事长沟通了，他全部的精力几乎都投入到另一家新公司，整天忙于建新厂房，没有时间支持我们新材料公司的市场拓展，但是又不放权。可能是有了风投资金，他对我方极其不信任，这样我们很多合理化建议变得无足轻重，乃至不起作用了。

初期阶段，新材料公司的总协调人是我，由于技术和市场得不到支持，我只能管理好、利用好投资资金。我建议引进行业里有利于公司发展的技术，招聘对应的销售人才，我还联系了材料研究院的专家作为我们的顾问，希望他们帮助我们生产技术先进的有竞争力的产品。

我们从零开始，走得很艰难，攻克一个个项目，重新确立目标。在新目标的推动下，还成立了江苏分公司。公司从管理上已经走上正轨，重庆分公司在当地已经小有名气，江苏分公司每年有上百万元左右的利润了，员工的技能也在不断地提升。

经过开发太阳能项目，技术团队已建立起内外合作机制，得到了部分技术支持，内部开发能力也在不断地提高。在大家的共同努力下，公司拥有了助燃树脂、增强增韧树脂、塑料合金、功能母粒和降解塑料等几十种牌号的产品，已经批量生产改性 PA、PP、PC/ABS、太阳能等一些材料了，而且标准已达到可以替代进口材料的程度。

公司在引进了风投资金的同时，内部的各项基础管理也已达到同行业的管理标准。整个管理团队我们都已协调得非常好，在我的建议下招聘了一位博士总工程师。他在塑料材料行业有十几年经验，帮公司解决了一些难题。我认为公司就这样一步一步走下去，先把亏损止住，现金流会慢慢好起来的，同时再寻求适合的项目。

可是，博士董事长不认可这样的管理方式，也不想了解公司细微的变化，只想马上把销售做大，于是高薪招聘了一名销售总监。他直接安排总监的工作，对管理程序进行调整，我们的监管作用变得越来越小了。

销售总监直接向董事长汇报工作，而且还承诺每年完成几千万元销售额是没有问题的，这可把董事长乐坏了，他把公司的所有权力都交给销售总监，还直接让他担任两个公司的总经理职务，就这样各项基础管理逐步在削减。

我在想，一个企业的领导如果只相信自己，不相信团队的力量，不相信基础管理的作用，对股东、员工不信任，只相信自己的判断，企业能做好吗？企业竞争力的强弱取决于细节，粗放的管理只会让企业的前途堪忧。

眼看着公司破产却无可奈何

销售总监带来的客户基本上都是 PP 材料的订单，价格低且没有利润，每年公司做几千万元的销售额还是亏损。但是董事长依然支持他拉高销售的做法，不谈新技术开发的事情，这样我们以前那些基础管理的内容和招聘的博士总工程师没有用武之地，博士总工程师只好辞职了。

总工程师临走时，我们静默站立良久，谁都不愿意提公司的事，似乎都明白公司将面临我们不愿看到的后果，但又十分无奈，感到悲凉。因为没人来思考规划开发高端新产品，以前与博士工程师建立起来的开发流程没有用了，与从材料研究院请来的顾问的联系也中断了。

公司缺乏一个凝聚团队长远发展的核心经营战略，高层不重视基础管理，导致公司人心涣散，缺乏积极向上的工作氛围。内部质量体系和金蝶软件没有安排维护和管理，公司专利也缺乏维护，我们搭建好的团队被彻底打散了。

总之，新任总经理只盯准拉高销售额这一件事情，一点儿都不关注前期我们辛苦建立起来的基础管理和有潜在能力的支持者，这些都被逐步丢失也就不可避免了。按照新总经理的管理方法和做市场的原则，销售额拉到一定的时候就需要大量的流动资金，但是，他们又从不按照我方要求进行财务管理，我们不了解存货和发出商品的潜在亏损。谁还敢再投入资金呢？

不但如此，新总经理还成立了贸易公司，把公司的产品卖给贸易公司，通过贸易公司再卖给客户，公司利润都被贸易公司控制了，而且应收账款还存在很大的风险。

我们坚决反对这种运行模式。但是，董事长不管那么多，他只关注销售的增长，还在做公司上市的梦。眼睁睁地看着公司流动资金在悄悄地流失，我们非常心痛。我流着泪在想，我们成功经营企业十几年坚持的那些原则和经验，难道都是错误的吗？

我们既投入了资金，又实实在在做事，而他们那样糟蹋公司的成绩和投资人的资金，让人非常心寒。我们这时很想退出公司，但是碍于与投资公司签订了协议，又不能退出。所有股东中只有我们是实体单位，他们很需要把我们公司纳入"装扮"对象。

事实上我们很难受、很受煎熬。新的总经理按董事长的意图执行了几年，没有把公司做大，反而把公司几千万的流动资金消耗殆尽。我在想，投资公司的资金冒险投给我们公司，为什么不参与监督管理呢？我们完全不清楚博士董事长与投资公司是怎么交易的。投资公司从开始到最后都没有直接监管公司，这是我们非常不理解的。

我们眼看公司破产，又无能为力，公司经营了10年，我们好比坐了一次过山车，在这个过程中，有兴奋、期盼，也有挣扎、煎熬。

从这个项目，我们清楚地认识到，合资合作一定要先选对人，对于不能合作共事的对象，应该立即采取对策，以公司少损失为原则。凡是违背企业自身生存规律和法则的，亏损是必然的，投资要谨慎，不要盲目想着"上市"。

想成功地经营好企业，就要付出不亚于任何人的努力。没有拼命和付出的精神，想走捷径之路，让企业经营取得成功，是不可能的。

正因为海上有风浪，所以才区分了船长和船员。团队打天下，管理定江山，创业不是站在四平八稳的陆地上，而是在充满着风险和未知的大海上航行，所以一家企业需要的不是只会纸上谈兵的领导者，而是能真正带兵打仗的人。

事实上，在中国民营企业中，有些企业领导者是"权力控"或者是潜在的"权力控"。依靠经济力而非决策力来获得权力，权力成了他们追求的重点。然而，从办公桌上能一眼看到的"世界"是可怕的，企业经营的战场永远在现场。只有事事在劳力上劳心，才可得经营之真理。与博士总经理合作失败的案例告诉我们：一个创业者再优秀，要使企业最终走向成功，需要足够谦虚、包容、博采众长，避免狭隘和错误方略，懂得合作，拒绝独裁主义。

第二节　扩展新事业遇到了人才问题

松下幸之助说，企业即人。当管理者具有较高的资本组织、企业并购、从事复杂业务流程、解决代理问题、反收购等能力时，企业更多是进行跨界职能开发和并购活动，企业的唯一资源是人。

管理者不仅要有寻找机会的能力，还要有寻找机会的视野，视野越宽，企业寻找新的发展机会的可能性就越高。企业管理者在创造性搜索机会和对企业的战略进行建构的过程中，有利于打破原有的路径依赖，识别多元机会，把握机会，明确新的发展方向，做出核心的战略决策。

扩展事业要思考人力资源

2007 年上海合资企业转卖以后，我们就把一部分精力投向了重庆。为了快速发展重庆的事业，我们除合资合作新材料项目外，还兼并了几家国有和私营的企业，目的是想借助一个基础，然后按照我们的方式，把每一个项目进行迭代，快速发展起来。

但在做投资兼并之前，由于我们工作做得不细致，没有好好研究每个企业的市场情况，也没有全面分析人才情况，急于成立和兼并，加之重庆的每一个项目的问题都很多，使得我们在管理上力不从心，我们只能先选择解决部分问题。

其实，企业经营的头等大事就是选择好企业的总经理。这个人非常重要，他必须能认真执行董事会决议意图，有优秀的品德和灵活的思维，并能影响和带领员工，使大家团结一致、尽心尽力去实现公司制定的方针和目标，这样企业才会进步和发展。

当时我们只希望重庆的项目能快速发展起来，兼并了一家经营摩托车消声器的国有企业。他们主要给中日合资的摩托车企业供货。当时这家国有公司想把该项目剥离出来，经朋友介绍，我们接触到了这个项目。

当我们听说他们想与我们合作后，我们觉得这是一条新的合作路子，于是欣然答应进行洽谈。我们对该项目的资产和市场进行了简单评估，了解到他们有现成的客户，年销售收入在 3 000 万左右，但设备非常陈旧。如果要把这个公司做起来，还要投入一些新的设备。

根据调研的情况，我们公司董事会专题讨论了是否要投资该项目。这是我们第一次以兼并方式与国有企业合作，大家认为是一次新的尝试。如果能依托国有企业在重庆发展，也是一件前景较好的事情。我们已经很多年没有在重庆开展经营了，把这个项目作为平台，还可以学习和了解重庆的发展情况，所以董事会最终决定投资这个项目。

根据双方友好协商，我们两家企业很快就得到了各自董事会的批准，不久这个项目就在重庆成立了。但在组建团队时，我们发现上海已经派不出管理人员到重庆了。这是一件危险的事情，缺乏管理者会导致项目搁置，而无法胜任岗位的管理者更是会产生目标不清晰、执行效率低等问题。

这时我们想到重庆有两名老员工或许可以胜任。他们原是上海合资公司的副总工程师和销售副经理，因病辞职回家休养，可以先征求他们的意见。如果他们能在这家公司工作，不但正好解决他们的就业问题，而且也解决了我们人才紧缺的问题。

于是我分别联系了他们，介绍了该项目的情况，表达了集团公司的意思，希望他们能管理该公司。很顺利他们接受了邀请。

不久，消声器公司召开董事会会议，我们在会上推荐了他们两位并获得通过。会议任命原副总工程师为总经理，任命另一位为销售经理。我们另外招聘了一位财务负责人，一个骨干团队就这样快速建立起来了。

可惜的是公司未能按预想顺利发展，后来我反思，当初我们急于投资兼并公司，没有细致地考虑人力资源问题，同时对上任的管理人员培训也不够，把他们仓促地放到了公司领路人的位置上。他们是否能带团队共同进步，是否能按我们总部提倡的企业文化来经营，我们都没有验证。

20世纪80年代，为什么日本制造业的发展如此迅速呢？经研究发现，日本企业特别注重团队管理和企业文化，能够充分发挥员工个体的积极性、主动性和创造性。如果企业的总经理不能让员工对自己所在企业投入极高的热情，有归属感，那么员工的主动性就难发挥出来，工作效率也低。

人是企业经营的主体，特别是核心团队的建立，个人英雄主义不适合企业生存和发展。一个组织既要强调整个团队的战斗力、凝聚力，领导者发挥的领导价值，还要加强对整个组织的规范、流程、制度的建设，来防范快速发展过程中所面临的一系列问题。

急于求成导致新公司倒闭

新公司成立以后,很多员工都解除了与原国有企业的劳动合同,重新与合资企业签订了劳动合同,这让我们非常开心。我与新上任的总经理交流了很多,希望他们能够好好爱护这些员工,尽快建立起质量管理体系,加强员工培训,特别要关注员工提出的合理化建议。

我们还交流了销售、设备方面的问题,希望他们在现有的基础上拓展市场,改造设备,尽快让公司有活力,逐步强大起来。当时我们在上海、深圳、重庆同时有不同的项目在开展,所以对重庆这个项目缺乏监督管理,于是我们就把监管这个公司的职责交给了合作方,但是合作方并没有很好地监管这个公司,他们误认为主要管理团队是我方派的,应该是可信的,这就造成了股东两边都没有下力气来监管这个公司的发展的尴尬局面。

我们派过去的总经理比较保守,他以前是做副总工程师的,而且又是临时受命,没有经过总经理职位的培训和考察,在拓展市场方面的思路非常有限。因此公司新品开发没有持续跟上,潜在的项目机会也越来越少,加上采购成本也没有得到控制,特别是用人方面,没能让主要骨干团结一致,献计献策,只采纳少数人的意见,致使公司经营每况愈下,利润持续下降。

我们从 2007 年开始投资了很多项目,人才是关键,有的项目在正确的人才领导下,迎战困难,不断地走向了成功;有的项目由于人才匮乏,导致企业没能抓住时机发展壮大起来,反而使项目减少,业务萎缩,成本增加。

就像这个消声器项目一样,始终没有新的项目产生,老的项目又有客户抱怨。当我们意识到问题的严重性时,亡羊补牢也没有用了,不久这个公司就走到了破产的边缘,最后公司以破产倒闭告终。

正确的决策来自长期管理经验积累的智慧，换句话说，每个企业都应当为管理者们预留好足够的成长空间，养兵千日，一战定胜负。如果投资企业越多，又没有严格的监督和淘汰制度，企业就越难于发展，即使硬件再好也难以逃脱亏损的命运。

自古以来得人才者得天下，国家如此，企业亦然。世界上每家破产倒闭的企业中，多数是因为企业管理者的决策不慎造成的，特别是公司总经理这样的决策领导者非常重要，好的总经理可以让公司由弱变强。

管理者能力是管理者内在具有的隐蔽性资源，难以被竞争对手直接模仿，通常表现为管理者的知识、技能和经验。一个好的管理者，在有效理解、利用、控制相关资源持续创造价值方面具有良好表现。企业所拥有的管理者能力是企业重要的无形资源之一，也是企业进行战略选择、实施战略规划的重要影响因素。

当企业面临扩展开发阶段之时，我亦反思其中，一个公司项目团队，从开始的宏图伟志到最终的成功发展，其中要迈过的门槛与经历的磨难是一般人无法想象的。成功并非一朝一夕就能实现，需要一个持久漫长的发展过程，而急于求成的心态是创业途中最为忌讳的。

第三节　深度思考企业未来的发展空间

对于创业者来说，选择在什么样的行业发展是关键的一步。如果将企业比作一粒种子的话，市场就是企业扎根的土壤。创业者一定要真正了解自己所从事行业的市场竞争情况，从中找到生存与发展的空间，也就是说这粒种子要和土壤紧紧地连接在一起，土壤才能给企业的长期发展提供充足的养分和适宜的成长环境。

我们盲目进入改性塑料行业,既选错了行,又没有选对适合的土壤,项目与市场没有很好地连接起来就开始投入进去,最后企业没能存活。

据中国《第一财经日报》数据统计,2017—2019 年 3 年间,中国初创企业存活率不足 1%。事实上,创业成功的比例是极其低的,而决定创业成败的关键要素之一就是行业选择。

人们常说选择大于努力,我认为应该这样理解:没有选择余地的时候,努力是唯一的变量;有选择余地的时候,选择更重要。但在大多数时候,很多创业者在初期会因为充满激情,缺乏清醒的判断,快马加鞭地想要打开蓝海市场,忽视了思考和研究的重要性,导致创业者经常会感到手足无措、毫无头绪,所谓九死一生,也不为过。

在成为创业者、管理者之前,也许我们都应当先成为一名研究者。创业既要有雄心壮志的气魄,还要有精雕细琢的技巧。

市场既然是生存与发展的土壤,作为创业者就必须围绕市场深度剖析,要考虑自己的精准定位。有的市场本来规模就不大,即使你成功了,也无法获得足够多的销售收入,那样是很难把企业做大做强的。

同时还要考虑到进入的行业还有没有可以发挥的空间。如果行业已经产能过剩,创业者要分析,在这样一个环境里,有没有"播种"以及"生长"的地方?如果没有新颖的切入点,创业就很艰难。

更重要的是,要考虑一个行业的创新边界在哪里。如果是个不受科技驱动的行业,你面对的一定是异常激烈的市场竞争和随时被替代的可能。所以作为创业者,必须根据自身实力确定竞争的方向,分析环境、企业的资源,识别优势和劣势,制定清晰而明确的目标,进而做出是否创业的决定。

一个成功的创新企业往往更注重制定整体的创新战略,对于"创新能给企业带来什么""创新不能给企业带来什么""企业通过创新要成为什么样子",这些问题都要考虑得很清楚。他们往往对"我在创新里面可以做哪些,不应该碰哪些"有一个清晰的边界。总之企业要有更清晰和更强大的战略目标指引整个创新战略的落地。

当最终确定创业的目标和方向以后,还需要建立一个相互信任、共同创业的核心团队,相互支持、共同努力去实现企业的战略目标。它不是个人权力的天堂,必须是团结的、奋进的、相互信任的团队,团队的领路人必须是一个能为企业长远发展制定战略的人。

要想寻找创业成功的空间,就必须与市场紧密连为一体,在现有的行业里分析市场,寻找被忽视的具有潜在价值的市场。在我们寻求多元化发展时,我们投资改性塑料公司失败,就是因为经验不足,没有坚持创业时的初心,没有认真研究市场,做有竞争力的产品。

后来,我们的合作方也没有能力实现技术和市场支持的承诺,而是选择在过剩的产品市场里以低价去抢市场,结果把所有的流动资金都用在了过剩的市场里,最终让投资方亏得特别惨,也让团队的积极性和动力逐渐被消磨掉。

一名真正的企业家,不能只靠胆大肆意地东奔西闯,也不能只会照本宣科,必须在市场经济的大潮中摸爬滚打,在风雨的锤炼中成长。若不想付出任何努力就想成功,是不可能的。

创业是不容易的,但在创业初期创业者很容易一时冲动就扎进去了。为了少走弯路,创业者需要深度思考企业未来发展的方向,建立有效的团队,选对领路人,从市场出发,了解它、分析它、努力争取它,以科学的差异化竞争思维指导创业,才能寻找到适合自己企业生存与发展的空间,创业才会成功。

第四节　与朋友合作，一定要严格把控契约风险

在这个时代,想做大事的企业家很多,但能够把小事做细的很少;制定雄韬伟略的企业家很多,但在执行中精益求精的很少。一个企业的成功,很大程度上取决于对细节的处理,细节是企业与企业之间差异化最为本质的反映。

在诸多商业细节中,合同的签署尤其值得注意,特别是在与朋友合作前,一定要签好协议,否则后患无穷。我们就曾在与老朋友合作中遭遇法律纠纷,这个案例时刻警醒着我们。

与"老领导"的再次合作

有一家与我们关系密切的上海贸易公司,业务做得比较顺利,联系上了一家在美国的大客户,打通了渠道,争取到了一些出口项目。随着项目的增加,美国客户要求上海贸易公司在美国有一个服务机构,以便更快处理新项目对接和售后服务相关事宜。

为此,贸易公司负责人就找到我寻求支持,让我们一同协助,在美国找一家服务机构,不管是出口美国的项目,还是争取新的项目,都能得到及时跟进。说来也巧,那时美国的一位朋友到中国来想见我们董事长,董事长听说老朋友来了非常高兴,就带着我们去接待了那位朋友。

这位美国朋友不是别人,是我们之前中美合资公司的董事长,当时任美国汽车集团的总裁。我们那时能与美国方合资成功,他也起到了一定的作用。他对我们上海合资公司有过很多帮助,帮助合资企业渡过了起步阶段最艰难的时期。后来,由于美国公司

人事变动,他就离开美国汽车集团了。

出于尊重和感恩,在此后的交流中,我们仍尊称他为总裁。通过这次拜访,我们了解到,总裁离职后,与几位一起离职的老同事合伙成立了一家服务咨询公司,主要针对亚洲与美国之间的贸易往来项目提供咨询服务。

他们这样的机构,不正是我们目前发展美国业务所需要的吗?于是,通过总裁对贸易公司的进一步考察、沟通,双方基本确定了合作意向。毕竟,对方曾是美国上市公司的总裁,我们也成功合作了5年,对于他们的业务能力和资源,我们是深信不疑的。有他们在美国帮我们对接当地客户,对我们拉近与美国客户的距离,肯定是有好处的。

总裁一行回国后,通过我们引荐,他们很快就联系上了上海贸易公司在美国的客户,并进行了走访。总裁向客户也了解到,上海贸易公司提供的产品质量优,而且成本具有竞争力,所以,他们对贸易公司抱有非常大的希望,坚定了与该贸易公司长期合作的信心。

隐藏在合作开端中的契约问题

不久后,美国总裁又一次来中国拜访我们。我们感受到了他们的诚意,因为这次,他们带来了律师起草好的几份合作协议,协议很详细,有好几十页。我们大概浏览了协议的中文内容,基本上是标准合同的模板。但是在细节方面,尤其是对佣金的收取范围和计算方法,定义得很宽泛,如果发生争议的话,是很难界定的。

按照正常流程,合同签署之前,既需要内部审核,也需要我们的法律顾问评审,对不平等条款是要提出修订意见的。可是这一次,面对的是曾经帮助过我们的"领导"。他从美国公司离职后自行创业,设立了这家小型服务公司。公司还处在初期的艰难阶段,我们的任何拒绝或者否定，都好像带着刁难。

公司虽小，但他们表现出的态度依然是非常强势和自信的。然而，怀着感恩之心的我们，有点抹不开情面，难以开口提出对合同条款进行讨论修订。而且，我们当时还有个想法，就是想帮助他们渡过初创期的难关。所以，我们认为合同没有大的问题，当天就签约了。

在后来的业务合作中，没想到美国市场形势非常好。为了给客户提供快捷、满意的服务，贸易公司和美国代理机构都非常敬业，克服了时差问题，不分昼夜，频繁邮件往来。一年下来，我们一个接一个顺利拿下出口项目，出口产品订单的业务开始暴涨。

从当时的情况来看，上海贸易公司与美国代理机构的合作，应该不是短期行为了。因此，对于服务协议里漏洞的担忧，在我心里又复活了。按照合作协议条款，一旦双方出现争议，我方将非常被动，难以保护我方利益。

出于防患于未然的想法，在我的主持下，我们对与美国代理机构签署的所有合同重新进行研究，对于存在的漏洞，我们商议出了解决方案：借中国海关的管理规定，与对方补签了一份出口贸易合同。这份合同补充了佣金条款，严格界定佣金的计算方式和项目范围，并且特别增加了关键的一条，即如果双方签署的协议存在冲突，以本合同为准。

通过一段时间的合作，双方进入了较为理性的阶段，不再是领导与下属的关系，而且由上海贸易公司与他们直接沟通，只是纯粹的商业合作关系。在巨大的利益面前，在商言商，规避风险，也是合情合理的。

我们将起草的协议发给对方，由于条款中立，定义清晰合理，所以他们也没有提出异议，最后双方进行了会签。这样，之前协议里存在的漏洞堵住了，悬在我心里的石头终于落地了，贸易公司也就能更加放心地与美国代理公司开展业务了。也正是因为这份补签的出口贸易合同，为后面规避巨大的经济损失，起到了保护作用。

美国服务公司突然停止服务

贸易公司与美国服务公司合作了近 3 年，一直比较顺利。时间来到 2008 年，受全球金融风暴的影响，美国客户的新项目减少，出口到美国的业务量也低于预期，当然，美国代理公司的佣金服务收入也相应地减少了。

某一天，上海贸易公司突然收到了一封来自美国服务公司的邮件，主要内容是通知取消服务，解除合作协议，而且是没有任何协商地单方面停止一切服务。我们收到邮件后非常诧异，业务在正常开展中，为什么他们突然迫不及待提出分手呢？

对于其中的原因，我们也做了分析调研。可能是他们在中国找到了其他供应商伙伴，会给他们带来更大的收益。终止与他们的合作，我们并不十分担忧，因为我们的产品和服务已经在美国客户那里打下了根基，与客户也有紧密畅通的联系渠道，大不了我们派人多去美国访问，将佣金成本转化为差旅成本而已。

既然双方都同意终止合作，那么就需要进行业务清算。贸易公司按照两个协议的相关条款，计算出最后应支付他们的费用是人民币 100 多万元。但美国服务公司反馈，按照最初的协议计算，贸易公司应当支付几百万美金的费用。

这样，巨大的差异就产生了，双方为此发了很多封邮件，论证自己的计算才是正确的。事实上双方签的协议和贸易合同是很清楚的，以服务期间得到的项目为清算依据，停止服务以后取得的项目与美国服务公司没有关系。

补充订立的佣金协议规定得非常清楚：对上海贸易公司提供

服务且实现的销售收入才作为佣金提成计算。但美国服务公司把客户预测的未来项目、他们还未提供服务的潜在项目都纳入佣金计算。潜在项目是客户的预测，谁也不清楚今后会定点让哪家供应商开发，怎能提前就结算佣金呢？

对于这种无视协议条款的无理主张，贸易公司肯定不能接受。我们坚持按有效的协议条款进行结算。双方僵持一段时间之后，上海贸易公司收到了代理公司在美国提起仲裁的通知。对于这种不讲道理的主张，贸易公司一开始拒绝接收申请书，也不打算应诉，但代理公司逼着贸易公司接收。

可能是美国代理公司对自己签订的合同过于自信，认为自己在美国申请仲裁，占主场优势；另一方面，他们也有自己的小算盘：他们凭着对中国企业的了解，以为中国的小企业一般比较畏惧这种跨国纠纷，既有语言的问题，也有地域的问题，还有不同司法系统的问题。他们猜测要么我们被吓得退让，与他们协商支付金额；要么只要我们承认接收到申请书，不应诉也没关系，一定期限后，美国仲裁机构可以直接裁决贸易公司败诉。

然而，他们估计错了。首先，我们所有的行为和主张是依据法律和合同行事的。其次，在日常业务往来中，我们特别注意规避合同漏洞，并规范书面记录。有往来邮件为证，完全有理由走法律程序来主持公道。所以，我们在与法律顾问充分探讨后一致决定，我们必须迎战这次跨国纠纷，绝不妥协。否则，对我们团队、贸易公司的声誉有负面影响，出口美国的商品也极有可能被质押。

一场长达 3 年的跨国仲裁

对于作为被申请人的中国小微企业，在美国的仲裁庭能取得成功，是非常令人欣慰的结果。这其中，能遇到公正的美国仲裁员，或许是我们的幸运。这场使人印象深刻的跨国纠纷长达 3

之久。这期间，我们自然是付出了大量的时间和精力，也非常烧脑，但我想，有两个方面的经验是非常值得总结的。

第一方面，专业的人做专业的事。遭遇从天而降的、这么一个大的国际纠纷，贸易公司是第一次，我们中方团队也是第一次，根本没有这方面的经验。作为双方最初的合作搭桥人，在出现这种问题时，我们能做的就是全力以赴，支持贸易公司获得公正的裁决结果。所以，从思想上我们非常重视这件事情，寻找合适的人、配备相应的资源来处理这件事情。

要取得仲裁胜利，找到美国当地的资深律师尤为关键，因为美国每个州的法律是有区别的。为此，我们动用法律顾问资源，辗转联系，终于找到一家在上海有办事处的美国律师事务所。通过沟通，这家律师事务所接收了这个案子，并安排了3位律师处理我们的案子：上海办事处的律师负责商务沟通，一位美国大律师负责抗辩策略和主辩，一位美籍台湾律师做助理。

在仲裁时，最重要的就是有利证据的收集和提供，所以，中方团队也成立了由领导和员工组成的事务组，指定既熟悉整个合作过程又精通英语的人员与律师团队对接，一起整理完善证据链。这次与美国律师事务所深入合作，让我们大开眼界。虽然他们按小时计算的费用非常高，但他们的专业能力真的是让我们敬佩不已。

他们的抗辩策略与我们沟通得很清晰，证据收集也逻辑清楚。虽然我们相距甚远，但并没有任何的时空障碍，仿佛我们就在现场办公，高效顺畅。我方人员将合作过程按照时间里程碑分阶段地进行概述，明确指出争议点是什么，为什么会有争议等。然后按阶段将相应的关键证据打包提供。美国律师消化了我们提供的材料后，根据他们的策略和思路，提出补充证据的意见，我们再进行完善和补交材料。光是证据沟通整理，就花了一年多时间。

这也给我一个启示，企业在经营中一定要保存好往返的业务记录，包括邮件、聊天记录、协议、发货记录，以及在经营活动中的相关资料。所有资料都要安全存档，以便事后跟踪检查。

对于律师的专业能力，有一个细节让我印象很深刻。有一次，那位助理律师到香港与我们当面沟通一些业务细节。在查阅资料时，她打开一个箱子，里面是几年来我们提供给他们的业务材料，全部分门别类地装订在好几个文件夹里，标识得非常清楚。不管我们谈到哪个问题点，她立马就能找出相关的文件材料来。我太佩服他们工作的精细程度了，看得出他们对案子的用心。她的这份细心和用心，也让我们感到非常放心。

第二个方面，发挥主体能动性，不仅仅依靠律师团队。我们深知，要打赢官司，赢得法官的支持，我们要尽量做到万无一失，建构符合逻辑的、强大的证据堡垒。律师对于案子的理解，毕竟限于我们的介绍和材料的信息。所以，在仲裁的各个阶段，我和事务组成员经常组织头脑风暴，先行推测对方对我们下一步抗辩的反应，我们的后续证据还有哪些地方需要补充加强，以便及时主动和律师沟通想法，而不只是被动地按律师意见提供资料。

事实证明，我们这样主动应对，在一些关键细节上不断增加证据，对我方观点的主张支持力度很大，对赢得仲裁员的信任和认可起到了很大作用。就这样你来我往，经过首次摘要、答辩摘要，在香港、美国几次的听证会，历经3年，最后到了美国仲裁庭，贸易公司赢得了胜利，裁决按照我们的计算规则结算佣金，美国代理公司支付仲裁费用。

为了这次商誉之战，我们付出了高昂的律师费用，但也学到了很多。商场犹如一个没有硝烟的战场，一不小心可能就会全军覆没。在进行商业往来时，当事双方一定要把协议条款讨论和理解清楚，预测所有可能存在的风险，避免产生误会。当矛盾无法调和，发展到打官司的地步时，要认真应对，不能有任何的侥幸心态。

绕开人情，合同方能完美。对中国存在已久的人情社会来说，以契约精神和风险控制为核心的合同，或许太过于冰冷且威严，好像也有点"伤和气"，但事实证明，凡是双方合作的协议，都要把感情和事情分开，应恪守契约精神与风险控制。毕竟协议不仅是法律依据文件，而且是双方长期、友好合作的基石。

归根到底，合同是双方利益博弈的结果，在商言商，我们不仅要重视合同中可能存在的隐患，更要做到让双方在主观层面对合同价值进行认可，如此，即便产生分歧，问题也会迎刃而解。

第九章

聚焦合资合作模式，带动企业升级

第一节　继续聚焦与国外先进企业合作

合资合作生产汽车配件是我们创业的初心，当与美国公司的合作结束后，董事会决定，还是一如既往地寻求与外企合资合作，并且聚焦与国外先进汽车配件企业合作。因为汽车配件是我们最熟悉的行业，更适合我们团队的成长和发展。

就这样，我们把第一次投资回报的全部资金都投到了我们规划地区的新项目上，有的项目甚至通过贷款投入，与此同时，我们也在寻求与不同汽车配件产品合资合作的机会，以达到进一步发展的目的。

其实我们对不同汽车配件产品项目投资，既是寻找与外企合作的机会，又解决了员工的就业问题，充分让有能力的骨干成员参与到创业中来，带领他们一起成长。这期间，我们还大胆起用新员工，帮助那些愿意努力学习和进步的员工自我提升，让员工在不同岗位上充分展现自己的价值，使他们更加从容和自信。

寻求发展之路的坎坷和曲折

我们第二次创业采取的是多元化发展策略，目的是帮助公司寻求项目发展和分散风险。那时最主要的任务就是找合适的新项目。只要新项目的可行性报告被集团审核通过，我们就支持成立公司，鼓励项目负责人带领团队一起创业。为了尽快让各个项目成长起来，我们以集团的形式对各投资项目进行了扶持、培训和管理。

那时我的精力主要放在对各个项目的支持、协调和培训上，我经常奔波往返于国内各地区，同时也多次出国考察寻求新的合资合作对象。当时集团公司总体方针是，既要抓好各内部企业的基础管理，也要寻求国内外新的合作对象，让企业拥有更高的平台，从而更快更好地发展起来。

特别是在管理方面，我们尽力把所有掌握的管理理念分享给每一家创业公司，还把各项管理都制度化和标准化，目的是让每一家新创业公司尽快健康成长起来，在不同的领域里增强自己的竞争能力。

我们也非常希望各公司能在我们的帮助和自己的努力下茁壮成长，这样集团公司就有一定的抗风险能力，不再像第一次创业那样，面临危机时，陷入尴尬境地。

我们第二次创业是非常艰难的，不是那么一帆风顺，各项目在创业阶段都很辛苦，可以说每一个创业团队都留下了艰辛的足迹。这在前面提到的那些失败案例中已得到了充分的说明。

我们的投资项目有合资合作的、有独立经营的。有的项目在错综复杂的环境中，最终通过共同的努力成功了，有的项目跌宕起伏，最终没能渡过危机而失败了。

在集团公司引领下，通过一起创业的模式，大家都忙碌起来，最让我们感到欣慰的是，各公司都各显神通地去探索未来发展之路。在二次创业的 3 年历程里，我们成立和兼并了很多公司，它既让我们经历了成功的喜悦，又品尝到了失败的辛酸。

当时，董事会对投资失败的项目，还进行了专题讨论和分析，总结那些创业失败的公司，都有一个共同的失败原因，那就是我们识人、用人的失败。这些管理者有着相似的问题：听不进任何人意见，拒绝集体的智慧，所以在瞬息万变的环境下，没有实事求是地做出决策。

我认为创业公司的成功与失败，公司总负责人是非常关键的因素。如果总负责人是有诚意，心系员工，多想着公司发展，少计较个人得失，顾全大局，听取有效建议，这个企业就成功了 80%，另外 20% 则看机遇，机遇适合，公司就会迎风起帆。

为追求先进技术，再次与外企合作

选择生产先进的汽车配件产品是我们主要的发展方向，所以在二次创业开始的几年间，我们没有放弃寻找最适合的项目——它必须是客户认同的、有先进技术的项目。经过多方面了解和对比，我们成功联系到一家生产汽车配件的德国公司，他们的产品非常适合与我们公司合作。

在国际平台上他们是我们的竞争对手，但在中国市场上，他们是最好的合作对象，双方可以优势互补，最重要的是彼此都有诚意，愿意长期合作经营好中国的市场，所以不久，我们就与德国公司进行了合资合作。

这家德国公司创立于 1926 年，历经 90 多年的发展，那时他们已在全球四大洲有 18 家企业，公司主营专业设计和制造智能机电驱动调整系统，自主开发相关电子产品和驱动元件，通过持续创新，致力于为客户提供有竞争力、技术领先的产品。

能与德国公司合资合作真是一种缘分，我不由得回忆起几年前，就有一段与他们相遇的经历。那是我们还在与美国公司合资的时候，我经常从客户那里听到这家公司的名字，所以称得上是久仰大名了。他们的产品质量非常好，我们非常佩服他们的开发能力。

当时我们上海合资公司正在争取上海客户的一个项目，这个项目的原配就是这家德国公司。如果要对这个产品进行国产化，就意味着要停止德国原配公司供货，但是中国公司要做出该产品就必须购买一个他们有专利的零件。

虽然在中国客户那里我们是竞争关系，但在德国就不同了，他们是我们美国方合作伙伴德国公司的产品供应商，而且双方关系还比较友好。德国的兄弟公司了解到我们所需后，非常愿意帮助协调此事，就引荐我们去拜访他们公司，希望给予支持。

让我感到惊讶的是，这家德国公司不但没有因为存在竞争而产生反感敌对态度，反而还答应支持我们。事实也证明他们非常有诚信，当中国合资公司拿下项目后，他们及时地支持了合资企业。他们的友好和诚信给我留下了非常深刻的印象，没有想到时隔几年，我们竟成了合作伙伴，我想这就是一种缘分吧。

可以这样说，商业合作有三大前提，一是双方必须有可以合作的利益，二是双方必须有可以合作的意愿，三是双方必须有共享共荣的打算。幸运的是，我们与德国公司的合作奇迹般地满足了这三个条件。

我们与德国汽车控制系统公司合资以后，有部分员工被聘任到了合资企业工作，他们大部分在我们原来的美国合资企业工作过，虽然已经有较多的工作经验，但还是跟不上技术发展的速度，他们愿意在德国合资企业学习新的知识，也非常珍惜来之不易的工作机会。大家都秉持诚信、敬业、团结、创新的企业精神合作开展工作,因此,与德国合资的企业起点高,人才辈出,后劲也增强了。

其实现在的社会就好比一个大家庭,是紧密联系的整体,举"合作共赢"之旗帜,实则是世界万物之规律。企业之间不是孤立的,特别是民营企业势单力薄,如果不借助先进企业的力量,就会处于孤立无援的境地,自身很难发展。

作为民营企业,既要敢于参与竞争,又要有与强大的竞争对手搞好关系的能力。我们不妨抱着这样的想法:既然能成为竞争对手,对方无疑是优秀的,不优秀怎么能和我们竞争呢?任何一个进步的体系,也都是开放的,不然就会丧失其发展的可能性,因而也就会丧失其进步性的特点。

当前,生活多元化,经济一体化,交流全球化,张开合作双臂,诚信合作,共同发展,追求共赢亦是我们企业的发展宗旨。聚焦与优秀的伙伴合作帮助公司更好地理清发展思路。

第二节　求之于势,不责于人

我们集团公司创业期间正是全球化经济高歌猛进的时候,所以,顺势而为,成立中外合资公司就成了我们事业发展的主旋律。我们愿意与世界级公司合作共舞,这是学到先进技术最便捷的方式,同时也能提高我们在同行中的竞争力。

在第二次创业时成立的所有合资公司中,最有挑战的是我们与德国公司合资的一家公司。因为这家公司从成立到取得盈利,我们努力了4年,艰难程度不亚于第一次创业。

大家对这家公司抱有非常大的期望,所以它肩负着太多的责任和希望。那时,我感觉集团内所有的公司,都在盼望这家合资公司快点发展起来,能拥有像当初与美国公司合资那样的前景,同时也能成为大家学习的榜样。

二次创业构建命运共同体

我们与德国公司合资后,量产的项目非常有限,凡是与项目有关的事情都要从头开始,所以,公司初期状况非常艰难。有人说:"你们没有问题,以前与美国方合作过的,应该有很多经验。"事实上成功是无法复制的,我们必须不断学习,打破固有的"城墙",重新建立思维框架和模式,才能实现预定的目标。

德国方为合资公司争取的项目还在开发中,量产要 3 年以后,除此以外,德国方没有其他产品转移给上海合资公司。也就是说,合资公司在这 3 年的时间里只能自己想办法开发项目维持公司的经营。

就在这样的情况下,我们中方董事长主动兼任起了这家合资公司总经理的责任,当仁不让地把最困难的公司留给了自己。他与外方一道不断地克服困难,建立起各项基础管理,为开拓新的项目付出了巨大的努力。

为了德国公司开发的项目能取得成功,合资公司需要大量的人才配合他们开发,同时还要添置很多检测设备和生产线满足新项目的需要。这对刚成立的新公司是一个非常大的挑战。因为公司承担的资金投入和项目费用巨大,现金流非常紧张。

那时合资公司收入少,支出大。要想整个团队人员都能理解公司的难处,又能发扬团结、互助和拼搏的精神,需要建立人与人之间的信任。董事长的个人能力是大家公认的,他与员工同甘共苦、齐心协力、战胜困难的决心也是有目共睹的。

在董事长的管理和影响下,员工看到了公司发展的潜力,再难大家都能一起坚持。能坚持不是一句话的事,是收入低、福利跟不上等现实问题摆在面前时,还要加班努力工作。这样的坚持就是信任,对领路人的信任,对合资公司未来的信任。

我认为员工和企业之间有三种关系:利益共同体、事业共同体、命运共同体。利益共同体很好理解,即员工努力拓展业务,公司赚到了钱,公司和员工之间分配,这是短期利益。事业共同体是员工和企业都着眼于长远收益,选择一个领域长期扎根下去,最终收获的利益不仅限于金钱,还包括荣誉、人脉、声望、社会效益等。但这两种共同体都是基于利益的,无非是时间的长短而已,在二次创业时,我们需要的是第三种关系:命运共同体。利益共同体和事业共同体是"我们能共同获得什么",而命运共同体是"我们不能失去什么"。第一次创业时,我们投入了大量资金、时间、精力和希望,取得了成功;而到二次创业时,我们有了更高的发展平台和框架体系,我们的根都共同扎进了这个基础上,这些都是我们愿意为之奋斗和坚持的。

善战者求之于势

如果要把德国公司正在开发的项目让中国合资企业生产,提供给客户,还有很长的路要走。我们合资企业必须全力以赴给予支持,相关配套项目都要全新投入,还要完成客户的质量及生产体系方面的认证。项目开发时间长,我们与德国方都需要花费几年时间的努力才能实现量产。

那时的合资公司能量产的项目很少,销售收入也有限,我也非常清楚合资公司的成功对我们集团公司来说很重要,所以非常希望能帮助合资公司,于是就和董事长提出,公司正处在爬坡阶段,非常艰苦,需要我做什么,随时安排就是。董事长知道我正在管理另外两家合资公司,已经很忙了,所以让我主要协助销售方面的工作。

销售团队的负责人与我一起共事多年，彼此比较了解，所以有任何问题，我们之间都能及时沟通。只要有需要，我都会拼尽全力帮助解决相关事情，目的是希望合资公司尽快发展起来。

其实销售工作是最考验人的，往往没有固定的工作时间，在个人时间与工作时间分配上没有严格的区分，需要随叫随到，所以无法保证个人的时间是常事。

为了能多争取一些项目，我也尽最大努力协助董事长抓好合资公司的销售工作。在董事长的打造下，经过大家的努力，合资公司出现了新的景象。

新开发出来的项目开始增多，经常有客户到公司审核，有美国体系内的客户，有欧洲体系内的客户，还有日本体系内的客户。每一次客户的审核要求都有点儿差异，所以大家经常加班加点整理各项基础管理资料和对车间现场的管理。

《孙子兵法》中说："善战者，求之于势，不责于人，故能择人而任势。"善于用兵打仗的人，总是努力寻求有利的态势，能够选择人才创造有利的态势，而不是对下属求全责备，或是一味地把力量拼到极限。

最让我感到欣慰的是那些员工，在董事长的引领下，他们都知道工作的重要性，所以非常自觉、拼命地做好各项工作，相互协助尽全力地满足客户的相关要求，比如质量体系、生产管理、检测设备、产品开发、市场等各部门都能凝聚在一起，在客户来审核时，不因为自己这个环节而受影响，都希望能顺利通过客户的审核。

其实公司每争取一个新的客户，就是对公司的一次考验，能否通过客户认证是关键。几年来，合资公司通过了福特客户、大众客户的质量体系认证，获得了大众项目生产质量体系认证。这就是我们所追求的"势"。以它为基础，公司就有了发展的希望。

不责于人，守城亦守心

我们时常说"现在陪客户喝的酒，是做产品时没有流的汗"，这不是在说销售、渠道不重要，而是两者产生的能量不同。

科技、研发能够帮助我们站在更高的战略高地上筑起"城墙"，就像华为每年的研发投入都超过全年销售收入的 10％，2019 年更是达到了 15.3％，在商业中拥有的"势"越大，优势也就越大，如同古代战争中重要的关隘都建在地势险要的地方，易守难攻。

立于万仞之巅，再借助渠道和销售助力，便能势如千钧。前期积累"势"的过程必然很痛苦，很容易在这个过程中因为一些短期利益而想要改道，正所谓"守城易，守心难"。

拼命工作是辛苦的事情，如果还能天天坚持下去，那必须是你喜欢这个工作、热爱这个公司，才能让自己竭尽全力、加倍努力。合资公司 3 年多的创业过程是辛苦的、艰难的，但也是成功的。公司所有员工非常自觉，都经受住了时间的考验，特别是一些老员工觉悟非常高，自觉配合公司发展的节奏，一直对公司未来充满信心。

合资公司每季度都要开董事会会议，最让大家开心的一次是董事会上德国公司带来的好消息，他们开发已久的产品很快就要在德国汽车公司进入批量生产阶段。在会上准确地得到这个消息后，大家都开心地笑了，这意味着合资公司很快也会得到支持，在中国市场也能批量生产了。就这样，合资公司逐步发展起来，它的成功也是我们整个集团公司在发展过程中最重要的事情，因此整个集团公司都在庆祝。

管理应当是最大限度地去激发他人的热爱，创业要做的就是把员工的热情激发出来，让他们去做更多有价值的事。几年来，合资公司团结一致，共同渡过了困难期，开始步入良好的发展状态。

我想这就是领导艺术和凝聚力的光辉闪耀之处——最有创造力的工作来自热爱，来自内在的驱动力和创造性。

第三节　好的合作需要双方长期经营

单丝不成线，独木不成林。历史上从来没有像今天这样，人们能够遇到越来越多的合作对象和竞争对手，世界各地越来越多的人在越来越多的工作岗位上互相竞争，相互合作，机会将越来越平等。

过去，商业关注的是"机遇在哪里""如何能在浪潮中独占鳌头"；而现在我们每个人要问的是"我怎样才能融入全球竞争""我怎么能够和他人合作共享"。合作不是请客吃饭，它是一门需要不断学习和磨炼的技艺。

我们能与外企友好合作至今，是双方共同努力、认真经营和相互信任的结果，它包含了理解、妥协和对彼此的帮助。

外方提出要新增一家合资公司

我们长期与外企合作，最让我感到不悦的就是外企集团内的竞争，所以我们在合资前都会做好约定。其实中国市场足够大，若是集团内有多家同类型合资企业，只要总部能合理分配好市场，兄弟公司互相帮助，我们是能够理解同时成立多家同类型企业的想法的。

比如，我们经过反复思考，最终选择与德国方合资合作我们认为这是最正确的选择。他们的先进技术和正在开发的产品以及供货的能力，我们都非常认可，特别是从他们企业的发展史看，他们是一家有诚信的企业，他们的事业也因此经久不衰。为了保证双方能长期合作,避免发生过去与美国方合资时的尴尬,我们特别要求在合资合同上增加排他性条款。解决了后顾之忧,双方就会一心做好中国市场。

过去与美国方合资时,由于没有排他性这一条,美国方不受限制地在中国成立新的合资公司。有的兄弟公司不仅不相互支持,还使出各种办法,让内部企业丢失项目,使我们吃尽了苦头。不过也让我们学会了共赢思维,凡事多站在他人的角度思考,培养了我们在内部竞争中去学习处理问题的能力。

这次与德方合作时,双方在合资合同上约定,任何一方如果要与其他公司股东合作,要取得双方一致同意才可以。在这点上,德国方没有反对,因为这是对双方的约束,他们也是非常慎重地选择了我们,所以双方都有同样的想法,都希望合资公司能长久合作和健康发展。

德国方的想法与我们达成了一致,我们为此感到非常庆幸,终于不用去考虑内部竞争问题,一心一意专心做好合资企业的各项工作了。

不过凡事都有不如人意的地方,没过多久,在我们与德国方的合作还处于"蜜月期"时,外方的负责人告诉我们一个坏消息,德国方想兼并北方的一家公司,希望能得到我们同意。

这个信息让我感到非常棘手,我非常清楚这会给我们带来诸多不利,至于会有什么负面影响,还不得而知,总之我认为不是好事情。当时我在想,为什么这么快就发生了变化?我们不是签了排他性合同吗?我虽然心里有非常多的疑问,但又不得不面对这个局面,真是计划永远赶不上变化。

那时我们刚与德国方合资不久,上海的市场还处于初级开发阶段,我们非常需要外方全方位地支持,可他们提出的请求事实上就是要给我们增加一个内部竞争对手。

那家北方公司已经有产品占据了上海的市场。而我们上海合资企业还处在刚起步阶段，稍有一点儿风吹草动就会给我们带来很大的困难，但德国方居然不顾一切地推动此事，我非常不理解。

刚开始我特别不愿意配合，因为负责销售工作的我深知客户方的各种规则。很明显，这一举动会给我们市场带来极其不利的影响，特别在市场划分问题上。德国方看出了我们的顾虑，也非常清楚我们的心思。于是他们就向我们承诺，他们有能力协调好两家合资公司的市场划分。

后来我才知道，外方想通过与北方公司合作，快速拥有中国市场，他们在中国成立合资公司是最有效的方式。其实任何形式的合作，只要双方能在彼此包容和理解中找到合适的方式，求同存异，就能达成共同目标。

我们妥协了合同条款促成长期合作

当外方想要在中国再合资一家公司时，我们是反对的，但是又没有更好的办法帮助外方。我们当时实力很弱，还处于二次创业阶段，德国方希望我们给予理解。为了顾全大局和更好地与德国公司长久合作，我们换位思考"对抗"不能转化为"合作"，毫无意义的对抗更是没有用。我们妥协了，但是提出了一个条件，希望他们合资以后，外方协调好市场，不要相互伤害，而是相互支持。

我们建议新的合资公司把上海的市场转给我们，不然，上海市场就会出现同一个外方集团下的两家公司供货的情况，这样对我们双方都不利。针对我们提出的建议，据说新的合资公司答应转让相关市场。我在想，我们做出那么大的让步，他们也应该有点让步才对。

没有真凭实据的相信是最大的错误，实际上也是对员工不负责任。因为在商言商，一定要有约定。事实上他们合资以后并没有进行项目转让,反而给我们进入上海市场增加了很多难度,等于让我们吃下了一个苦果。

我们与德方合资的第一家上海合资公司,是我们董事长在负责管理。由于中国的汽车行业发展已经到了一个相对成熟的阶段,主车厂原有的供应体系已经相对稳定。业务竞争本来就比较激烈,又有这种事情发生,对我们新公司来说真是雪上加霜。

后来我们才清楚地意识到,由于这个不严谨的决定,同时又没有得到任何市场转让的补偿,本来属于预算范围内的北方客户的市场被协调出去,销售额比预期大大地减少,导致我们合资公司的发展推迟了 5 年。

但是事情已经发生,懊悔并无用处,市场也不相信眼泪。我们已做出了妥协的选择,沉没成本已经付出,再去计较这些也只能徒增不愉快,使自己的工作受到更大的阻拦。

合作本身是一件需要长期经营的战略,不能因为短期矛盾而因噎废食,而且我们也相信外方会处理好相关的业务关系,不会让上海合资公司长期艰难下去。

于是我们以一种开放的态度,积极配合外方处理好多方合作关系。庆幸的是,外方是一家非常讲诚信的公司,他们花了非常大的力气,同时在客户和两家合资公司之间协调,几经周折,终于协调好了市场划分问题。

这时,我们与外方的合作已发展出了新的方式,此前的插曲并没有影响我们双方的合作。因为我们都是讲诚信的企业,彼此信守承诺。他们提出请求,我们也非常理解,尽量支持。所以花时间和精力去沟通、建立联系并做出承诺,对于任何一段合作关系都至关重要。

同时我们还鼓励团队发扬团结拼搏的精神,努力做好质量体系方面的工作,增加检测设备和先进生产线的投入,尽快让自己强大起来,争取客户的信任,这也符合我们的发展之道。

在市场经济日益发展的今天,企业合作的伙伴也已不局限于身边的几个,根据企业自身的需要,有不同行业、不同国籍的,如果不诚实经营,一味走歪门邪道,必被市场淘汰。

合作关系需要相互扶持,相互鼓励,相互信任。所以,无论面对什么样的矛盾,学会共赢思维模式,不强迫别人接受自己的想法,而是尽力做得更好,这才是关键。如果相互竞争、相互对抗,就不能产生稳固的关系。只有互相理解和支持,才会从"两个团队"成为"一个共同体"。

第四节　诚信促进了多个项目的合资合作

我们与德国公司的合作是建立在相互促进、共同增长,携手应对新挑战的信任关系基础上。我们追求进步,不断学习和改变自己,如果不能大大提高自己的能力,就无法建立起相互之间的信任。双方都秉承诚信,以高质量的经营理念精诚合作。在友好经营中都越发觉得彼此的合作是比较适合自己的,能在不同地方弥补自己的短板。所以,凡是涉及公司发展和项目方面的事宜,双方总能达成共识,特别在利益分配上,这样彼此的信任度就越来越高了。

主动争取项目合作的机会

为了更好地合作,尽量避免产生误会,我们主动邀请德国方考察我们的配套公司,希望他们提出建议。当德国公司考察注塑公司时,他们对一个天窗类的零件产品特别感兴趣,询问该产品的开发背景和开发情况。

注塑公司的经理就对该项目做了详细的产品开发情况及进度介绍,并且表达了想进一步争取一些潜在客户的想法。德国公司提出要把开发好的材料带一点儿回德国做实验。

原来他们与另外一家公司也在德国合资生产这个产品。我们以前没有细致了解德国方与其他公司合作的项目,全然不知注塑公司开发的新产品会与他们生产的产品有关。那时注塑公司在技术开发上正遇到卡点,就试探地问他们,这个项目是否可以合作?他们没有马上回答,只是说回德国后要与合作方讨论此事。后来我们了解到,他们生产这个产品历史悠久,业务做得非常好,全世界的品牌轿车都有他们的产品,但与我们德国合作方没有直接关联,所以先前我们对此并不了解。

这家德国公司的产品也供货给中国的客户。注塑公司想要争取的中国客户,正是他们在供货的客户。这也是他们看到注塑公司在开发那个产品时那么惊讶的原因。

德国方回国后不久,我们的季度董事会会议召开了,这次议程增加了该项目的讨论。根据综合考虑,中方直接提出想与德国方合资合作这个项目,同时也分析了中国市场的情况:我们合资合作这个项目,实行本土化供应有利于客户,德国方在中国的市场也得到了稳定。由于德国方这次也是带着诚意来讨论的,双方在利益分配上进行了沟通,很快就达成合作意向。因为有第一个合资公司合作的信任基础,这个项目就免去了很多的考察期,而合资合作的关键是利益分配问题,所以这个项目操作过程非常快。不久我们与德国方第二家合资企业就成立了,合资公司很快将产品国产化,实现了批量生产。

可以说,熟悉是信任的前提条件,过去的交往经历能增加交易伙伴之间的信任程度以及对对方行为的可预见性,从而减少未来交易中的不确定性,促成更多合作关系。

当今时代，随着生产分工的深入细化，企业已不可能具备所有的优势资源，与经济活动中的其他个体进行合作，已成为企业竞争优势的重要来源。通过合作生产、分工以及专业化等非价格机制的组织形式，企业能够取得更高的收益。积极主动地迎接感兴趣的项目，共同缔造更大的优势，是企业生存发展的应有之义。

信誉累积促成了第三家合资企业

如果你不愿意改变，那你成功的机会就很渺茫，甚至有可能更糟糕。一家公司想要通过学习，达到不断提高自己的目的，有时需要做出一些改变，如果做不到这一点，就会面临被淘汰的可能。也就是说，如果你只是机械地重复那些曾经给你带来成功的事情，就很难创造未来的成功。

德国方与我们合作得比较顺利，我认为关键是我们团队人员做到了不骄不躁，没有照搬曾经与美国合作的经验，而是虚心学习新的知识。所以，德国方发现跟我们的合作简单、顺畅，双方目标一致，就是把中国的市场做好，使合资公司发展壮大。

有合作双方之前合作信任的基础，我们在沟通利益分配上就比较愉快。很快，我们又迎来了第 3 个合资合作的项目。

德国集团的另外一个项目部门来中国考察，他们主要生产电子刹车系统的产品。通过沟通了解，我们得知他们正在为中国一家汽车整车厂开发一个新产品，项目快到量产期了，他们有意向把这个产品拿到中国来生产。实际上这个产品的供货量不大，目标客户也有限，但是，我们认为电子产品也是我们团队学习的好机会，在保证基本不亏损的情况下，争取这个项目的合资合作是可行的。

所以我们在董事会会议上讨论了该项目的合作事宜，双方都愿意把该项目拿到中国来生产，并同意再成立一家专门生产该项目的产品的独立的合资公司。很快，第三家合资企业也成立了。

在短短的两年时间里，我们就与德国方成立了三家合资企业，这与我们一直坚守有信誉的企业文化是分不开的。双方以什么样的形式合作并不重要，重要的是双方都能对合作满意，达到双赢的结果。

信任是合作的基石。当想要缔结合作的双方对彼此不了解，并无法信任彼此传递的信号时，为了促成合作，双方必然花费大量的时间、精力、金钱去获取有关对方的各种信息，以作适当的判断。大量搜寻成本的存在，使得双方的效用降低。反之，如果彼此信任，就可以降低达成协议的成本，从而提高效率。

信任能增加合作关系的灵活性，每当环境发生变化，需要对原有的合作安排进行调整时，都意味着新一轮谈判的开始。在信任度较低的情况下，往往会出现由于双方对环境变化后果的判断不一致，以及相互猜疑而延误了决策调整的最佳时机的情况，使合作利益受到损失。较高程度的信任则有利于合作双方采取灵活的态度，推动决策的迅速形成。

我们三家合资公司就这样快速成立起来了，在经营方面，合资双方都重视对总经理的任命，为此双方还在董事会会议上进行了讨论。大家一致认为，三家合资公司在不同领域的发展都很重要，但根据合资合作协议，总经理人选由中方推荐。我们建议，第一家合资企业还是由我们中方的董事长来监管，这家合资企业还处于创业期，董事长有丰富的管理经验，所以暂时由他来兼任总经理是非常有必要的。另外两家合资公司从成立起就已开始批量生产产品了，德国方派一个运营经理组织生产，总经理暂时由我来兼任。就这样董事会会议一致通过了我们的提议。

为了合资企业的发展，我和我们董事长都分别兼任了合资企业总经理的职责，虽然辛苦，但我们都认为在合资初期这是必不可少的，有利于处理好合资双方磨合期的问题，做到及时沟通，及时解决，使双方合作能走得更远。

我在想，对于一家企业，信誉是一种宝贵的资源，对待客户如此，对待合作伙伴也一样，企业能意识到信誉对企业的重要性，才能长久发展。信誉长期积累后就是企业的无形资产，它构成了一种企业的资本形态，支撑着企业的生命。

自私动机不会产生信任，利他动机才可能形成信任。善意的意图能促成彼此的理解，责任感、合作精神、公平意识、互惠意识等都基于此而产生。合作重要的是存在共同的观念，愿意以共同的，而不是自己的利益为重。

第五节 如何在矛盾中跟外方经理一起领导企业

一个人的能力是有限的，想要得到他人的理解，就要心胸开阔，宽容待人。正所谓君子以厚德载物，如果一个人在做人做事方面都能顺其自然，胸怀博大，宽以待人，就能得到别人的尊重和爱戴。这样的德行是极其具有能量的，也是我在努力学习的。所以一个人的人品非常重要，只有具备优秀品质的人，才会得到人生的快乐与精彩。

按合资公司董事会的决议，我接受了兼任两家合资企业总经理的职务，在只有一个管理团队的条件下，要管理好两家企业，这是对我管理能力的一次考验，特别是还要与外方经理一起共事，一同工作，在我以往的管理经历中，没有相似的经验能够借鉴。

我在集团内的工作一点儿没有减少，管理好合资公司和协调好与外方的关系也是我分内事，工作量和工作压力一下子增大了。如何与外方经理相处，如何让两家合资公司健康地发展，对我来说是一个新的挑战。

初步接触共同领导公司的模式

德国方派的运营生产经理已到中国团队，他是一位职业经理人，工作经历不长，但德国方给他任命了很多工作，他受德国公司的直接领导，这样他与我的关系就变成了共同管理公司的合作关系。我还是第一次以这样的形式管理公司，首先是他要得到外方的指令，然后在合资企业施行，但在施行过程中又要"中国化"，这个过程自然会发生矛盾。

我以前与外方合作共事大多以产品为服务对象，一般外方会对具体的项目进行管理，主要工作集中在培训、督促执行。而当产品顺利量产以后，外方便会离开。在整个项目管理过程中，外方不会直接参与内部管理，只是审核产品质量管理体系和预算执行情况，很少参与协调公司内部管理方面的事情。

这次我要管理两家合资公司，还要协调好德国派来的经理的管理模式，我很担心如果合作不好会影响中方与外方的关系。德国经理承担具体管理相关部门的职责，我要对所有部门负责、对合资双方负责。要做到大家不分彼此，和谐工作，我该怎么做呢？

德国派来的工厂经理是一位年轻人，身高1米8左右，不胖不瘦。他有一只小腿装的是义肢，但这对他的工作没有影响，他也不愿意别人把他当残疾人来照顾。如果不说，你根本发现不了他是残疾的。三层楼的电梯他从来不坐，每次都是走楼梯，而且他非常喜欢锻炼，每周都要跑步、打网球，锻炼是他生活的一部分，我非常佩服他坚持运动的好习惯。

他在英国留过学，英语说得特别好，也在德国工厂工作过几年，工作积极性非常高，主要负责生产方面的工作。在中国合资企业负责的工作要比德国多，对他本人来说是一个挑战，我看得出他非常愿意接受这份工作。

我的内心告诉我，一定要处理好合作关系，个人得失是小事，中方与德方的关系问题是大事。所以，抓好内部和谐是我最主要的工作，原则问题讨论清楚，其他问题可以采取息事宁人的态度，做到平心静气、相安无事。

但是实际情况并没有想象中那么简单。很快，我发现这位外方经理不愿意与我多沟通，不知道什么原因，他有任何问题总是更愿意与德国方沟通，每天都要与德国总部开电话会议。为了更好地展开工作，我规定了我们之间的沟通流程，不管是德国方给他的指令，还是他自己的想法，都希望他与我先沟通好了再执行。我感觉他虽然不是很情愿，但还是执行了。

就这样我们在一起工作了一段时间，我一直都在严格检查和整理各部门的工作情况，大家的工作都完成得很好。我在想，我们就这样相处也可以，他每项工作都喜欢与德国沟通，能把德国的管理方法顺利带到中国工厂，这也是对公司发展有利的。即便他暂时不能与我很好地沟通都没有关系，只要对公司发展有利，结果是好的就可以。自从我发现他腿有残疾后，我也非常注意他的感受，我怕对他要求过多会带来负面影响。

在这种双轨制的共同管理模式中，沟通和协作是确保成功的必要前提。地域文化和企业文化的差异容易产生工作中潜在的矛盾，一味地追求"相同"，抹平一切差异，反而会导致矛盾的激化。共同管理有可能发挥出"1＋1大于2"的效果，前提是每个人都清楚地知道谁在做什么。基于这一点，我们清晰界定彼此的角色和责任，对具体的、可衡量的目标负责，并且逐渐摸索相互协作的模式。

压力激发了员工学习的积极性

我们只有一个管理团队，要承担两家合资公司的工作，这对所有员工都是一项挑战。为了让两家公司的项目尽快国产化,我们重点抓员工培训。一方面把部门负责人送去德国培训,另一方面请德国工艺工程师到工厂给员工培训。这样各部门负责人通过在德国的培训,都与德国的相关部门建立起了直接沟通关系,同时我们也完善了相关工作的沟通流程。

公司里还有一名外方管理者,员工们也感到新奇,有的员工在想:我是听总经理的,还是听外方经理的呢? 公司存在这种想法的人不少,我观察到员工的为难之处后及时做好各部门负责人的思想工作,希望他们丢掉包袱,认真执行好外方经理的管理意图,让合资公司早日达到德国工厂的管理模式。

其实,对外方经理要推行的管理办法,我们已提前进行了沟通,我非常愿意他把德国先进的管理方法带到中国工厂来,让德国方放心,也让客户放心。这样两个中国工厂的设备、生产、物流、质量控制方法,很快就达到了与德国工厂一样的状态,各项工作步入正常生产阶段。

共同管理模式想要取得成功,领导者必须愿意分享知识。在某些场合中,比他人知道得更多可以加强领导者的权力基础,但这并不适用于共同管理。管理的双方不仅要对彼此透明,也要对组织内的其他人透明。建立知识壁垒不仅不利于提高整体生产效率,同时也会损害合作伙伴的积极性。

为了更好地与外方经理一起工作和沟通,我们要求各部门的管理者必须具备英语沟通能力。因此大家学习英语的热情特别高,人事管理部门还专门请老师到公司,组织英语培训班。

让我记忆深刻的是,有一位生产线上的班长,很想与外方经理直接沟通,于是自觉地开始学习英语。有一次我向他了解学习英语的情况,他回答我,每次外方经理到车间安排工作,他都可以进行简单沟通。我由衷地表扬了他,他也很开心。

在与外方经理共事的那段时间，因为时间紧，又要建立一系列的管理流程，大家工作任务非常繁重，但员工的积极性反而很高。因为有压力才有动力。其实，任何的收获都不是巧合，而是通过每天的努力与坚持得来的。努力就是人生中的一种坚守，所有的成功，都来自不懈的努力和坚持。我们要想把两家合资企业做好，就必须给员工适当的压力，激发他们学习的积极性，尽快提升整体员工的战斗力。

如何让多头管理变得简单

我管理的两家合资公司有很多特别之处，其主要原因是这两家公司都是生产成熟的批量产品，德国生产供货的产品与国产化生产的产品，在产品开发、生产、供货流程上，都要让客户满意，所以德国方把产品开发职责留在德国；在市场开发方面设置了两个独立部门，由德国方直接管理，部门经理聘请的也是德国人，但他们与我们在同一楼里办公。

我认为这两个部门非常重要，公司毫无疑问会支持他们的工作。他们虽独立但也不是孤立的部门，在项目管理方面离不开我们的支持与合作。但是如果他们不按照公司运行流程行事，就会影响公司内部的效率。为了防止这一情况发生，我们展开了沟通，努力营造相互信任的气氛，把他们的工作接入我们部门的工作，纳入公司管理流程。

作为总经理，最重要的职责是把握平衡。如何把几个环节衔接起来，协调好、组织好，让它成为一体？如何让多头管理变得简单？最主要的管理方法还是通过相互沟通确定工作流程，把这个流程纳入质量管理体系，编入程序文件，用制度来保证它的实施。

就好比裁剪衣服布料，我们把公司管理流程和质量管理体系作为线，总经理就是那个穿针引线，把几大块布料缝制成一体的人。把德方管理的部门融合进来，公司就能高质量地运转，这既能培养公司的管理团队，又能让合资公司的管理得到提升。

通过合理协调和提升管理，两家公司已逐步进入清晰的、正常的管理流程。德国方直接管理的两个部门，就好比是合资企业授权在外的独立部门，如果他们要在公司内部活动，就必须符合公司统一的管理流程和规定。这样，不管是外方经理，还是独立在外的部门，自然就会向公司管理流程靠拢了。

在严格的流程管理下，我们把比较复杂的管理团队变得简单化，为公司各部门与德国方沟通创造了条件，为职能人员身兼多个职责的管理模式打下了基础，这样外方经理和独立部门不至于游离于规则之外，划分为几大板块的部门融合为一个完整的闭环团队，统一管理两个公司的模式形成了。

其实我们与德国方的目标是一致的，我也非常理解德国方这样安排的用意，大家都是希望公司更快更好地发展。作为总经理要管控好与外方经理的分歧，就要合理授权，让大家共有相同的价值观，形成有效的合力，朝着同一目标完成公司的经营任务，让公司得以快速发展。

在冲突中完善与合作伙伴的关系

很快三年就过去了，我与外方经理合作管理的两家合资公司没有辜负董事会的希望，每年都超额完成了董事会批准的预算指标，还建立了非常有效的合作管理方法。这时外方的生产经理有点儿骄傲了，他经常以一种傲慢的样子站在我面前，很不服由中方的人来领导他，所以我们一直在矛盾中开展合作，但我们目标是一致的，无论外方经理怎么考虑，为了尽快达到德国公司的标准，我总能与他达成一致意见。

这几年我们一起把两家新公司建立起来，还把原本分散管理的团队形成了统一的流程进行管理，让各个部门都能找到自己的位置和努力的方向。我是这样思考的，作为公司领导，不要因职位高，就迷失自我，一定要客观认识自己，关注自己的缺点与不足，任何时候都不要小看他人和下属，这样公司才能健康地成长。

在共同领导合作方面，不仅要"认识自己"，更要熟悉合作伙伴的优势和劣势。如果不能认识到共同目标，控制自己的行为，就会产生冲突和种种防御性的反应，无法取得共识。

外方经理执着和认真的工作作风，特别是检查各部门工作的方法是大家学习的榜样，我鼓励各部门负责人向他学习。他每天都要以一对一沟通的方式检查物流部门、质量部门、生产部门、设备维护部门的工作，同时检查记录工作的跟进明细表。

在沟通中不管有多少问题，他都会列入到跟进表中，同时也会列入整改时间和负责人，然后每天拿着跟进表与部门领导进行沟通，不断地解决问题，又不断地把新的问题记入跟进表中，每一个月还有小结。这样他与生产相关的沟通，从一开始就有了记录，对问题处理情况一目了然。

一开始有的部门领导非常不适应这样的管理方式，还和我抱怨，但我认为外方经理认真工作的态度非常好，解决问题有了时间保障。为此，我及时做好员工的思想工作，让外方经理能顺利地开展好工作。

我们每月有经营会议，每季度有工作总结会议，我发现各部门的总结有不同的报告格式，听起来有点儿累，于是我与管理部门一起研究，规范了总结报告的模板，又把跟进表的小结也纳入报告，这样，各部门在做月报告和季度报告时既节省时间，又总结到实质问题。

我们长期坚持修正自己管理上的不足之处，对团队的影响是深远的，各部门之间相互督促，起到了积极的作用，部门领导对下属的管理也采取了同样的方法。这样层层都落实严格的管理程序，工作效率和解决问题的能力有了很大提高。两家公司在一个管理团队的领导下，很快就步入高效的工作状态。由于公司团队有效地合作，两家公司的销售收入和效益都得到了稳步增长。

与外方经理一起工作，也是我人生中第一次。外方经理有时候表现得非常傲慢，会让人感到身心受到了伤害，但是想到公司的发展和我们在管理上需要学习的先进内容，我就会放下自己的自尊心和面子，希望外方经理把德国的先进工艺和管理经验传递到公司生产环节中来，就不会因计较个人得失与他争斗，而是尽量搞好团结，把公司做强。

我并不赞同外方经理在有些方面对权力的竞争方式，但也不感到是一种威胁，而把它看作是一种良性冲突，只要管控好分歧，合资公司就会因此受益。因为有竞争存在，外方经理就会努力工作，我也会采纳、维护、推行外方好的管理方法。

在良性竞争下，两家合资公司成长得非常快，工作效率不断提高，各部门的工作流程也得到改善和优化。特别是那些兼有两家公司职责的员工，他们的工作量都是按比例来计算的，每个人平均一天分别为两家合资公司工作多长时间，以及具体工作细则和流程都划分得很清楚，大家已经习惯快速转换角色去工作了。

个体的个性和群体的共性之间的冲突，在任何企业中都是存在的。重要的是合作双方拥有同样的使命与愿景，在发生争执的情况下，都牢记需要保持统一战线。这样，多头领导的好处就可以超过其弊端，当双方准备好批判性地挑战和支持对方时，可以制定更有创造性和更高质量的战略解决方案。

因此，作为公司的管理者，无论多么有才，一定要有包容心，包容是一种境界，一种修养，同时也是一种去留无意的胸襟，一种宠辱不惊的情怀，它更是一种智慧。管理者胸襟宽广，对彼此的优缺点有一个客观的认识，能肯定他人，取长补短，这样就能更好地开展工作，才能让公司良好地发展。

以保证公司的健康发展来管理好冲突

外方经理能顺利地开展好工作，是我们想要的结果，但是也因此给他造成一个错觉——总经理的位置应该是他的，这使得他越来越傲慢，在我面前总摆出一副不太服从的样子。其实，在工作中，有时一些不同的意见是十分必要的，外方经理一直以来都有想当总经理的意思，我早已清楚，所以他有时会制造冲突，引起董事们的重视。

随着外方经理越来越迷恋总经理的职位，他的执着让我印象深刻。回顾几年来的工作，我们分歧不断，他利用与德国领导沟通的便利，经常制造矛盾，把小问题闹到董事会，逼着我多次在董事会会议上应对他提出的问题，但每次董事会还是采纳了我的建议。

我非常不赞同他那样的行为，因为董事会不是解决这种事情的地方，但由于德国方对他的迁就，他错误地认为德国方会支持他，表现也愈加频繁。我在与他单独沟通时，他总是二郎腿翘得很高，脚尖对着我。我故意问他是不是腿不舒服。这时他会马上把脚放下。

在下一次开会时，他如果还选择这样的坐姿，我就换一个地方坐下，不动声色地化解他对我的不尊重和不礼貌。他越是这样，我越是冷静处理，不被他激怒，毕竟他是外方派来的管理者之一。

有一次，我发现车间里有一个零件的领料数量超出定额几十万件，这个零件非常小，单价低，损失成本占比不高，但数量吓人，我提出要查找原因。他很不情愿去检查，辩解说因为损失成本没有超过预算成本的比例，成本在可控范围内。

他不让查的原因，可能是担心我像他一样，什么事都和董事会报告，事实上他对我还是不够了解。我坚持要查损失的原因是要控制异常，杜绝后患。在我的坚持下，最后通过调查，找到了两个原因：一是供应商少发货，二是员工在使用过程中大量地浪费。通过整改，这种现象得到了控制。

一个人太迷信自己，就看不到问题所在。他一心想要总经理的岗位，但我作为中方股东是要对他考核的，事实上，他不具备总经理的条件，他的极端表现，让德国方也接受不了，所以没过多久，德国方就把他辞退了。

公司内部良性的竞争是积极的，促进公司发展，但是要有完善的绩效制度，特别对员工"德"方面进行重点考评。要加强公开沟通交流体系，鼓励员工以诚实的态度表达自己的想法，对用各种手段攻击同事，破坏团结和工作秩序的行为，公司应该严肃处理，保证健康发展。

第六节　企业生存和发展的每一步都离不开细节管理

细节对公司的发展起着至关重要的作用。也就是说，当公司的战略目标确立以后，还必须注重每一个环节的细节管理，必须精益求精。我们在经营管理中，多数人做的是具体的工作，看似单调重复，但它是成就大事不可缺少的基础环节。

比如对公司模具的管理，随着公司发展规模逐渐扩大，工厂的模具用量也越来越大，模具的管理也愈加重要。如果规范好模具的保养和管理，公司就可以减少模具故障，降低维修成本。要把模具管理落到实处，就需要制定严格的模具管理和保养制度，保证模具在产前、产中、产后及库存中都按必要的保养和管理流程执行，以达到延长模具寿命，提升生产效率和良品率的目的。

就好比我们合资公司,由于产量的增加,模具使用频率就逐步增加,维修的数量也不可避免地增加。公司内部可以维修一些简单项目,但还是有较大部分要委托外部厂商来维修。相比之下,模具委外维修的管理较复杂一些,有的委外项目是模具厂商承担售后责任,可以免费维修;有的委外项目则需要收费。比如,员工在加工过程中损坏模具,就需要收费,维修价格则要模具厂商确定。这个价格的高低会直接影响产品成本,所以这个价格审核就非常重要了。

在我们合资企业经营初期,公司就发生过这方面的问题,据财务反映,在维修项目不变的情况下,财务部门审核到维修厂的两次维修报价差距较大。我看了财务部门反馈的数据分析,敏感地意识到这里存在问题,所以及时与负责运营管理的外方经理进行了沟通。

因为那时模具方面归外方经理具体管理,这事也引起了他的注意。经过调查,他也发现了财务部门反映的现象。他与模具维修厂进行了商谈,并与对方达成了维修价格目录表,避免再次发生多支付维修费的可能。

我很欣赏外方经理对待工作的认真和行事的高效。与他一起工作以来,我发现,只要他理解并接受的意见,就能不折不扣地把事情解决好,还会制定出具体的管理办法来预防,绝对不敷衍塞责,也不得过且过,他是个追求工作绩效的人。

外方经理与模具厂制定价格目录的方式非常好,将各种常见的模具维修项目以合理的价格确定下来,形成了一份具有指导意义的标准化清单,也减少了每次协商价格时的时间成本,提高了双方的工作效率。此外,他还要求管理模具的员工,在提出模具维修时,必须清楚地写出维修项目。这样与维修厂谈判时,就可以对照目录确定价格了。财务部门审核价格也有了标准,更能起到监督作用。

如《诗经》所说"如切如磋，如琢如磨"，就如同在打磨一块原始玉石时，想要获得闪耀的宝玉，就必须睁大眼睛，调动全部的思维和注意力，抓住每一个角落里的细微之处。无视细节的企业的发展必定在粗糙的砾石中停滞。

在激烈竞争的环节中，公司规模越大，就越要注重对每一个环节的管理，作为公司负责人，更要踏踏实实地从小事抓起，注意细节。只有把每一个细节做好了，做得与众不同，公司才能在市场竞争中获得生存和发展。

第七节　如何使用管理工具解决生产效率问题

成立合资公司可以带来多方面的好处，我们合作双方在解决生产效率方面，充分体现了分工合作的高效性。双方根据自身优势力量，为合资企业提高效率和生产力，携手前行，共同谱写属于我们的成功之路。

随着合资公司业务增长，我们的生产逐渐暴露出一些问题，比如，工厂面积无法扩大，设备维护的人力成本较大且损耗率较高，不能实时监测每一台设备的状态等。生产管理中的问题总会影响到该生产线或整个企业的绩效，使有效产能受到损失，降低最终的产出量。对此，我们的对策是在不增加设备和工人的情况下，通过减少各个环节的浪费，增加产量，提高生产效率。

在外方经理的建议下，公司及时地推行了 OEE 管理方法。OEE 即设备综合效率，它由可用性、表现性以及质量指数三个关键要素组成。即：OEE＝可用率×表现率×质量指数。这三个关键要素都要进行统计计算，它与总产量、操作时间、计划工作时间、良品等有关。

简单来说，OEE 管理方法是一种严格的对设备总体性能进行衡量的手段，提示时间浪费存在于哪些环节，统计各种时间浪费的目的在于实现改进。它并不直接提升生产效率，而是通过量化损耗、控制浪费保证每一台生产设备、每一个生产环节都保持在其范围内最好的状态。

通过使用 OEE 工具一段时间，管理层找到了影响生产效率的瓶颈，并进行改进和跟踪，既达到提高生产效率的目的，也使公司避免不必要的耗费。各部门都积极配合各生产环节推行这个管理方法。

在初始阶段，我们开展这项工作的难点是暂时没有软件支持，全靠工人自己记录数据，主要是对每一个员工操作的设备利用情况进行统计，统计的数据主要有：设备故障、原材料短缺和不合格数、生产方法改变、不良品等十几项，然后再进行汇总计算出设备综合效率。

在推行 OEE 过程中，公司的外方经理不厌其烦地参照德国工厂的方法，制定出相关的统计报表，提出对该项统计工作流程的建议，然后对相关管理人员进行沟通培训。我非常欣赏外方经理对待工作认真和严谨的态度。每次看到他努力工作的样子，其他工作上的矛盾冲突都变得微不足道了。

为了 OEE 这个工具能尽快使用起来，我们之间进行了沟通，外方经理很认真地对我说："我们先手工记录，每天发一张统计表给员工，然后每天收回来专人统计计算。"他的建议是可行的，我在公司内也动员相关职能部门给予配合。

在执行过程中，公司的管理部长非常支持这项工作，事实上这项工作做好了，对于员工的工资计算是非常有参考价值的。我们的管理部门也兼人事管理，她也非常了解这项工作的重要性。

在开展此项工作时,生产部门暂时没有合适的人负责每天的统计计算,管理部门给予大力支持,安排了前台员工暂时兼任这项工作。负责人也把她的工作时间和怎样执行任务的细节进行了交底,对她的工作进行了调整和相关培训。

根据统计计算反映和分析,可以精准找出影响生产效率的主要原因,我们就可以对症下药,进行整改了。

总之,凡是统计数据涉及的相关部门都要行动起来,并且要及时提出整改措施。这样,各条生产线中影响生产效率的瓶颈都被发现并逐步地改善,相关环节人员的工作质量也得到不同程度的提高,及时止住效率损失,我们推行 OEE 管理工具的目的得以实现,工作效率和产量得到了提高。

其实,这项工作在推行过程中并不是那么一帆风顺的,数据越是精确,问题就暴露得越真实,需要做出工作改进的员工就越能感受到压力,所以有些员工不愿认真记录暴露自己的问题。

为此,我与外方经理进行了交流,我帮助他解决好员工的思想问题,同时还把这个记录的有效时间与员工的定额工资合并考虑。这样管理部门负责人与外方经理相互配合,一起制定出了很好的方案,将定额工资与工作质量和效率改善相结合,让员工看到公司对效率的重视,并且员工也成了效率提升的受益者,这样员工也就不再抵触,而是认真配合记录 OEE 数据了。

实际上,在传统行业中,管理者或者决策层对于生产效率提高的意识是存在的,只是由于技术原因和提高生产效率方法的有限性,导致全局生产效率的提高在效果上是细微的,在方式上是粗犷的。

更新管理方式,可以帮助生产环节提高生产力,挖掘装配线生产力的潜能,科学地运用每一步的工艺制造来降低已知的故障率,从而进一步改善工艺。

对企业来说，想要在竞争中获得优势，就必须根据管理工具改变那些不适应公司长远发展的管理模式，同时也要不断采取新的经营方式和管理手段，剔除损耗，做强自己，在激烈的市场竞争中取胜。

第八节 系统化管理的思想影响企业变革

合资合作就是充分利用资源，更有效率地实现企业变革。我们的合资公司紧跟德国方的步伐，不断地学习他们的先进管理方法。比如，在推行质量体系的生产管理方面，就参照了德国工厂的管理流程。为了高效率工作，我们引进了国内的金蝶 ERP 管理系统。

ERP 系统是企业信息化管理进程的重要工具，能够帮助企业更高效地实现信息化管理。它的特征是信息的普遍性和完整性，通过在整个企业中建立通用数据库的方法，企业所有业务活动都由一类信息系统支撑，不同部门之间的信息可以共享，让我们可以方便实时地获得业务信息，有利于提高企业的生产力和反应速度。

其实，公司刚要推行这个系统的运用时是非常困难的，主要还是习惯与思想的转变。所以，我们在推行 ERP 系统软件时是分步进行的，首先是财务部门使用了会计核算模块。在实现会计核算的基础上，我们根据需求引入了财务管理、财务预测、财务分析等模块。财务部门在使用软件方面是大家学习的榜样，因为他们最愿意改变，最先采用先进的软件方法做事，减少了很多手工计算环节，是使用软件最积极的部门。

随着公司业务的发展，管理人员的工作量越来越大，但因为成本控制的需要，管理人员的数量是有严格控制的，凡是增加人员都需要董事会通过，而且必须有充足的理由。在这个制度下，每个部门都非常谨慎申请用人指标，所以，部门负责人都倾向于先自己想办法完成工作，有充足的理由时，才会向公司提出增加人员的申请。

在这种精减人员的管理方针下，我们认为全面推行金蝶 ERP 管理系统势在必行，对企业的资源进行有效集成，可以减少一些重复性的工作。但一种新的管理技术的应用，不能脱离公司自身的能力与所处的场景，同时也会引起组织中角色、责任、权力关系的变化，可能带来不确定性的增加、对工作安全感的冲击、新的技能要求、主观的变革惰性等问题。因此，在确保稳定的前提下，企业必须戴上变革管理的"手套"，才能采摘 ERP 这朵"带刺的玫瑰"。

为了顺利推行 ERP 系统，我们组织大家统一思想，成立了项目小组。在不增加人员的情况下，公司选择由网络工程师来兼任项目负责人。他的职责是负责组织、沟通和协助第三方公司推行软件系统的宣传、建立和实施，直到系统正常运行。

网络工程师在管理部门的统筹指导下，联系了软件公司，组织了相关的培训，还牵头编制了产品、原材料、零件等目录，同时与技术部门一起维护了软件所需的基础数据，出色地履行了项目负责人的职责。

实施 ERP 是关系到企业全局战略的问题，绝非一蹴而就的，只有高层管理者的充分理解、持续支持、亲自参与才能成功。所以，这项工作在公司管理层高度重视下，各部门工作都按计划进行，外方经理也不例外，他非常愿意学习，希望合资公司的管理流程做到与德国公司相同的程度，甚至比德国总部的工厂做得更好。所以他推行软件的积极性非常高，特别是由他负责生产的相关模块，他经常与德国方一起探讨，如何让系统管理软件与我们内部多头管理流程有接口，使合资公司的管理流程接近德国工厂。

外方经理经常与网络工程师沟通，而且非常明确地告诉网络工程师，我们不能简单照搬软件公司的通用软件流程，要充分研究公司内部工作流程，结合系统功能整合编制程序和相关管理文件。这样，在推行软件的同时也能够完善内部的管理流程。

网络工程师也是学习型人才，他很乐意根据我们提出的建议进行调整。网络工程师与外方经理及相关部门同事来回讨论和调整，最终达到双方都满意的结果。

各部门经过数月的努力，终于完成了 ERP 系统要求的各项基础工作。为了进一步验证软件的有效性，网络工程师按照我们的建议，把每一个模块都模拟出来，给每一个部门进行培训。我们用了一年的时间，顺利推行了生产、物流、采购、库存等管理软件的实施，在不增加管理人员的情况下，解决了管理上存在的问题，也提高了工作效率，使公司的管理得到了全面提升。

对 ERP 这样的信息系统来说，它几乎影响企业的每一项业务、每一个部门、每一个人。它的顺利落地不仅需要专业的外部支持，还需要全体管理团队的重视和努力，需要每一个部门都认真对待。

在各部门都使用上软件后，我们公司实现了数据共享和快速提取的准确性，对各项管理都起到了积极作用。外因通过内因起作用，新的管理工具和流程的实行，带来的不仅是技术层面的变化，更重要的是组织管理与变革能力的提高。

ERP 系统给企业带来巨大的利益，同时也会带来剧烈的变革，因此我们需要有明确的愿景，对员工进行充分教育和培训，进行多方交流沟通和协作，汇聚众人之智慧和贡献，对企业的管理模式、业务流程和组织机构进行根本性改造和调整。我们只有不断地迭代系统管理软件，对企业的管理进行调整和变革，才能跟上时代的进步，使企业拥有长远的生命力。

第三部分

做传承：

未尽事业的思考与
传承

第十章

坚持与不放弃

第一节　携手最初的伙伴营造合作生态

深圳是一个充满激情的城市,是我们曾经学习和工作过的地方,同时也是我们创业的出发点。这个城市的创业氛围、无限的活力,一直激励着我们,感染着我们,使人奋进,让我们坚定地走上了创业之路。虽然我们在上海创业取得了阶段性的成功,但我们对深圳公司的未来一直都没有停止思考,努力寻找发展的机会。

我们最初在深圳创办的公司主要业务是做摩托车零件产品,为日本在中国的合资企业和一些中国品牌企业服务。为了深圳公司能够有更好的发展,我们争取过一些新项目,但由于种种原因,几次都没有缘分合作成功。

为了公司进一步发展,深圳团队已经坚守了7年,他们发扬了团结、拼搏、奉献的精神,曾经为了上海公司创业成功做出过努力和贡献。与此同时,深圳团队也愿意改变自己,向汽车配件领域发展,但是要拓展汽车配件产品,公司需要有一个蜕变的机会和过程。

我们二次创业之初就开始考虑深圳公司的发展，他们必须要加强专业培训，在经营管理意识上要有改变。那时我们想到了几位日本朋友，他们所在的公司在广州和中国的其他地方都有分公司，而且一直都在为丰田、本田等客户服务。我们想，日本朋友对深圳这个环境应该是认可的。

其实，我们在与美国公司合资时，那几位日本朋友为了培养员工更好地为他们所在的公司加工产品，花了很多精力和时间来培养我们上海的团队，我们团队学习了他们非常多的管理理念。

但是后来美国总部突然要卖掉公司，那些很大部分接受过日本培训的员工都被股权购买方辞退了，就连原来负责亚太地区的博士也被辞退了，这样，日本的项目很难在原来的合资公司生产，所以日本方就把业务转回本国。但日本公司没有放弃与我们沟通，认为我们团队有诚信，学习热情高，执行力非常强，彼此合作比较愉快和放心。

由于长期的交往，日本集团公司的相关负责人已经把我们当作朋友了，因此我们认为这对深圳团队是一个机会。在我们的撮合下，日本方考察了深圳公司，其实，深圳团队一直在给中日合资企业服务，他们非常理解并能满足日本客户对产品的生产要求。

通过考察，日本客户对深圳公司生产的摩托车产品并不感兴趣，但是非常喜欢深圳团队，这使我们感到非常欣慰。于是我们继续加强与日本方的沟通，争取能与他们合作。为了促成深圳公司与日本方合作，董事长派我和博士多次到日本拜访。

日本方也多次派人来中国与我们董事长沟通。在双方沟通之际，我们已经感觉到日本方有意向与深圳公司合作，需要深圳团队做的事情也越来越多。日本人做事本来就很细致和认真，做任何事情都要往返很多次才有结果，在我看来，这是个好兆头。

深圳的整体环境非常适合日本人，他们每次到深圳都比较开心。为了深圳公司今后向汽车零件产品方向发展转型,我们加强了对深圳公司的管理,他们也在努力自我改变,多次派人与上海相关部门交流经验,还邀请上海质量管理体系方面人员去审核。如果审核人员能提出问题和建议,才是他们最开心的事情,因为可以让自己尽快蜕变为符合汽车行业质量管理体系认证的公司。

我在想,企业能否随着经营环境的变化抓住商机,是对企业经营管理素质和能力的考验。只有抓住时机及时调整企业的既定目标,采取相应的对策和措施,才能在发展中规避风险,使企业获得发展壮大。

如今,企业单打独斗面临越来越大的困难,合作共赢才是商业的主旋律。成功的生意成就每一个合作方。正如曾鸣为《重新定义公司》撰写序言时提到"未来组织最重要的职能是赋能,而不再是管理或激励",在商业合作中,赋能是帮助合作伙伴在市场上获得成功,推动合作生态的持续繁荣。

图 10-1 未尽事业的思考与传承

传统交易型合作是企业间最初具有代表性的合作模式,合作者目标不同,相互独立,不存在组织关系。随着市场经济的发展和商业环境的变化，这种静态的合作模式已经不能满足发展需要，只有各方秉持更加开放的合作理念，增强资源流动性与能力互补性，才能适应环境，达成合作共赢、共创价值的目标。

第二节　深圳团队需要一位领路人

企业是一个有生命的系统，需要不断地进化以适应外在变革。所以，要成为一名企业的"领路人"，就要有不断地自我磨炼和持续进化的能力。他必须德才兼备，而且还要有凝聚力和坚韧的品格。

为了深圳公司的项目能够顺利发展，我们集团董事会决定尽快选择一位有能力的人来带领整个深圳团队，全面接管集团在管理方面的一些工作。为此，董事会还专题讨论了深圳公司的未来，提出管理者需要具备的素质，即管理能力、组织能力和沟通能力等，并且获得日本公司和深圳团队的认可。

通常来说，由于创始人及其团队与继任者所处时代、教育背景及实践经历等不同，不可避免存在认知差异，由此造成的"代际鸿沟"对企业的成功传承带来巨大挑战。因此，"绩效识别"在这个时候成为选择传承人非常重要的因素。

继任者独立承担工作任务，就能及时得到绩效结果，这对他的自我认知、获取他人认可非常重要。同时，及时清晰的绩效反馈也有利于增强继任者胜任工作的信念，帮助其积累经验。

眼看讨论深圳公司与日本公司合资意向的会议越来越近了，我们希望借此机会把新的继任者介绍给日本公司。这个人必须是有领导能力，而且得到深圳员工的信任，谁合适呢？

经过一段时间的考虑，最后董事会决定由董事长的儿子接手，因为他以前临时负责过公司的管理工作，大家对他有良好的印象。

后来，深圳公司为了解决老同事的就业问题，没有让他继续负责，他就离开公司外出闯荡。一晃几年过去了，我们认为这次应该请他回来，董事长考虑后同意了大家的建议。

我和董事长共事几十年，知道他对孩子一直都很严苛，其实，他的孩子都非常出色，但我们却很少听到董事长称赞自己的孩子。这样的父亲形象似乎和温情一点儿都不沾边，但作为在董事长身边工作的人，我们总能感受到他一直都非常关心孩子的成长。

在深圳工作时，我与同事有时约董事长儿子聚餐，只要董事长知道后，都会向我询问孩子的近况，明明内心非常关心孩子，可就是不直接询问。董事长让孩子在集团外自己找工作，几年下来，孩子有丰富的工作经历，既做过生产企业的管理，又做过金融投资方面的工作，而且每一份工作都做得很出色。

恰逢其时，集团确实需要人才，所以董事会提出让他来接深圳这个项目。董事长对这个提议也欣然接受了，看得出他对孩子的表现是肯定的。董事长还特别安排我去深圳找他儿子详谈。我非常乐意地接受了这个任务，并表示，如果他儿子同意接管深圳项目，对深圳公司来说是一件很好的事情。

我们认为让年轻人与日本方多交往也是一次历练的机会，如果他把深圳项目做成功，今后就有能力接管我们整个集团的工作了，所以董事会还一致同意把他作为接班人的培养对象。

我按照董事会的决定去了深圳，很顺利地联系到他。这是一位积极向上、潇洒英俊的年轻人，大学学习电子通信工程专业，毕业以后就去了一家深圳的公司工作，后来还在深圳继续学习，取得了管理学硕士学位，是一个自律性很强的人。

我们见面后，我向他介绍了集团公司的近况，同时聊到深圳公司的发展愿景，也表达了集团董事会的主要意图和意见，希望他能回来担当大任。我们还一起沟通了很多相关事宜，本来我们就比较熟悉,他能感受得到我们诚心诚意的邀请,所以没有反对,于是我们开始思考和规划今后新的工作。

不久,日本集团公司邀请我们去日本考察和开会。这一次,他作为接班人和我一起去了日本。借着把他正式介绍给日本公司的机会,我们非常希望日本方能对他有好的印象。事实上,日本公司领导非常看好这样的年轻人来接班,对合作的前景更加充满了信心。

一家企业要持续发展,培养合适的接班人是非常重要的。大到企业,小到部门,甚至一个班组,都需要长期考察,长期培养。能够胜任各层级岗位的接班人,必须德才兼备,才能管理好下属,发挥大家的积极性和能力,而不是"得一个人才而伤害一批人才"。

培养合格的接班人是一个漫长的过程,无法一蹴而就,也要有长期的培养与考察计划。接班人的选择是企业治理中的核心问题,人的生命是有限的,但是企业的生命却可以无限延长,为实现企业的持续发展,需要建立科学合理的接班人计划。

对企业来说,选择什么样的接班人很重要,但更重要的在于如何形成良性的接班人机制。例如建立接班人资格标准,建立培养和选拔流程,建立绩效考核制度和退出制度,通过公平、公正、公开的标准和流程选择接班人,规避暗箱操作,减少个人情感因素等。通过更为符合理性与逻辑的制度来落实接班人,无论最终是选择家族成员接班,还是选择职业经理人接班,都能够确保选择的是最合适的人,保证企业的可持续发展。

第三节　深度交流与互动助力友好合作

在世界经济一体化的今天,企业跨国合作日益深化,信任在企业的合作中起到润滑剂的作用，可以减少谈判的时间与监督的成本，从而提高效率，而文化对维系跨国合作的信任有着重要的意义。

作为非正式社会规范的一部分，文化是在长期社会化过程中自然形成的、不成文的社会规则，通常是内嵌于人们的生活方式、行为规范、文化传统和价值观之中。先进的健康的文化作为一种精神力量，对相互交流与合作起到促进作用。

深圳公司与日本方都非常重视双方的合作事宜，我们为去日本公司交流提前做了很多细致的安排，除讨论合作的相关事宜外，我们还要参观日本方集团总部，同时考察和学习两家生产座椅零件的工厂。

应邀去日本公司交流合作

深圳地区的项目在新的接班人确立好以后，应日本公司邀请，我们一起去日本公司考察，就有关双方合作的事宜进行沟通。同时，我也带着特殊任务，就是借这次与日本公司正式合作的机会，我与接班人就与日本方合作事宜进行工作交接。

飞机抵达日本的机场后，日本方已安排人员到机场来接应了，并且日本集团的领导还出面接待了我们，一起享用了丰盛的日本料理。这种商务晚餐聚会也是一种很好的沟通方式，能拉近彼此间距离，增强相互之间的了解。

借晚餐的机会，我将接班人的情况向日本方做了介绍和沟通，日本方领导了解后，非常认可我们接班人的背景经历。在轻松和愉快的氛围里，双方不但沟通了项目相关的事情，我们推荐的接班人也深得对方认可，为后面几天的正式合作商谈打下了友好而坚定的基础。

我在想，日本方一定希望我们合作的这个项目也按照日本的管理方法推进。果不其然,第二天,日本方就安排我们参观了集团总部,走访总部各部门,主要让我们了解各部门办公场所的管理情况和管理理念,甚至具体到介绍办公桌上用品的摆放,每样东西都有规定位置,定置管理得非常好,整个办公场所整洁有序。

为了做到高效沟通,日本方特地从集团内部为我们找了一位日本人翻译,他在中国出生长大,对中国有特别的感情,所以对我们非常友好,也希望我们与日本方能合作成功。

仔细参观完办公楼后,我们进行了正式会谈,友好地沟通了许多内容。由于日本公司向我们介绍的项目比较多,所以从哪一个产品开始合作就成为双方讨论的重点。

通过沟通,双方确定从汽车座椅套的缝制开始合作,能否掌握好缝制技术是我们长期合作的关键,这对深圳团队是极具挑战的。当然,我们也谈到了其他项目合作的可能性。总之,那次会议非常顺利,我们高效地进入到项目合作的细节讨论。

会议结束后,日本方的集团领导还亲自带我们参观了两家生产座椅零件的工厂。每到一处,他都热情细致地为我们做介绍。两家工厂的设备和生产线都是自动化的,各项管理都非常值得我们深入学习。

我深知日本方领导为什么那么认真地讲解,这是他们在表达合作诚意,也希望我们能学习到他们的管理理念和方法。我和接班人深为感动,当然也不会错过这样的学习机会,所以听得很仔细,还把关键的内容做了笔录。

整整 3 天,日本公司都派了高层领导和业务联络经理全程陪同接待我们,看得出来,他们对这次合作是非常认真的。当然,双方都特别重视这次合作,我方出访人员也都是高层领导,所以从一开始就是坦诚相待,这也为我们长期深入合作打下了良好的基础。

与日本公司深度交流

通过 3 天的会议沟通，以及对工厂的考察，双方已确立了未来合资企业发展的方向，为了进一步交流与互动，他们还安排了两天轻松而又特别的活动，在我看来，也是非常有意思的沟通方式。

我们花了一天的时间在奈良了解当地的文化，发现有很多中国唐朝文化和日本文化融合的地方。由于奈良曾经是日本的首都，这里有的寺庙建筑都深受唐朝文化的影响。

那一天的旅行使我们非常开心，让我们了解了两国文化融合的悠久历史，也知道了他们非常喜欢中国文化，同时还意识到其中另有深意——愿意与我们友好合作。这让我们加深了解了日本方与我们合作的诚意，我想我们一定会努力做好相关合作事宜，不辜负他们的希望。

特别旅行的第二天是打高尔夫球。日本集团公司也生产高尔夫球杆，而且名列世界品牌前列，这也是他们为之自豪的地方。大概是经常打球的原因，他们的动作非常专业，还耐心地指导我们，就这样边玩边沟通，友情得到了逐步加深。

两天特别的沟通活动使双方的友谊和信任得到了增强，同时，通过几天的接触，他们对新的接班人也加深了了解，而且非常满意，相信我们也是有诚意与他们合作的。就这样，我们顺利地结束了那次日本考察，从这之后，日本方与我们新的负责人顺利展开了工作往来。

其实，我们集团公司与日本方既是合作关系又是客户关系，因为与他们合资的企业生产的产品全部要返销给日本公司。在激烈的市场竞争中，争取一个客户合作是不容易的，要想赢得客户的信任，拓展合作的深度和广度，就必须以客户服务和提供客户忠诚度为中心，赢得客户的认可。

在商业领域,以价值观、行为准则、习俗和信仰为代表的文化因素可以起到补充作用,共同的或相近的文化观念有助于约束主体行为,为行动者之间构建共同的信任、规范与价值,提高知识要素流动与合作产出的效率。

我认为,商业合作有赖于深入有效的文化互动,可信赖的、持久的文化交往有助于维系合作双方的信任度,确保合作伙伴关系的稳定性,信息与知识的传递更容易在基于文化交流的合作中得到巩固。

第四节　正确的领导会给团队带来正向的结果

深圳公司有了领路人,各项工作得到有序推进,业务起色很大。事实上,新的负责人弥补了之前我们管理的不足。在项目方面,他保持着与日本方的密切交流与沟通,也经常去日本学习和考察,很快就与日本集团公司的相关负责人建立起了友好的朋友关系。

日本合作方也很肯定他的个人能力,而且非常满意他的工作表现,也乐意给予大力支持以求共同发展在中国的事业。在公司内部,深圳团队也非常服从他的领导,大家积极努力地配合工作。不久,深圳公司就与日本公司正式成立了合资公司,主要生产汽车座椅套。就这样,深圳团队全身心地投入到缝制座椅套的事业中。

严格执行日本式管理,使缝制项目有了发展

日本方对深圳团队掌握缝制技术极为热心,并对其进行了细致的培训,用皮料进行多次试做,使团队在很短的时间内就掌握了基本的缝制技术,逐渐从小批量生产做到了大批量生产。深圳团

队缝制座椅套的项目开展得非常成功,品质也得到日本方的由衷肯定。

但是深圳团队没有满足于眼前的一点儿小成就,而是继续自我挑战,在保障品质的情况下,不断控制加工成本,以给股东创造更高利润为导向,想把日本方委托给其他地区生产的业务都争取过来。功夫不负有心人,通过严格的训练和管理,大家一丝不苟地执行日本式精益生产的管理模式,把成本控制到了极致而又有竞争力,最后成功地争取到了其他地区的业务。

在汽车座椅皮套缝制项目上,深圳团队在生产、物流和成本等各项管理上都让日本公司非常满意。他们有自己的目标和理想,一心想要把来之不易的座椅缝制事业发展好,所以发挥出了极大的主动性,又富有创造力,取得了喜人的业绩。

与业务成功相伴随的还有公司经营管理和眼界的开阔。通过对日本公司先进管理和技术的接触与实践,深圳团队获得了更为广阔的成长空间。

从一开始,深圳团队在各方面与日本方合作的气氛都非常友好,日方愿意将更多业务交给深圳合资公司来经营,因此,合资公司不断地扩展工厂,先后成立了襄阳和重庆分公司。短短3年时间,他们创造了在座椅缝制领域内的辉煌。

每个人都会在成长过程中形成自己的知识结构,它会直接影响事业的发展和达到的高度。也就是说,一个团队要有能不断完善自己的领导者,他能带动事业的发展。庆幸的是,我们新的接班人做到了,他把整个深圳团队带动起来了。

缝制事业的发展带动深圳团队持续突破

深圳团队在与日本公司长时间的友好合作中,早已建立起了信任关系,所以在缝制事业发展的同时,日本公司还帮助原深圳摩托车配件公司蜕变,对原生产摩托车配件公司的员工进行汽车配件制作的培训,为员工掌握、提升汽车配件的生产运营能力,起到了很好的指导促进作用。

深圳摩托车配件公司的团队也不甘落后,不断地学习缝制公司管理理念,认真执行日本方质量管理要求,公司的总体资质和能力得到了提升,获得了更多客户的认可,也争取到了日本汽车客户的业务,产品出口到日本。

在两项已经被认为是行业领先的成就面前,整个深圳团队依然没有停止不前,而是继续组织团队与日本方合作,结合日本方的业务发展需求,在深圳又成立了生产高尔夫杆和棒球棒的新公司。这些产品加工精致,喷涂技术非常环保和先进,深圳团队学习到了先进的加工工艺。

新的总负责人总能把深圳各方面的事业成功地做起来,这是他优秀的领导、管理能力的集中体现。他对认准的事情有决心、信心,还建立起了与他共同奋斗的、能打胜仗的、充满凝聚力的核心团队。

在与日本公司合作的不同项目中,总负责人的团队以谦逊认真的态度接受了日本公司很多的管理理念,掌握了一定技术和管理的能力,通过持续不断的学习,这个团队已经不再是以前的团队了,而是获得提升蜕变,不断升级的团队。

深圳团队事业的成功,很大程度上是因为有了正确的领导,把诚信经营和服务客户的思想认真地落实,把日本客户的要求付诸于行动,特别在生产过程控制和成本控制方面,积极推行精益生产的管理。他们是值得我们整个集团学习的团队。

想要实现商业模式上的创新和突破,作为管理者,必须不断思考:我们的客户、合作伙伴看重的是什么?我们如何可以为顾客做更多的事或更少的事?做更多的事是不被已有产品所局限,探索更多有附加值的产品和服务,满足客户需求。做更少的事是减少成本构成,并且将部分节省的成本回报给客户。

企业创新很大程度上是管理者行为的结果,一个公司选对总负责人非常重要。只要企业负责人心里装着他人,以诚待客户,把客户要求的事情做好,企业就有机会不断地获得客户的项目,同时也能让团队所有人都充分发挥能动性,为企业负责。这是一个领导应有的风范和责任,成就自己,又成就了他人。

第五节　深圳公司坚持经营赢得持续的机会

深圳配件公司独立经营,发展至今员工有 200 多人了,他们一直坚守在摩托车、汽车配件这个领域,把摩托车的零件产品质量做到了极致,深得客户好评。同时,为了公司能走得更远、更稳,他们还积极争取到日本公司的支持,得到了很多相关的培训,也掌握了生产汽车零部件产品的理念,汽车配件产品出口日本。20 年的坚守为整个集团和社会都做出了应有的贡献。

要让公司能长期生存下去,走得更稳,就要有梦想和目标,要不断地追求进步。深圳公司一方面按既定目标前进,另一方面想要与上海公司并肩战斗,共同开拓汽车配件市场,所以他们积极邀请上海公司的外方股东德国公司去深圳考察。

深圳事业的总负责人是我们集团公司确定的接班人,而且已接管了上海合资企业,所以,推动深圳配件公司与德国方合作也是他的愿望。功夫不负有心人。不久,得知德国公司要派代表去考察深圳公司的消息后,大家都无比地激动,每个人都积极地行动起来,准备迎接德国方代表的到来。

多年以来,深圳公司一直接受日本精益生产管理的理念,有一定的质量管理体系基础,在各项管理上都能与国际接轨。所以,德国代表严格审查、仔细调研后表示非常认同深圳公司及团队,并且把意见反馈给了德国公司。很快,上海合资企业的季度董事会会议召开了,我们中方在会上介绍了深圳公司的情况,同时建议上海合资公司把深圳公司兼并了。

德国公司根据考察结果客观评估了这个项目,认为深圳公司没有生产上海公司同类产品的能力,但考虑到深圳公司有与日本合作项目,又出口汽车配件产品,具备生产汽车零件产品的基础,如果和德国公司合资后有上海公司的技术支持,就有条件争取在华的日本客户,所以董事会一致通过与深圳公司合资合作。

深圳公司的坚持和努力再一次得到了收获,与海外先进企业合资的梦想实现了,在开拓新产品方面有了更好的技术支持,企业形象进一步提升。合资后不久,他们在新一代接班人的正确带领下,除原有日本项目外,还新增了其他日本客户的项目,公司的生存能力和销售额也更上了一层楼。

之前,由于受产品技术的限制,深圳公司的效益和产量并不高,但是他们一直怀揣梦想与希望,充满着活力与激情,尊重各岗位有专业技能的员工,并长期坚持下来。

更重要的是,公司确立的愿景能层层激励员工不断追求卓越的目标,员工为此发挥出了最大的潜力,管理层也赢得更多的时间和空间考虑公司的长远发展方向。不断重复所做的事情,才有可能获得机会,抓住机会才可能取得成功。成功站在机会的背后,而机会是在无数次重复地坚持后出现的结果。

第十一章

传承，成就美好未来

第一节　联结过去与未来的集团传承

随着我们合资企业的发展，管理团队年轻化是必然的趋势，对工作能力和外语要求越来越高，选择年轻接班人已是迫在眉睫。企业要想持续、稳定、健康地发展，战略传承的连续性最为关键。所有的企业都在谋求转型和创新之路，而转型和创新不会自己发生，需要优秀的领导者带领和促成。所以，培养合适的接班人十分重要。

传承优秀的企业文化，是企业成功转型的一个重要因素。其实，新老交接也是要有思想准备的，要完全相信新一代的能力。我们集团内的公司在新老干部交接问题上，都会引发企业管理中的震荡。我认为，企业在一定时期，产生良性的震荡是很有必要的，这样，公司才能取得进步和发展。

德鲁克认为，企业必须有足够的老年人，以保证年轻人有晋升的机会；有足够的年轻人，以保证企业的继续生存。有足够多的老年人，以提供经验；有足够多的年轻人，以提供推动力。

因此，调整好老、中、青三代人的岗位与职责，是企业进步的关键。我们集团管理层在勇往直前的思想指导下,客观地推动新培养的年轻人接班,使集团公司创新发展更为顺利。

回顾集团发展的 20 年,我们培养了一大批人才,使整个集团得以持续发展。其中,最具有代表性的就是在创业初期我们培养了一批志同道合的大学生,他们最后成为集团内各公司及部门的骨干;在二次创业期间,我们培养了一批年轻的领导者,他们担起了各公司的经营管理责任,使集团公司的规模得到了发展。

特别是通过与外方企业合资合作,我们着重培养了一批具有国际竞争力的中层干部,学习到了跨国公司先进的管理和技术,使企业在技术和管理上得到了提高,整个集团公司管理能力也得到了升级。

企业处在复杂多变的市场竞争环境之中,对于接班人有严格的要求,他必须是能够适应企业生存发展、充分适应市场竞争环境、处理未来的不确定性风险的优秀人才,他对公司的价值影响是决定性的。

所以,这一次,董事长和我都决定要把大部分领导工作交给接班人,这不仅仅是我们个人的问题,也代表着一个时代的更迭。哪怕整个集团公司都要经历一次"震荡",为了能持续发展,我们非常确定是时候开始逐步交接了。

董事长非常慎重地召开了集团董事会会议,大家讨论了传承这个议题,这也是我们第一次考虑整个集团的传承。我们这一代都是 20 世纪四五十年代出生的人,应该考虑传承了,关键是由谁来接班?

公司选对接班人是非常重要的,一个真正的领导者应该是充满关爱之心,在尊重大家意见的同时,能按照实际情况果断决策,发挥出卓越领导能力的人。特别重要的是,接班人必须经历过或者至少参与过企业运营的各种情景,比如完整执行一项关键的职能任务；深入参与过一次并购、战略联盟或者合作伙伴关系的建立等。

董事会沟通后一致同意由深圳公司的总负责人来接班。他可以先接手所有合资企业的事业，然后逐步过渡到整个集团的事业传承。

深圳公司的总负责人是我们一直看好的接班人，在我们眼里，他德才兼备，能堪大任。近10年来，他一直在负责深圳项目，深得日本合作方的信任，而且他管理的日本项目的销售额一直在增长。所以，我们集团董事会对他来接手集团工作没有任何意见。大家认为，应该让他们这一代人来承担责任了。

我们考虑好后，就找到他本人沟通，向他转达了董事会的意见。他考虑之后欣然同意，因为之前几年，我们也有意让他参与和了解集团管理决策事务，所以现在也是水到渠成之时了。

由于要接手所有合资企业管理，对深圳公司的经营管理肯定要被分散掉一些精力，此事还须得到与深圳公司合作的日方的理解和支持。于是，我们把我方董事会的意见向日本方做了解释，日本方表示非常理解和接受。

日本方对他担任我们合资企业的总负责人没有意见，但是依然要他暂时兼任深圳公司的总负责人，我们也理解。因为日本人对一个人的认可需要经过长期的接触和了解，决定之后一般不会轻易改变，而且他们认为总负责人非常重要。

根据公司章程规定，我们在合资公司董事会会议上，提出了合资公司新的总负责人人选，即我们的接班人。德方在了解情况后表示赞同，还提出要去深圳公司考察，与未来接班人见面。

在我们的安排下，他们去了深圳公司参观访问，深圳团队和接班人给德国方的领导们也留下了良好的印象。这样，我们就顺利地把几个合资企业的领导职责传给了接班人。

与所有企业的发展要求一样,我们必须更多地关注企业未来的需求,而不是沉醉于过去的辉煌中。因此,在企业传承过程中,用什么来联结企业的过去与未来。这是一个摆在接班人面前的中心议题。

接班人上任后,把3家合资公司的组织架构和管理模式进行了合并,成功地对管理团队进行了整合,集中了核心团队,实现了资源共享和集约化管理,他还提出更高的战略发展要求,带动新管理团队成长。他的改革魄力和创新管理思路让我们非常欣慰,确实不负所望。

图 11-1　传承,成就美好未来

一个企业要确保基业长青的百年大计，就要未雨绸缪地培养出优秀的接班人，不能过分任人唯亲。接班人要有应对急剧变化的精力，能激励团队采取行动，要有果断处理事情的能力，还要有及时兑现承诺的意识。他必须同时具备管理者的"才"和领导者的"德"，带领下属发挥他们的积极性和才华，起到凝聚众人之长的作用。

第二节　特殊人才带来的信心与激励

合伙创业，仅靠自己的力量是不够的，是不能做大做强的。一个企业要成功实现自己的远大目标，就要有相关的技术和管理专家，帮助企业拓展新的产品、新的技术、新的管理理念。在企业发展中，特殊人才扮演着至关重要的角色。

人才是企业最宝贵的资源，是推动企业发展的动力，是企业最重要的资产，企业能持续地获得财富，主要就是靠不断地引进和培养人才。特殊人才的价值不仅在于提供专业知识，更在于能够用丰富的经验帮助企业摸着石头过河。

机缘巧合，我们集团公司就有一位博士领导，他参与了我们全过程的创业历程，也是我们不可缺少的伙伴角色和特殊人才。从我们开启创业梦想开始，博士领导就与我们有着相互吸引的关系，是他让我们开阔了视野，启发了我们独立创业的勇气。

我们一起合作共事了几十年，他能够年复一年地以同样的想法坚定地向理想迈进，这是让我们受益最深的。他给我们提供了各种关于计划、方法或解决方案的信心。

博士领导是美籍华人，是美国一所大学的教授。他给国内外许多公司的领导讲授过战略管理和文化差异等课程。一开始他在大学任教，或许是内心深处的梦想在指引，他竟然放弃大学教授的职位，选择从商，在一位美国上市公司总裁的邀请下，担任了中国事务总裁。也是这位美国总裁成就了他在商业领域的事业和梦想，在合资企业中外之间起到了沟通桥梁作用。

此后，他一直从事这一沟通工作，主要给外方公司提供服务，监督和协调中国合资公司相关事务。我们认识博士领导已有20多年了，在我看来，他是我们的伯乐，也是我们的导师。

那是1995年，他刚来中国到处寻求中国企业跟美国公司的合资合作，我们就是他考察的诸多公司之一。他自从认识我们董事长以后，就保持着与我们的沟通和了解，甚至有的公司与美国公司都签了合作意向书，他还是没有放弃与我们董事长联系。那时我们还在深圳公司工作，是他的坚持，给了我们"下海"创业的胆量。

博士领导是一个非常懂得满足合作双方需求的人，所以外国人和中国人都愿意邀请他出面沟通。2000年，经他的引见，我们顺利地与美国集团公司组建合资公司。后来在他的继续指点和引见下，我们又与德国公司合资合作。

每一次与外方合资后，我都与他一同走访很多国家和城市，学习了很多知识，结交了许多国外的朋友。在与他一起出国考察期间，我发现他十分自律，每天早上5点左右就起来工作和锻炼，从来没有改变这个习惯。

他的本行是做教育的，虽然已从商了，但不管工作怎样变化，他都没有离开本行，一直在学习和做教育工作，也给国内知名大学、培训机构授课。

他非常善于读书学习，懂6个国家的语言，他还热爱生活，给人以温文尔雅却又精力充沛的印象。他有好多优点值得学习，也令我非常佩服。他是一个长期主义者，对自己认定的事情能长期坚持下去，这种思想非常值得我们学习。

由于他有非常好的谈判能力和海外人脉资源，所以有很多像我们一样的企业找他介绍国外合作对象。这对我们是一种危机，因为在同一个项目上他在国内又给我们增加了一个竞争对手。业务利益蛋糕的分配得失，使我们一直处在战战兢兢、如履薄冰的状态里。

但同时，这也未尝不是一种激励。为了应对现实经济形势的变化，确保企业生存，我们需要灵活性——摆脱一成不变，从旧的知识和体系中继续前进，以及快速反应——当新信息浮出水面时能够快速制定新行动计划。

我们要尊重像博士这样的人才，但也要随时保持良好的精神状态，提醒公司员工保持居安思危的思想，因为特殊人才不只是为一家企业服务。把这当成危机、当成时时刻刻给我们的提醒，永远都不要得意忘形、忘乎所以，公司才能稳定地持续地发展。

第三节　如何让员工从情感上认同公司

我们在管理团队时，如果仅仅只是让员工完成工作获得报酬，那么他们永远无法竭尽全力，也不会对组织存在归属感。但如果员工拥有享受工作的心态，他们就会愿意付出不亚于任何人的努力，去迎接挑战。员工个体的精神满足是他们超越现状、实现理想抱负、提升心灵的不竭动力。

问题在于，你的团队属于低效还是高效，与管理者是否有密切的关系。如何留住核心人才，让他们在企业安心工作，成为企业的主力军，是每一个公司要认真思考的问题。

我们集团公司一直贯彻董事长以仁义之心为核心的企业文化，真切地关心员工的生活、工作发展，构建和谐温馨的工作氛围，让员工从情感上认同公司,将公司目标转化为个人目标,将个人与公司发展联系在一起。

在这里,我特别要讲一位我们集团内的文秘员工,她大学毕业后就加入公司,我们称她为露瑟。她是从农村考学出来的孩子,非常朴素,踏实坚韧,学习优秀,在校期间已通过英语六级考试。

在今天迎接经济全球化大发展的环境下,英语在全国大范围普及,城市里更是从幼儿园就已经开始学英语了。英语就成了很多年轻人的普通技能。但在 21 世纪初期,不仅英语人才比较紧缺,能坚持学习英语也是件非常不容易的事情。

露瑟在我们集团工作了 20 多年,一直坚守在文秘岗位上,她不忘初心、不攀比、不羡慕、不骄不躁地始终保持着学习和谦虚的态度,力求把本职工作做得更好,现在已成长为让公司管理层长期信赖的中层管理者。她还兼任多个岗位,比如负责合资公司董事会的秘书工作,协助合资公司总经理处理外方方面事宜,负责集团内法务方面与律师顾问对接相关工作,负责对车辆的管理。总的来讲,她做的工作是平凡而繁杂的。

公司起步阶段和快速发展那几年,管理人员不够,工作千头万绪,似乎每天都有做不完的事,这时我们总会想到她。哪里需要她,就安排她去哪里。当遇到临时加派的紧急任务时,哪怕每天需要工作十几个小时,她也从没有怨言,从不先讲条件,而是考虑怎么克服困难,尽快更好地完成工作。在我眼里,她真的是一个任劳任怨、热爱工作、不怕困难的人。

回顾过去与我们相处的 20 多年,她根据工作需要,持续学习、丰富知识,在我们集团内担当过秘书、翻译、质量体系的文控员、内审员,利用外语能力协助销售和国际采购部门对外沟通等一系列工作。

这些工作繁杂、琐碎,但她心理素质特别好,不被情绪左右,每天都以平和的心态接受公司交给她的工作。她用勤奋、努力和坚守，赢得了公司领导和同事们的持续好评，多次被评选为公司优秀员工和部门内的先进员工。

除了那些日常的工作，给我印象特别深刻的是一起涉及几百万美元标的额的国际贸易诉讼。打官司，而且是我们都没经历过的跨国官司，是一场费时费力的马拉松，但露瑟没有拒绝这个"烫手山芋"，反而积极主动地配合我们聘请的美国律师，一丝不苟地协助沟通、处理案件的应诉工作。

历时 3 年多，我与她一起协助中国的贸易公司打赢了这场官司，她也与律师合作了 3 年。在这个过程中，她工作勤勉敬业、认真谨慎，提出缜密的策略建议，给我和我们合作的律师都留下了深刻的印象。

其实，我们公司有很多像露瑟这样的员工，他们为公司发展一直在平凡的岗位上默默无闻地努力工作。能够留住他们，让他们甘愿为公司出力，最主要的原因是企业文化对员工的浸润，以及岗位高度匹配他们的需要。

员工个体的满足不仅体现在物质激励上，更体现在精神需要上。员工一方面会为了公司的事业发展而努力，另一方面则依赖与组织建立的高情感关系，付出更多额外的行动。

每个员工都渴望受到尊重和重视，如果能够给他们成长的空间，为他们描绘美好的组织蓝图，关怀每位员工并向他们传达坚定的理想信念，创造出责任感、参与感和成就感，那么员工很大概率会愿意一直追随你。

要长期留住人才，满足其精神方面的需求是不可或缺的重要因素。有时精神方面的激励甚至比物质激励更为重要，企业可以通过有效的领导方式，提高员工对组织的归属感、认同感，实现情感承诺，让员工感知到组织是"家的港湾"，促进员工做出更多的良性行为，实现组织与自身和谐发展的良性循环。

第四节　我对如何平衡家庭与事业的思考

我在一本《小故事大道理》的书中看到："人与人相遇的可能性是千万分之一，成为朋友的可能性是两亿分之一，而成为终身伴侣的可能性只有五十亿分之一。"相遇是一件多么不容易的事，所以我们总是强调，大家能在一起共事、成为同事都是一种缘分。

人与人之间，有的成为家人，有的成了同事，有的成了朋友，我们一起分担寒潮、风雷、霹雳，一起共享雾霭、流岚、虹霓。但是家庭与事业之间往往又会相互冲突的，就像纪伯伦写的，"庙宇的支柱是分开竖立的，橡树和柏树也不在彼此的阴影下生长。"我想，每个人遇到的具体情况都不一样。

我为了工作和自己的事业，长期离开家在外地工作，没能很好地陪伴家人和孩子，这让我感到特别遗憾，所以只要有机会，我总想去弥补。其实我非常喜欢家的感觉，忙完工作回到家里，有人关心、有人给你减压和分忧，但是这些对我来讲是一种奢望。

在那个没有手机的年代，离家又比较远，事业上又有非常多的不确定性，要平衡好事业与家庭，对于我来说难度太大了。现在想来，自己还是没有做好，没有多花一点儿时间与他们电话沟通，工作忙起来就不能每天打电话，我只能用我自己"特别"的方式来照顾家庭，尽力让孩子感到有妈妈的关心和关爱。

回顾自己离开重庆到深圳工作，当时孩子才9岁多，我心想就去两三年，咬牙就过来了，谁知一去就再也没有回到家乡了。因为到了深圳以后，我感觉深圳的节奏与重庆不一样，它是一个充满活力和创新的城市，发展前景非常广阔，一旦接收了深圳的文化氛围，就不想回到以前的生活状态了。

我热爱我的工作和事业，同时也非常热爱孩子和家庭，希望工作之余也能享受家人的欢乐，但是"鱼与熊掌不可兼得"，每当下班回到宿舍让我揪心的还是1000多千米远的家。我多么希望孩子她爸能把孩子带好，给她更多的幸福。

孩子的爸爸一直让我放心，家里没问题，所以我也很安心地在外面做自己的事业。有家人的支持，我干起事情来特别有劲儿。每次小孩放假，我就安排她寒假到外婆家住一段时间，暑假就到深圳住一段时间，这样让孩子充实和开心一点儿。

可孩子在我这里就苦了，因为工厂不在市区，没有玩儿的地方，我一个星期只有一天能陪伴她。其他时间，要么她自己在宿舍写作业，要么就来工厂做作业。她非常盼望我休息的那一天，总是问我星期天去哪里玩？每次看到她那渴望的小眼神，我心里就感到很愧疚。就这样，孩子从小学过渡到了初中。

我一直觉得有父母陪伴的孩子，生活更理性。对孩子来说，一个家庭的健康是孩子有爸爸的用心管教，可以少走弯路；有妈妈的关心，更懂得感恩，像妈妈一样对待事情，提高情商，生活更加顺利。

总体来讲，由于工作的原因，我对孩子的关心还是少了很多，让孩子的童年缺少了一些幸福感，对孩子的心理健康应该会有一些影响。作为妈妈，我没有时间亲自细心地关爱孩子和家庭，心里非常难受，总有一种自责感，觉得对不起孩子。

幸运的是，小孩还比较争气，成绩一直都很好，孩子很快就上高中了。1997年的一天，我偶然在报纸上看到出国留学的信息，在征求了孩子和她爸的意见后，孩子在读完高一后我就给她办理了出国留学。

虽然孩子出国留学了，但还是离不开父母的关心和鼓励，需要父母陪伴她成长。孩子在国外读书的时候,我每周与她通一两次电话,但由于各种原因一直没有出国去看她,现在想来确实不应该,对孩子的关心真的太少了。

但我认为孩子还是非常理解父母的,我对待工作的态度,孩子是能察觉到的,也不需要我们操心。所以孩子一直都非常努力,不负所望在国外读完了高中、本科和硕士。我去新西兰参加了她的本科毕业典礼,后来又去澳大利亚参加了她的硕士毕业典礼,这让我感到非常高兴。她回国工作以后,在我的继续鼓励下,又坚持学习了 7 年,还拿到了澳大利亚 CPA(注册会计师)证。

其实在孩子读大学期间,我与她爸就离婚了,最主要原因还是自己没能全身心在家陪伴家人,所以在个人的人生道路上是有缺失的,但我还是要尽最大努力做好自己。我虽然不能要求别人怎么做,但至少自己要担起家庭的责任,因为我始终坚信家庭是非常重要的,个人的遗憾不能影响到身边的人。所以在忙事业的同时,我坚持独自一人带着父母和孩子,尽量让他们开心地生活、学习和工作。我坚信只要亲情在,家就在。家有"大家",也有自己的"小家",要在两个"家"之间做好平衡,这是一个职场女性要思考的问题。

我在想,作为追求事业的女性,经常是疲惫不堪地设法满足各方需求,在传统观念之下,也很少有男性心甘情愿地承担起家中"管家"的角色。每个人都有自己的追求,有各自的状况、目标和优先事项。

可如果我们可以在工作中把事业当成家来爱,为什么不能把家当作事业来经营?我们都有不同的性格和取舍。可是"平衡"这个词,是要自己取得的,而不是依靠等待。了解家人的感受,掌握自己的感受,关注彼此的意愿,这种同理心,就是人生的土壤,也是爱的基础。如尼采说,我们爱生命,并不是因为我们习惯于生命,而是因为我们习惯于爱。

第五节　技术进步帮助我们更好地认识自己

随着社会的进步，我们已经进入到一个先进技术影响社会的时期。科学技术作为先进生产力的重要标志，重要性也日益体现，推动着历史的发展。技术给人以确定性，也给人力量。就像行船人需要舵和罗盘，如今的管理者也需要实践、经验与技术的结合。

如何让科技最大化发挥其积极效应，无疑是我们当今社会备受关注的问题。邓小平讲过："马克思说科学技术是生产力，这是非常正确的，现在看来这样说可能不够，恐怕是第一生产力。"

其实科技在企业发展中也同样扮演着越来越重要的角色，通过合理运用科技，可以加快企业的发展步伐，企业更可以从技术中得到一些新的商机，从而提升竞争力。

然而，当公司引进的先进设备和技术越来越多时，什么样的人来与之匹配？或者说，一家钻研技术的公司需要什么样的总经理？这是值得我们思考的问题。因为如果我们知道自己想要什么，技术能帮助我们达成目标；但如果不知道自己想要什么，技术就很容易为我们塑造目标，控制我们的路径。

与德国方合资以后，我一直兼任两家合资公司的总经理职务。在担任总经理的那5年里，最让我感到困难的是语言问题，总是靠翻译来沟通就不能很好地达到交流的效果，往往会产生误会，解决起来又非常麻烦，所以随着合资公司的稳定发展，我主动提出让位。

对于合资企业总经理人选，除要具备领导者的资质外，还应有语言沟通能力和管理能力，要热爱这个事业和公司。但这些标准在初期往往很难都得到满足，合资双方处于磨合期，最初几年特别要协调好双方的分歧，要多检查自己的不足，提出合理化建议，才能长久合作。

我与外方经理共事几年，就考证了很多问题。一方面，我非常需要外方经理的支持，也肯定他在运营管理方面取得的成绩，特别是通过他与德国公司的沟通，快速解决了合资公司技术和管理的需求。另一方面，我们之间又有一些工作上的矛盾，为了解决矛盾，就要通过语言沟通解决，让股东双方都放心。所以，为了让合资企业能持续发展，考虑到自己语言沟通及综合问题，我在兼合资企业第一届总经理任期到了之后，就向中方董事长提出申请，让更适合的人才来管理合资公司。

由于合资公司与德国公司沟通非常频繁，在对产品进行检测时，德国公司时时都要跟踪检测结果，要经过他们批准后才能入库。为此，德国方也委托我们人力部招聘一个懂德语的中国人担任运营总监，接替外方经理的工作，减少合作双方的矛盾。

德国方招聘的运营总监有十几年的工作经验，沟通能力非常强，我们双方都很满意。我特意对他进行了观察，认为他完全可以像外方经理一样工作，所以我们可以完全放心。

后来，德国方也体会到由中国人来管理中国人比较好，所以把市场开发部门的外方经理也辞退了，重新选择了中国人来管理。其实，这个特别部门的管理早已合并到我们合资公司流程当中了。这样，通过合资公司董事会人事调整，公司内部的气氛就更和谐了。

特别是合资公司各部门负责人，经过我们几年的培养和调整，都是比较优秀的年轻人，基本上都能与德国方直接沟通，所以董事会也同意我们更换总经理。事实证明，新一代总经理更适合发展型的企业。

我在想，公司发展到一定阶段，作为总经理要认真审视自己的学习能力，对自己要有一个客观的认识。人生最大的智慧就是"认识你自己"，这是古希腊著名哲学家苏格拉底的一句名言。对自己估计过高或是过低，都会妨碍自身的发展，也会影响公司的发展。所以，客观认识自我，关注自己的优势和不足，才是经营好企业的开始。

在企业发展过程中，一台机器也许能完成以前 50 个人的工作，但无法胜任一个管理人才的职责。哪怕是最好的机器，也无法被赋予其主动性，因为这正是人的价值。

第六节　优秀的企业必须经历一次组织传承

特殊年代造就特殊的团队，我们董事长带领大家创业时已经是知天命之年了，整个团队中年龄大的员工也不少。但董事长带领大家创业的勇气，在团队中起着定海神针一样的作用，所以团队里即便年老的员工，也都把自己当成年轻人在打拼。

人人都渴望成功，可是成功不是那么容易的。有一句歌词是这么唱的："不经历风雨，怎么见彩虹？没有人能随随便便成功。"

在整个创业过程中，我们经历过成功，也有很多次失败的项目。因为有董事长的决心和定力，我们才有了信心，在共同制定的目标引领下，整个团队就有了使命感，大家一起寻找一切机会，专心一志做好相关事情，这些都是我们企业文化的核心。

企业文化是向心力，是凝聚力。一个企业取得的辉煌，是几代人共同努力的结果，是一种情结的传达和情感的寄托。企业的文化总是在不断适应环境的过程中吐故纳新，不断变革与成长。只要企业的精神不变，初心不忘，就能继续走向成功。

我们这一辈人非常幸运地赶上了国家改革开放的好政策，经过努力，取得了事业的成功，在 2015 年又成功地把经营的合资公司事业传递给了新一代接班人。接班人的出色表现，让我们未尽的事业能够继续。

2019年，我们回顾了年轻一代这几年的成长，大家一致认为他们从接管合资公司以来，各项工作都做得很好，考虑到公司未来需要年轻一代，是时候把集团事业全部移交给接班人了。于是股东会和董事会做出把整个集团的事业都移交给年轻一代来管理的决议。

一开始，接班人面对接管整个集团的工作有些忐忑，但是他感受到大家对他的信任，也就鼓起勇气接受了股东们对他的期待，并向大家表示感谢，希望大家给予支持，他尽全力做好。

要知道，人的心态是可以随时变化的，如果你心里想的是快乐的事，你就会变得快乐；如果你心里想的是失落的事，心情就会变得灰暗，这些情绪也会影响到身边亲近的人。企业的成功与失败，相当一部分原因在于人的心态，以及基于心态延伸出的价值观、团队成员、理想信念。

创始人以信任的态度放手给新一代接班人，取得了非常好的效果，他们不负所望，继续保持了努力奋斗的精神和谦虚包容的心态，使集团公司的基础进一步得到了夯实。

老一辈在对待传承的事情上，心态越是摆得正确，越能积极影响接班人的心态，他们愉快地接受，压力就会变成动力。我们在对待传承的事情上表现出真诚的态度，我认为接班人是能感受到的，所以我们这次交接比较顺利。

我们20多年努力奋斗，从一家小公司发展成集团型公司，而且还顺利地把公司领路人的"接力棒"传承给了新一代的接班人，这是我们最大的成功，我们也非常感激年轻一代能担起重任。

一个好的企业必须经历过一次组织传承。如果一个企业仅仅是在一代人的范畴下成功，还不能够说它是个完全优秀的企业。

在我看来,接班人就是创新者,传承就是创新、发展。"守正创新"一词诠释了企业传承的内涵,也揭示出两代交接人联结的意义。

传承与创新是相辅相成的。创新者要淘汰一些落后的管理体制,甚至关闭或合并公司,但只要坚守初心,保持谦虚的心态,对整体集团只有好处,会让今后的事业走得更稳,发展得更好。

传承与发展是一体两面,在这个过程中,是创始人跟接班人进行的对话,是欣赏、支持和鼓励,而接班人把原有优良的东西保留下来,不断革除不适应新时代的事物,创新出更适合新时代的文化和产品,这就是"推陈出新,革故鼎新"。企业在传承的基础上发展,在发展的过程中传承。把握好企业传承与创新的关系,企业就会不断进步和发展,再创辉煌。

第七节 传承完成后重新定位,探索新的生活方式

我在集团公司工作了 20 多年,一直兼任具体经营方面的职务,作为集团公司的总裁,还兼任合资公司总经理,也就是说,公司非常多的具体工作我都要参与其中,特别像疫情这样的突发事情。按照以往惯例,我更应该战斗在第一线,做细致的工作安排,可现在一下子没事干了,反而成为被安排的对象,还真有点儿不习惯。

现在的集团公司已是接班人在领导工作,他做得非常好,我们也感到非常满意。这时,我突然觉得,应该要与以前的工作告别了,重新定位自己。

实际上,我也到了退休年龄,公司现在已经不再需要我们在前线工作了。其实,这也是我们的福气,集团公司的发展需要年轻人挑大梁。所以我与董事长聊到,应该从现在开始,放下以前大家给我的标签,不去攀比职务大小,我想要重新规划好自己的重心,继

续保持一份社会责任感，寻求自己喜欢的事情。

董事长说他早就这样考虑了，应该放手让年轻人去拼搏，要舍得放手，要信任他们这一代人的能力。董事长非常淡定地对人生进行安排，可以说，他是积极主动地退出职业舞台，主动拥抱现在的生活。

在董事长的影响下，我也欣然放下一些工作责任，开始尝试安排新的生活。我发现当我放下工作，回归生活后，照样有好多有趣的事情可以做。首要的是学习，俗话说"活到老，学到老"，只有不断地学习，才能让自己保有活力，与此同时，也可以做一些慈善的事情。

学习新的事物是我的爱好，所以没有更多事情可做时，我总想学一点儿新的东西。在这方面，我从来不考虑自己的年龄。我认为只有不断地学习，才能让自己有自信，而且还能找回年轻时的状态。

当我一度找不到事情做时，思考就少了，我发现记忆力也下降得很快，快到自己都有点儿害怕了。所以，我就学习唱歌，感觉好点儿了，我又学习写作。因为学习写作，我会找老师、找朋友、找相关书籍，大脑又转动起来了，每天有忙不完的事情。

不过这样的忙是没有压力的忙，它与以前工作时的忙不一样，这是自己在安排时间，是一种喜悦的忙，我非常喜欢这种状态。其实，世界上有太多东西劳而无功，太多平凡人无法选择，生活中常见的不是"成功"，而是"意外"。能安排自己的学习和生活是幸运的，所以要随时保持谦和与清醒。

工作时，我很少与家人沟通，大部分时间都在忙事业，更多时候是家人关心我。现在有时间了，我便会花时间去关爱他们，同时也会思考如何把好的家风传承下去。

世界上许多优良的精神和品德，就是靠一代代人领悟传承下来的。连根养根能很好地增强信心和能量。连根养根不仅我们自己要有信心、有力量，家人也都要有信心、有力量。好的家风、好的品德是要靠连根养根传承的。

我还是一个喜欢旅游的人。旅游不仅可以愉悦身心，让人暂时忘掉烦恼，重新充满活力，还可以增长见识，开阔视野。工作时，因为没有时间与家人旅游，现在恰好是安排自己生活的最好时机，对自己的心情有好处，也能帮助写作。

有句话说："主动与不主动之间，生命资源相差 30 倍。"主动把握好时机，才会活得有价值，那样的话甚至不止 30 倍了，其实我们 20 年的创业经历与成功就很能说明这一点，那些一个个成功的项目就像阶梯，一步步把我们送到了更高的平台。每一个人，无论何时都要相信自己，只要怀有美好的心灵去拥抱生活，就一定会让自己变得自信。

第八节　我对合伙创业的三点思考

从 1999 年到 2019 年，我与合伙人一起从创立第一家公司到逐步打造集团化的公司，拥有了自己独特的集团化管理模式。20 年来，我们经历了很多，有成功的喜悦，也有失败的烦恼，但大家不忘初心，砥砺前行，使集团公司不断地发展壮大。

我时常也梦想企业有上市的机会，但是我们核心公司的商业模式是合资合作，是中方与外方的合作，我们单方面有上市的想法是没有用的。任何事情都要以合作双方的意见和利益为重。

在创业过程中，我们也想多元化发展，但是由于人才和相应的需求跟不上，也有很多失败的教训。创业过程的得失告诉我们，自己一定要掌握技术，没有先进技术，没有迭代更新技术的能力，创业最终是要失败的。

所以，我们选择聚焦合资合作的模式，依托合作方，以取得先进技术的支持，做新技术产品。这样，我们能学到先进的技术和先进的管理方法，同时还能拓展业务，寻求更好的发展。我认为，不管是做大企业还是小企业，亦或者是上市公司，只要聚焦在一件事情上，一直坚持，努力开拓，就是实现创业目标的基础。

我们创业能取得阶段性的成功，主要是赶上了好的时代，国家给予创业者大力的支持和鼓励，让我们有与外方公司合资合作的机会，使整个团队能站在巨人的肩膀上快速成长。选择了好的合伙人，凝聚出强有力的核心团队，大家便能齐心协力，富有创造性地努力工作。

在20多年的创业过程中，我们主要以合资企业为主，不断地与外方磨合，在冲突中寻求合作，在利益分配上尽量达成一致意见，把合资企业的事业做精做强，这便是我们实现创业梦想的重要组成部分。

我也在整个创业过程中始终没有掉队，我想应该是自己一直坚持学习，心怀感恩之心，善意的影响身边的人共同学习和进步的结果。我愿意经常思考和反省自己，执着于认真做事，热爱公司和员工，从他们和竞争对手身上以及失败中获得能量，我认为自己一直走在学习的路上。

如何做好合伙人值得思考

合伙顾名思义就是两个人或两人以上的合作。为什么要合作？我想大家都是通过不同角度，以符合自己的意愿而合作。大家都有一个共同的愿望和共同的目标，这就是合作的基础。

只要目标锁定了，大家就不会偏离方向，认真做好自己，朝着这个目标去奋斗，把它当成事业去做，在这个过程中不断学习进步，为合伙公司的发展贡献自己最大的力量。

我也经历了合伙公司的酸甜苦辣。在创业过程中会有信任期和不信任期，被怀疑甚至被抛弃，这些你都有可能会经历。但是只要心怀感谢，任何矛盾都会在心里化解。始终保持初心不变，做利于公司、员工的事情，总之，为公司的发展做出自己最大的贡献，我想这就是合作之道。

俗话说，一个好汉三个帮，创业更是如此。如果没有一群志同道合的合伙人一起参与，也不可能创出一番大事业来。成功的背后始终有一群志同道合的人，无论高峰还是低谷都不离不弃，这才有企业成功的辉煌。

为了保持合作的长期性，要牺牲自己很多欲望、利益等。没有付出，想保持长期合作是很难的。每当在最难的时候，我会去思考，一个人的事业能成功吗？合作共事是必须的，无论是开发、销售、创新还是管理，商业的本质都是合作，只有把自己的事业和集体的事业融合在一起，才能获得最大的力量。

跟谁合作都要付出，也都会产生矛盾，但只要大家抱着共赢的理念，遇到任何困难都能想办法解决。合伙创业就是一个充满矛盾、沟通和统一的过程。在这个过程当中，我觉得最重要的就是去享受它，分享它，而不是占有它甚至怀有私欲。我认为去享受创业成功与失败的过程，才能让人生过得充实且有意义。

摆正位置让初心不变

一个公司要有领袖人物，不是人人都可以担此重任，我作为合伙人之一，深知领路人的作用是非常重要的。不管自己有多优秀，都要摆好自己的位置，做好自己。在这一点上，我几十年初心不变。

合伙创业，首先企业要制定规章制度，创业者要带头执行，对待工作要认真负责；对待合伙人不隐瞒自己的观点，以诚实的态度来做工作；对待员工要多关心他们的成长，关心他们的学习，还要有好的激励机制来对待团队的每一个人。

我与合伙人能长期友好合作，是合作双方共同努力为对方着想，并为企业前途着想的结果。这20多年来我担任了很多职务，不管身上有多少标签，我始终摆正自己的位置和角色，不忘合伙时的初心，当好配角，做董事长的好帮手。

我认为只要正确认识自己，就不会迷失方向，遇事深度思考，随时反省自己，学习对方优点，相互鼓励，共同进步，公司才能得到稳定和发展。通过创业，自己既享受了，又做好了传承，那是最美好的事情。

我热爱自己的事业，也热爱这个企业。我喜欢把好的东西分享给身边的人，始终想着和身边的人一起进步。我发自内心地希望在要求员工对公司有忠诚度的同时，自己对合伙人和员工也要忠诚。

公司的健康发展主要取决于员工与公司的融合度，而不取决于雇佣的员工、投入的资本。忠诚是双向奔赴的结果，公司要以员工利益为重，提供报酬、工作环境、培训和发展机会，员工才会对公司有归属感、价值认同感。这要求我们不能自欺，更不能欺人，保持诚心，努力做到知行合一。

二十几年的创业历程最后能顺利地传承是成功的表现。很多人说，创业的目的就是为了获得财富，但我认为，事业能够有人继承才是最好的财富。如果新的一代人能够迭代好的思想、好的作风，事业就会代代相传。我们是幸运的，能够顺利地把事业传承给年轻一代，这样事业就得到了延续和发展。我相信只要能够坚守初心，坚持创新，做最好的产品，服务于客户的思想不变，公司一定会有更好的前景。

企业发展让员工受益

能解决好就业问题是创业者的责任。我们集团公司从几十人开始，现已解决了几千人的就业问题，为社会做出了应有的贡献。作为创业合伙人之一，我感到无比的自豪。汽车零件制造行业竞争非常强烈，事实上我们是在夹缝中求生存，如果没有创业者的长期坚持，没有我们团队的共同努力，没有先进技术的支持，企业很难长远发展。

最让我们感到欣慰的是，我们不但解决了很多人的就业问题，还让员工有学习和进步的机会，让他们掌握了一定的技能。他们每天的工作不是为了生计，而是为了事业和梦想。这样，员工能健康成长，同时也更加充实了。

我记得，每年工会都要对集团内的员工进行调研，了解员工中有没有特殊困难家庭，是否需要扶贫的。可每年得到的信息是，公司基本没有需要帮扶的员工。

甚至有些我们认为家庭经济比较困难的，当我们给予他们慰问时，员工都表示不要，他们说把这个钱给更困难的人吧。其实，近10年来员工的平均收入都有稳定增长，这就反映出，在公司发展的过程中，我们员工是最广泛的受益者。

每个人都希望过上更好的生活，追求幸福是人的天性。通货膨胀，物价上涨，员工都希望拿到高工资，赚更多的钱。活在繁华的大都市，若想让家人过得丰衣足食，必须有足够的物质条件支撑。

我们合伙创业最大的收获是，当企业的经营规模和盈利能力日渐扩大时，员工不但能在创新发展中得到学习和提升，还可以在物质上享受到比较好的福利待遇，让家人获得幸福感。

其实，纵观集团公司的整个成长过程，一直都有"美好心灵"之力在陪伴,那就是感恩。我们始终心怀感恩之心,克服任何困难。在制造环节,我们以感恩客户的心态,把好质量关,不断优化成本,让客户满意;企业有了好的效益,我们首先考虑的是员工,感恩员工的付出和努力,改善生产环境、生活条件,让员工获得幸福感。

万里长城是一砖一石垒起来的。一个好的企业,能够为社会创造就业,为国家创造税收,为股东创收,这也是我们合伙创业所坚持的责任。我们这一代人的创业经历给我的体会是,每个人的生命都是有限的,但在有限的生命当中能够做自己想做的事情,而且一心一意地去做成功一件事情,我觉得这是对我们最大的奖励,内心也是无比幸福的。

本书主要体现了我们在合伙创业的艰难历程中，彼此信任，积极面对困难，共同追求梦想的精神。

每一个人都走在风雨兼程的路上，你只要做好足够的准备，抓住机会，别放弃，坚持下去，挑战极限，就能获得更大的成就和更加精彩的人生。

希望我们合伙创业的经历在你的经营活动中能起到赋能作用，最后分享 10 条建议：

（1）创业需要激情，合伙创业更需要领路人的经验积累，一定要确立好你的方向和目标。

（2）任何时候要有"安全第一"的思想，以此来开展好各项经营活动。

（3）想尽办法也要找对质量管理人才，绝不容忍低质量的产品，要有"客户至上"的思维。

（4）好的商业模式应当既能使公司赚钱，又能让这个产品始终在同行业中占领高地。

（5）要达到企业产品领先、效益最高的境界，就要开发出成本最低、质量最好的产品，所以要有创新型的研发团队。

（6）想创业就得找一帮人，把他们放在对的位置，把他们拧成一股力量，公司才能发展长远。

公司的健康发展主要取决于员工与公司的融合度,企业发展要让员工受益。

(7)危机处理要有思想高度,不能头痛医头,脚痛医脚,因为危险与机遇并存。

(8)当第一曲线处在上升阶段时,第二曲线就应该启动了。不然,面对突发情况时就会措手不及、狼狈不堪,创业要有居安思危的思想意识。

(9)做利他的事情,也是在帮助自己。帮助合作方赚钱,自己也会赚钱,要有拥抱不同意见的合作思维。

(10)合伙创业要重视事业的传承,早点考虑及培养接班人。

我认为写书是一项很大的工程,需他人的支持和鼓励,这本书尤其如此。我的家人、老师、朋友和同事为这本书提供了素材和帮助,实际上他们就是这本书的合作者。我深深地感谢他们。

从2021年11月开始创作自己创业的人生路到本书成稿已有2年了,首先我要感谢我的父母,他们是勤劳、善良、聪慧和自信的人,为我树立了一个好的榜样。我相信,这本书的出版一定会让他们感到高兴。

谢谢我的家人对我的关爱和支持,他们的爱和支持,让我始终保持充沛的创作动力。感谢他们一直以来的包容,我学习和写作时,他们会自觉地不来打扰我,我想这就是家人的爱。我之所以能有信心选择余生更好的生活,是他们给了我力量。

感谢我的合伙人董事长,一直以来,他明智的建议鼓励着我。他对我的信任让我能抛弃虚荣心,回归自我,同时也感谢他非常支持我写这本书。

感谢我公司的所有领导,是他们教会了我遵循规则并灵活运用。透过他们的视野,我学到了少有人理解的管理艺术。

我还要感谢我的Peter老师,他是写作三六五平台的创始人,是他激发了我写书的兴趣,相信我可以完整讲述自己创业历程的故事。他给了我很多参考书籍,费尽了心思教会我写作的基本知识,让我热爱上了写作。同时,我也感谢 Peter 老师的同事慧子和李花平老师给我的支持和帮助。

感谢我的朋友恩宝老师,是他帮我整理了每一篇文章,他的建议是非常重要的,同时也提升了我对写作的认识。

感谢我的同事小秦和朋友海霞、小谢给我的支持,他们在本书的写作过程中一直给我鼓励,让我感受到来自朋友和同事的温暖。同时,我也感谢公司的同事和员工,是他们的出色表现和珍贵的建议、帮助,让我有了信心。

感谢黄华旗、陈跃、池国荣、刘恩保等几位领导为这本书的题词。感谢上海交通大学出版社的工作人员,我相信他们与我一样,对这本书的出版感到高兴。